21世纪高职高专规划教材·公共课系列

新编大学语文

主　编　杨　柳　丁　晓
副主编　杨　雄　刘玉明
参　编　闫配芳　高华娟

中国人民大学出版社
·北京·

图书在版编目(CIP)数据

新编大学语文/杨柳，丁晓主编．—北京：中国人民大学出版社，2018.3
21世纪高职高专规划教材．公共课系列
ISBN 978-7-300-25195-0

Ⅰ.①新… Ⅱ.①杨… ②丁… Ⅲ.①大学语文课-高等职业教育-教材 Ⅳ.①H19

中国版本图书馆CIP数据核字（2017）第298916号

21世纪高职高专规划教材·公共课系列
新编大学语文
主　编　杨　柳　丁　晓
副主编　杨　雄　刘玉明
参　编　闫配芳　高华娟
Xinbian Daxue Yuwen

出版发行	中国人民大学出版社		
社　　址	北京中关村大街31号	**邮政编码**	100080
电　　话	010－62511242（总编室）		010－62511770（质管部）
	010－82501766（邮购部）		010－62514148（门市部）
	010－62515195（发行公司）		010－62515275（盗版举报）
网　　址	http://www.crup.com.cn		
经　　销	新华书店		
印　　刷	山东百润本色印刷有限公司		
规　　格	185mm×260mm　16开本	**版　　次**	2018年3月第1版
印　　张	14.25	**印　　次**	2021年7月第5次印刷
字　　数	340 000	**定　　价**	39.00元

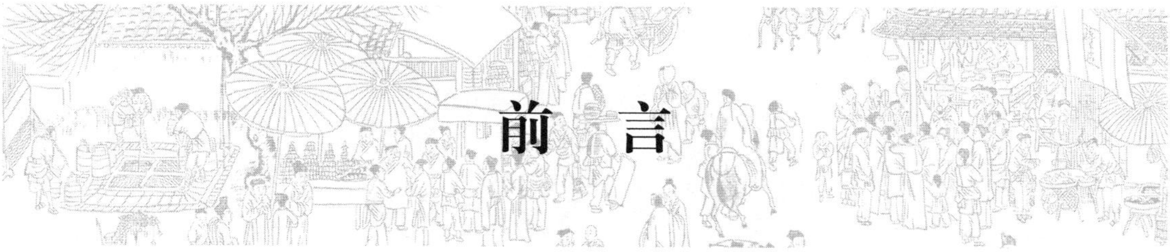

前言

在《双城记》的开篇，狄更斯这样写道：“这是一个最好的时代，也是一个最坏的时代；这是明智的时代，这是愚昧的时代；这是信任的纪元，这是怀疑的纪元；这是光明的季节，这是黑暗的季节；这是希望的春日，这是失望的冬日；我们面前应有尽有，我们面前一无所有；我们都将直上天堂，我们都将直下地狱。”

套用这样的句式，可以说这是一个信息忽如一夜春风铺天盖地呼啸而来的时代，同时也是一个需要我们有的放矢地进行甄别的时代，如花木向阳的春日，如温怡如酒的冬夜，促膝明月楼，许多曼妙的文字温馨了我们的岁岁年年，我们走马观花般，或许偶然领略到只言片语，我们的生活便大相径庭了。“一千个读者就有一千个哈姆雷特。”文化的多元，源于个体的多元、社会的多元，我们始终坚信，终有一些矢志不渝的思想，会带给不同时代的人同样的美好，那是生活本身意蕴使然。大学之“大”在图书，“大”在视野，“大”在心境，纵观汗牛充栋的作品，似乎终究离不开生活的主题，它们似向世人昭然一种信仰，一种遭遇，行走于时间迥远浩瀚的长廊里，邂逅关于时光的千言万语。无论是正值少年，还是年华辗转，都更适合以一种闲适的心态阅读生命，阅读自己，这种“闲适”非学习态度上的漫不经心，而是读书观念的转化——从不置可否的机械学习，到如今的兴趣摄取——方是成长。当我重新温习那些久远的诗篇，不禁有种似曾相识的宽慰，我试图从纷至浩繁的图书里精简些许精彩的桥段，以期在尽短的时间里领略、成长、成熟，从字里行间里领略一种关于生命本质的东西，关于世界观、人生观、价值观，谨以这样的篇章献给驾鹤西游多年的奶奶和妈妈。此外，感谢编辑们的认真和热情，才促成了本书的形成，更感激所有有故事的普通人，是她们给予我们生的开阔和活的韵味，我们才谛听到不同的声音，在此岸和彼岸的渡口，在落日消融的时分……

教材的学习，是有时间段的，但人生没有，无论哪个阶段，都需要不断汲取精髓。这也恰是本书撰写的初衷，千百年来流传至斯的文章，或许末了我们注意到的仅是一鳞半爪，但即便是这样貌似微不足道的字句，却很可能是一位作家或诗人一生的凝练，所有寻常文字，透溢出生命最初和最终的感动，那些淋漓的字句如歌如诉——此间蔓花飞舞，此间野云无暇，青鸟自此匿迹，而水月自此洞穿，愿我们共行修习，长相精进！

目录

第一章　逝者如斯夫——倾听生命的声音

我的世界观

爱因斯坦

作者简介 爱因斯坦（Albert Einstein，1879—1955），出生于德国工厂主家庭，犹太裔物理学家，相对论的创立者。在爱因斯坦看来，凡在科学上有很高造诣的人，无一不充满着宗教的信念，“他们相信我们这个宇宙是完美的，并且是能够使追求知识的理性努力有所感受的。如果这种信念不是一种有强烈感情的信念，如果那些寻求知识的人未曾受过斯宾诺莎的对神的理智的爱的激动，那么他们就很难会有那种不屈不挠的献身精神，而只有这种精神才能使人达到他的最高成就”。

我们这些总有一死的人的命运是多么奇特呀！我们每个人在这个世界上都只作一个短暂的逗留；目的何在，却无所知，尽管有时自以为对此若有所感。但是，不必深思，只要从日常生活就可以明白：人是为别人而生存的——首先是为那样一些人，他们的喜悦和健康关系着我们自己的全部幸福；然后是为许多我们所不认识的人，他们的命运通过同情的纽带同我们密切结合在一起。我每天上百次地提醒自己：我的精神生活和物质生活都依靠着别人（包括生者和死者）的劳动，我必须尽力以同样的分量来报偿我所领受了的和至今还在领受着的东西。我强烈地向往着俭朴的生活，并且时常为发觉自己占用了同胞的过多劳动而难以忍受。我认为阶级的区分是不合理的，它最后所凭借的是以暴力为根据。我也相信，简单淳朴的生活，无论在身体上还是在精神上，对每个人都是有益的。

我完全不相信人类会有那种在哲学意义上的自由。每一个人的行为，不仅受着外界的强迫，而且还要适应内心的必然。叔本华（Schopenhauer）说：“人虽然能够做他所想做的，但不能要他所想要的。”这句话从我青年时代起，就对我是一个真正的启示；在我自己和别人生活面临困难的时候，它总是使我们得到安慰，并且永远是宽容的泉源。这种体会可以宽大为怀地减轻那种容易使人气馁的责任感，也可以防止我们过于严肃地对待自己和别人；它还导致一种特别给幽默以应有地位的人生观。

要追究一个人自己或一切生物生存的意义或目的，从客观的观点看来，我总觉得是愚蠢可笑的。可是每个人都有一定的理想，这种理想决定着他的努力和判断的方向。就在这个意义上，我从来不把安逸和享乐看作是生活目的本身——这种伦理基础，我叫它猪栏的理想。照亮我的道路，并且不断地给我新的勇气去愉快地正视生活的理想，是善、美和真。要是没有志同道合者之间的亲切感情，要不是全神贯注于客观世界——那个在艺术和科学工作领域里永远达不到的对象，那么在我看来，生活就会是空虚的。人们所努力追求的庸俗的目标——财产、虚荣、奢侈的生活——我总觉得都是可鄙的。

我对社会正义和社会责任的强烈感觉，同我显然的对别人和社会直接接触的淡漠，两者总是形成古怪的对照。我实在是一个“孤独的旅客”，我未曾全心全意地属于我的国家，我的家庭，我的朋友，甚至我最接近的亲人；在所有这些关系面前，我总是感觉到有一定距离并且需要保持孤独——而这种感受正与年俱增。人们会清楚地发觉，同别人的相互了解和协调一致是有限度的，但这不足惋惜。这样的人无疑有点失去他的天真无邪和无忧无虑的心境；但另一方面，他却能够在很大程度上不为别人的意见、习惯和判断所左右，并且能够不受诱惑要去把他的内心平衡建立在这样一些不可靠的基础之上。

我的政治理想是民主主义。让每一个人都作为个人而受到尊重，而不让任何人成为崇拜的偶像。我自己受到了人们过分的赞扬和尊敬，这不是由于我自己的过错，也不是由于我自己的功劳，而实在是一种命运的嘲弄。其原因大概在于人们有一种愿望，想理解我以自己的微薄绵力通过不断的斗争所获得的少数几个观念，而这种愿望有很多人却未能实现。我完全明白，一个组织要实现它的目的，就必须有一个人去思考，去指挥，并且全面担负起责任来。但是被领导的人不应当受到强迫，他们必须有可能来选择自己的领袖。在我看来，强迫的专制制度很快就会腐化堕落。因为暴力所招引来的总是一些品德低劣的人，而且我相信，天才的暴君总是由无赖来继承，这是一条千古不易的规律。就是这个缘故，我总是强烈地反对今天我们在意大利和俄国所见到的那种制度。像欧洲今天所存在的情况，使得民主形势受到了怀疑，这不能归咎于民主原则本身，而是由于政府的不稳定和选举制度中与个人无关的特征。我相信美国在这方面已经找到了正确的道路。他们选出了一个任期足够长的总统，他有充分的权力来真正履行他的职责。另一方面，在德国的政治制度中，我所重视的是，它为救济患病或贫困的人作出了比较广泛的规定。在人生的丰富多彩的表演中，我觉得真正可贵的，不是政治上的国家，而是有创造性的、有感情的个人，是人格；只有个人才能创造出高尚的和卓越的东西，而群众本身在思想上总是迟钝的，在感觉上也总是迟钝的。

讲到这里，我想起了群众生活中最坏的一种表现，那就是使我厌恶的军事制度。一个人能够洋洋得意地随着军乐队在四列纵队里行进，单凭这一点就足以使我对他轻视。他所以长了一个大脑，只是出于误会；单单一根脊髓就可满足他的全部需要了。文明国家的这种罪恶的渊薮，应当尽快加以消灭。由命令而产生的勇敢行为，毫无意义的暴行，以及在爱国主义名义下一切可恶的胡闹，所有这些都使我深恶痛绝！在我看来，战争是多么卑鄙、下流！我宁愿被千刀万剐，也不愿参与这种可憎的勾当。尽管如此，我对人类的评价还是十分高的，我相信，要是人民的健康感情没有被那些通过学校和报纸而起作用的商业利益和政治利益蓄意进行败坏，那么战争这个妖魔早就该绝迹了。

我们所能有的最美好的经验是奥秘的经验。它是坚守在真正艺术和真正科学发源地上的基本感情。谁要是体验不到它，谁要是不再有好奇心也不再有惊讶的感觉，他就无异于行尸走肉，他的眼睛是迷糊不清的。就是这种奥秘的经验——虽然掺杂着恐怖——产生了宗教。我们认识到有某种为我们所不能洞察的东西存在，感觉到那种只能以其最原始的形式为我们感受到的最深奥的理性和最灿烂的美——正是这种认识和这种情感构成了真正的宗教感情；在这个意义上，而且也只是在这个意义上，我才是一个具有深挚的宗教感情的人。我无法想象一个会对自己的创造物加以赏罚的上帝，也无法想象它会有像在我们自己身上所体验到的那样一种意志。我不能也不愿去想象一个人在肉体死亡以后还会继续活着；让那些脆弱的灵魂，由于恐惧或者由于可笑的唯我论，去拿这种思想当宝贝吧！我自己只求满足于生命永恒的奥秘，满足于觉察现存世界的神奇的结构，窥见它的一鳞半爪，并且以诚挚的努力去领悟在自然界中显示出来的那个理性的一部分，即使只是其极小的一部分，我也就心满意足了。

［分析］

1. 请结合历史以及相关政治概况，说说作者为何不喜欢阶级，阶级为何是以暴力为根据的。

2. 爱因斯坦所谓的“奥秘的经验”是什么？请说说生活中的相关体验。

3. 请说说你自己的世界观或价值观。

祖父

萧 红

作者简介 萧红（1911—1942），中国近现代女作家，“民国四大才女”之一，被誉为“20世纪30年代的文学洛神”。乳名荣华，学名张秀环，后由外祖父改名为张迺莹。笔名萧红、悄吟、玲玲、田娣等。

萧红1911年出生于黑龙江省哈尔滨市呼兰区一个封建地主家庭，幼年丧母，父亲续弦，萧红深得祖父喜爱，在祖父的熏陶下打下深厚的文学基础，1929年祖父去世，萧红十分悲痛，对家庭已没有感情和留恋。她不顾父亲反对，毅然背叛家庭，逃婚来到北平，并进入北平大学女子师范学院附中读书。1932年，结识萧军。1933年，以悄吟为笔名发表第一篇小说《弃儿》。1935年，在鲁迅的支持下，发表成名作《生死场》。1936年，东渡日本，创作散文《孤独的生活》、长篇组诗《砂粒》等。1940年，与端木蕻良同抵香港，之后发表中篇小说《马伯乐》、长篇小说《呼兰河传》等。1942年1月22日，因肺结核和恶性气管扩张病逝于香港，年仅31岁。本文选自《呼兰河传·第三章》和《祖父死了的时候》。

一

呼兰河这小城里边住着我的祖父。

我生的时候，祖父已经六十多岁了，我长到四五岁，祖父就快七十了。

我家有一个大花园，这花园里蜂子、蝴蝶、蜻蜓、蚂蚱，样样都有。蝴蝶有白蝴蝶、黄蝴蝶。这种蝴蝶极小，不太好看，好看的是大红蝴蝶，满身带着金粉。

蜻蜓是金的，蚂蚱是绿的，蜂子则嗡嗡地飞着，满身绒毛，落到一朵花上，胖圆圆的就和一个小毛球似的不动了。

花园里边明晃晃的，红的红，绿的绿，新鲜漂亮。

据说这花园，从前是一个果园。祖母喜欢吃果子就种了果园。祖母又喜欢养羊，羊就把果树给啃了。果树于是都死了。到我有记忆的时候，园子里就只有一棵樱桃树，一棵李子树，因为樱桃和李子都不大结果子，所以觉得它们是并不存在的。小的时候，只觉得园子里边就有一棵大榆树。

这榆树在园子的西北角上，来了风，这榆树先啸；来了雨，大榆树先就冒烟了；太阳一出来，大榆树的叶子就发光了，它们闪烁得和沙滩上的蚌壳一样了。

祖父一天都在后园里边，我也跟着祖父在后园里边。祖父带一个大草帽，我戴一个小草帽，祖父栽花，我就栽花；祖父拔草，我就拔草。当祖父下种，种小白菜的时候，我就跟在后边，把那下了种的土窝，用脚一个一个地溜平，哪里会溜得准，东一脚的，西一脚的瞎闹。有的把菜种不单没被土盖上，反而把菜籽踢飞了。

小白菜长得非常之快，没有几天就冒了芽了，一转眼就可以拔下来吃了。

祖父铲地，我也铲地；因为我太小，拿不动那锄头杆，祖父就把锄头杆拔下来，让我单拿着那个锄头的“头”来铲。其实哪里是铲，也不过爬在地上，用锄头乱勾一阵就是了。也认不得哪个是苗，哪个是草。往往把韭菜当做野草一起地割掉，把狗尾草当做谷穗留着。

等祖父发现我铲的那块满留着狗尾草的一片，他就问我：

“这是什么?”

我说：

“谷子。”

祖父大笑起来，笑得够了，把草摘下来问我：

“你每天吃的就是这个吗?”

我说：

“是的。”

我看着祖父还在笑，我就说：

“你不信，我到屋里拿来你看。”

我跑到屋里拿了鸟笼上的一头谷穗，远远地就抛给祖父了。说：

“这不是一样的吗?”

祖父慢慢地把我叫过去，讲给我听，说谷子是有芒针的。狗尾草则没有，只是毛嘟嘟的真像狗尾巴。

祖父虽然教我，我看了也并不细看，也不过马马虎虎承认下来就是了。一抬头看见了一个黄瓜长大了，跑过去摘下来，我又去吃黄瓜去了。

黄瓜也许没有吃完，又看见了一个大蜻蜓从旁飞过，于是丢了黄瓜又去追蜻蜓去了。蜻蜓飞得多么快，哪里会追得上。好在一开初也没有存心一定追上，所以站起来，跟了蜻蜓跑了几步就又去做别的去了。

采一个倭瓜花心，捉一个大绿豆青蚂蚱，把蚂蚱腿用线绑上，绑了一会，也许把蚂蚱腿就绑掉，线头上只拴了一只腿，而不见蚂蚱了。

玩腻了，又跑到祖父那里去乱闹一阵，祖父浇菜，我也抢过来浇，奇怪的就是并不往菜上浇，而是拿着水瓢，拼尽了力气，把水往天空里一扬，大喊着：

“下雨了，下雨了。”

太阳在园子里是特大的，天空是特别高的，太阳的光芒四射，亮得使人睁不开眼睛，亮得蚯蚓不敢钻出地面来，蝙蝠不敢从什么黑暗的地方飞出来。是凡在太阳下的，都是健康的、漂亮的，拍一拍连大树都会发响的，叫一叫就是站在对面的土墙都会回答似的。

花开了，就像花睡醒了似的。鸟飞了，就像鸟上天了似的。虫子叫了，就像虫子在说话似的。一切都活了。都有无限的本领，要做什么，就做什么。要怎么样，就怎么样。都是自由的。倭瓜愿意爬上架就爬上架，愿意爬上房就爬上房。黄瓜愿意开一个谎花，就开一个谎花，愿意结一个黄瓜，就结一个黄瓜。若都不愿意，就是一个黄瓜也不结，一朵花也不开，也没有人问它。玉米愿意长多高就长多高，他若愿意长上天去，也没有人管。蝴蝶随意的飞，一会从墙头上飞来一对黄蝴蝶，一会又从墙头上飞走了一个白蝴蝶。它们是从谁家来的，又飞到谁家去？太阳也不知道这个。

只是天空蓝悠悠的，又高又远。

可是白云一来了的时候，那大团的白云，好像洒了花的白银似的，从祖父的头上经过，好像要压到了祖父的草帽那么低。

我玩累了，就在房子底下找个阴凉的地方睡着了。不用枕头，不用席子，就把草帽遮在脸上就睡了。

二

祖父的眼睛是笑盈盈的，祖父的笑，常常笑得和孩子似的。

祖父是个长得很高的人，身体很健康，手里喜欢拿着个手杖。嘴上则不住地抽着旱烟管，遇到了小孩子，每每喜欢开个玩笑，说：

“你看天空飞个家雀。”

趁那孩子往天空一看，就伸出手去把那孩子的帽给取下来了，有的时候放在长衫的下边，有的时候放在袖口里头。他说：

“家雀叼走了你的帽啦。”

孩子们都知道了祖父的这一手了，并不以为奇，就抱住他的大腿，向他要帽子，摸着他的袖管，撕着他的衣襟，一直到找出帽子来为止。

祖父常常这样做，也总是把帽放在同一的地方，总是放在袖口和衣襟下。那些搜索他的孩子没有一次不是在他衣襟下把帽子拿出来的，好像他和孩子们约定了似的：“我就放在这块，你来找吧！”

这样的不知做过了多少次，就像老太太永久讲着“上山打老虎”这一个故事给孩子们听似的，哪怕是已经听过了五百遍，也还是在那里回回拍手，回回叫好。

每当祖父这样做一次的时候，祖父和孩子们都一齐地笑得不得了。好像这戏还像第一次演似的。

别人看了祖父这样做，也有笑的，可不是笑祖父的手法好，而是笑他天天使用一种方法抓掉了孩子的帽子，这未免可笑。

祖父不怎样会理财，一切家务都由祖母管理。祖父只是自由自在地一天闲着；我想，幸好我长大了，我三岁了，不然祖父该多寂寞。我会走了，我会跑了。我走不动的时候，祖父就抱着我；我走动了，祖父就拉着我。一天到晚，门里门外，寸步不离，而祖父多半是在后园里，于是我也在后园里。

我小的时候，没有什么同伴，我是我母亲的第一个孩子。

我记事很早，在我三岁的时候，我记得我的祖母用针刺过我的手指，所以我很不喜欢她。我家的窗子，都是四边糊纸，当中嵌着玻璃。祖母是有洁癖的，以她屋的窗纸最白净。

别人抱着把我一放在祖母的炕边上，我不假思索地就要往炕里边跑，跑到窗子那里，就伸出手去，把那白白透着花窗棂的纸窗给捅了几个洞，若不加阻止，就必得挨着排给捅破，若有人招呼着我，我也得加速地抢着多捅几个才能停止。手指一触到窗上，那纸窗像小鼓似的，嘭嘭地就破了。破得越多，自己越得意。祖母若来追我的时候，我就越得意了，笑得拍着手，跳着脚的。

有一天祖母看我来了，她拿了一个大针就到窗子外边去等我去了。我刚一伸出手去，手指就痛得厉害。我就叫起来了。那就是祖母用针刺了我。

从此，我就记住了，我不喜欢她。

虽然她也给我糖吃，她咳嗽时吃猪腰烧川贝母，也分给我猪腰，但是我吃了猪腰还是不喜欢她。

在她临死之前，病重的时候，我还会吓了她一跳。有一次她自己一个人坐在炕上熬药，药壶是坐在炭火盆上，因为屋里特别的寂静，听得见那药壶咕噜咕噜地响。祖母住着两间房子，是里外屋，恰巧外屋也没有人，里屋也没人，就是她自己。我把门一开，祖母并没有看见我，于是我就用拳头在板隔壁上，咚咚地打了两拳。我听到祖母"哟"地一声，铁火剪子就掉在地上了。

我再探头一望，祖母就骂起我来。她好像就要下地来追我似的。我就一边笑着，一边跑了。

我这样地吓唬祖母，也并不是向她报仇，那时我才五岁，是不晓得什么的，也许觉得这样好玩。

祖父一天到晚是闲着的，祖母什么工作也不分配给他。只有一件事，就是祖母的地榇上的摆设，有一套锡器，却总是祖父擦的。这可不知道是祖母派给他的，还是他自动地愿意工作，每当祖父一擦的时候，我就不高兴，一方面是不能领着我到后园里去玩了，另一方面祖父因此常常挨骂，祖母骂他懒，骂他擦得不干净。祖母一骂祖父的时候，就常常不知为什么连我也骂上。

祖母一骂祖父，我就拉着祖父的手往外边走，一边说：

"我们后园里去吧。"

也许因此祖母也骂了我。

她骂祖父是"死脑瓜骨"，骂我是"小死脑瓜骨"。

我拉着祖父就到后园里去了，一到了后园里，立刻就另是一个世界了。绝不是那房子里的狭窄的世界，而是宽广的，人和天地在一起，天地是多么大，多么远，用手摸不到天空。

而土地上所长的又是那么繁华，一眼看上去，是看不完的，只觉得眼前鲜绿的一片。

一到后园里，我就没有对象地奔了出去，好像我是看准了什么而奔去了似的，好像有什么在那儿等着我似的。其实我是什么目的也没有。只觉得这园子里边无论什么东西都是活的，好像我的腿也非跳不可了。

若不是把全身的力量跳尽了，祖父怕我累了想招呼住我，那是不可能的，反而他越招呼，我越不听话。

等到自己实在跑不动了，才坐下来休息，那休息也是很快的，也不过随便在秧子上摘下一个黄瓜来，吃了也就好了。

休息好了又是跑。

樱桃树，明是没有结樱桃，就偏跑到树上去找樱桃。李子树是半死的样子了，本不结李子的，就偏去找李子。一边在找，还一边大声地喊，在问着祖父：

“爷爷，樱桃树为什么不结樱桃？”

祖父老远地回答着：

“因为没有开花，就不结樱桃。”

再问：

“为什么樱桃树不开花？”

祖父说：

“因为你嘴馋，它就不开花。”

我一听了这话，明明是嘲笑我的话，于是就飞奔着跑到祖父那里，似乎是很生气的样子。等祖父把眼睛一抬，他用了完全没有恶意的眼睛一看我，我立刻就笑了。而且是笑了半天的工夫才能够止住，不知哪里来了那许多的高兴。把后园一时都让我搅乱了，我笑的声音不知有多大，自己都感到震耳了。

后园中有一棵玫瑰。一到五月就开花的。一直开到六月。

花朵和酱油碟那么大。开得很茂盛，满树都是，因为花香，招来了很多的蜂子，嗡嗡地在玫瑰树那儿闹着。

别的一切都玩厌了的时候，我就想起来去摘玫瑰花，摘了一大堆把草帽脱下来用帽兜子盛着。在摘那花的时候，有两种恐惧，一种是怕蜂子的钩刺人，另一种是怕玫瑰的刺刺手。好不容易摘了一大堆，摘完了可又不知道做什么了。忽然异想天开，这花若给祖父戴起来该多好看。

祖父蹲在地上拔草，我就给他戴花。祖父只知道我是在捉弄他的帽子，而不知道我到底是在干什么。我把他的草帽给他插了一圈的花，红通通的二三十朵。我一边插着一边笑，当我听到祖父说：

“今年春天雨水大，咱们这棵玫瑰开得这么香。二里路也怕闻得到的。”

就把我笑得哆嗦起来。我几乎没有支持的能力再插上去。等我插完了，祖父还是安然的不晓得。他还照样地拔着垅上的草。我跑得很远的站着，我不敢往祖父那边看，一看就想笑。所以我借机进屋去找一点吃的来，还没有等我回到园中，祖父也进屋来了。

那满头红通通的花朵，一进来祖母就看见了。她看见什么也没说，就大笑了起来。父亲母亲也笑了起来，而以我笑得最厉害，我在炕上打着滚笑。

祖父把帽子摘下来一看，原来那玫瑰的香并不是因为今年春天雨水大的缘故，而是那花就顶在他的头上。

他把帽子放下，他笑了十多分钟还停不住，过一会一想起来，又笑了。

祖父刚有点忘记了，我就在旁边提着说：

“爷爷……今年春天雨水大呀……”

一提起，祖父的笑就来了。于是我也在炕上打起滚来。

就这样一天一天的，祖父，后园，我，这三样是一样也不可缺少的了。

刮了风，下了雨，祖父不知怎样，在我却是非常寂寞的了。去没有去处，玩没有玩的，觉得这一天不知有多少日子那么长。

三

偏偏这后园每年都要封闭一次的，秋雨之后这花园就开始凋零了，黄的黄、败的败，好像很快似的一切花朵都灭了，好像有人把它们摧残了似的。它们一齐都没有从前那么健康了，好像它们都很疲倦了，而要休息了似的，好像要收拾收拾回家去了似的。

大榆树也是落着叶子，当我和祖父偶尔在树下坐坐，树叶竟落在我的脸上来了。树叶飞满了后园。

没有多少时候，大雪又落下来了，后园就被埋住了。

通到园去的后门，也用泥封起来了，封得很厚，整个的冬天挂着白霜。

我家住着五间房子，祖母和祖父共住两间，母亲和父亲共住两间。祖母住的是西屋，母亲住的是东屋。

是五间一排的正房，厨房在中间，一齐是玻璃窗子，青砖墙，瓦房间。

祖母的屋子，一个是外间，一个是内间。外间里摆着大躺箱，地长桌，太师椅。椅子上铺着红椅垫，躺箱上摆着朱砂瓶，长桌上列着座钟。钟的两边站着帽筒。帽筒上并不挂着帽子，而插着几个孔雀翎。

我小的时候，就喜欢这个孔雀翎，我说它有金色的眼睛，总想用手摸一摸，祖母就一定不让摸，祖母是有洁癖的。

还有祖母的躺箱上摆着一个座钟，那座钟是非常稀奇的，画着一个穿着古装的大姑娘，好像活了似的，每当我到祖母屋去，若是屋子里没有人，她就总用眼睛瞪我，我几次的告诉过祖父，祖父说：

"那是画的，她不会瞪人。"

我一定说她是会瞪人的，因为我看得出来，她的眼珠像是会转。

还有祖母的大躺箱上也尽雕着小人，尽是穿古装衣裳的，宽衣大袖，还戴顶子，带着翎子。满箱子都刻着，大概有二三十个人，还有吃酒的，吃饭的，还有作揖的……

我总想要细看一看，可是祖母不让我沾边，我还离得很远的，她就说：

"可不许用手摸，你的手脏。"

祖母的内间里边，在墙上挂着一个很古怪很古怪的挂钟，挂钟的下边用铁链子垂着两穗铁苞米。铁苞米比真的苞米大了很多，看起来非常重，似乎可以打死一个人。再往那挂钟里边看就更稀奇古怪了，有一个小人，长着蓝眼珠，钟摆一秒钟就响一下，钟摆一响，那眼珠就同时一转。

那小人是黄头发，蓝眼珠，跟我相差太远，虽然祖父告诉我，说那是毛子人，但我不承认她，我看她不像什么人。

所以我每次看这挂钟，就半天半天的看，都看得有点发呆了。我想：这毛子人就总在钟里边待着吗？永久也不下来玩吗？

外国人在呼兰河的土语叫做"毛子人"。我四五岁的时候，还没有见过一个毛子人，以为毛子人就是因为她的头发毛烘烘地卷着的缘故。

祖母的屋子除了这些东西，还有很多别的，因为那时候，别的我都不发生什么趣味，所以只记住了这三五样。

母亲的屋里，就连这一类的古怪玩艺也没有了，都是些普通的描金柜，也是些帽筒、花瓶之类，没有什么好看的，我没有记住。

这五间房子的组织，除了四间住房一间厨房之外，还有极小的、极黑的两个小后房。祖母一个，母亲一个。

那里边装着各种各样的东西，因为是储藏室的缘故。

坛子罐子、箱子柜子、筐子篓子。除了自己家的东西，还有别人寄存的。

那里边是黑的，要端着灯进去才能看见。那里边的耗子很多，蜘蛛网也很多。空气不大好，永久有一种扑鼻的和药的气味似的。

我觉得这储藏室很好玩，随便打开那一只箱子，里边一定有一些好看的东西，花丝线、各种色的绸条、香荷包、搭腰、裤腿、马蹄袖、绣花的领子。古香古色，颜色都配得特别的好看。箱子里边也常常有蓝翠的耳环或戒指，被我看见了，我一看见就非要一个玩不可，母亲就常常随手抛给我一个。

还有些桌子带着抽屉的，一打开那里边更有些好玩的东西，铜环、木刀、竹尺、观音粉。这些个都是我在别的地方没有看过的。而且这抽屉始终也不锁的。所以我常常随意地开，开了就把样样似乎是不加选择地都搜了出去，左手拿着木头刀，右手拿着观音粉，这里砍一下，那里画一下。后来我又得到了一个小锯，用这小锯，我开始毁坏起东西来，在椅子腿上锯一锯，在炕沿上锯一锯。我自己竟把我自己的小木刀也锯坏了。

无论吃饭和睡觉，我这些东西都带在身边，吃饭的时候，我就用这小锯，锯着馒头。睡觉做起梦来还喊着：

“我的小锯哪里去了？”

储藏室好像变成我探险的地方了。我常常趁着母亲不在屋我就打开门进去了。这储藏室也有一个后窗，下半天也有一点亮光，我就趁着这亮光打开了抽屉，这抽屉已经被我翻得差不多的了，没有什么新鲜的了。翻了一会，觉得没有什么趣味了，就出来了。到后来连一块水胶，一段绳头都让我拿出来了，把五个抽屉通通拿空了。

除了抽屉还有筐子笼子，但那个我不敢动，似乎每一样都是黑洞洞的，灰尘不知有多厚，蛛网蛛丝的不知有多少，因此我连想也不想动那东西。

记得有一次我走到这黑屋子的极深极远的地方去，一个发响的东西撞住我的脚上，我摸起来抱到光亮的地方一看，原来是一个小灯笼，用手指把灰尘一划，露出来是个红玻璃的。

我在一两岁的时候，大概我是见过灯笼的，可是长到四五岁，反而不认识了。我不知道这是个什么。我抱着去问祖父去了。

祖父给我擦干净了，里边点上个洋蜡烛，于是我欢喜得就打着灯笼满屋跑，跑了好几天，一直到把这灯笼打碎了才算完了。

我在黑屋子里边又碰到了一块木头，这块木头是上边刻着花的，用手一摸，很不光滑，我拿出来用小锯锯着。祖父看见了，说：

“这是印帖子的帖板。”

我不知道什么叫帖子，祖父刷上一片墨印一张给我看，我只看见印出来几个小人。还有一些乱七八糟的花，还有字。祖父说：

“咱们家开烧锅的时候，发帖子就是用这个印的，这是一百吊的……还有五十吊的十吊的……”

祖父给我印了许多，还用鬼子红给我印了些红的。

还有戴缨子的清朝的帽子，我也拿了出来戴上。多少年前的老大的鹅翎扇子，我也拿了出来吹着风。翻了一瓶莎仁出来，那是治胃病的药，母亲吃着，我也跟着吃。

不久，这些八百年前的东西，都被我弄出来了。有些是祖母保存着的，有些是已经出了嫁的姑母的遗物，已经在那黑洞洞的地方放了多少年了，连动也没有动过，有些个快要腐烂了，有些个生了虫子，因为那些东西早被人们忘记了，好像世界上已经没有那么一回事了。而今天忽然又来到了他们的眼前，他们受了惊似的又恢复了他们的记忆。

每当我拿出一件新的东西的时候，祖母看见了，祖母说：

"这是多少年前的了！这是你大姑在家里边玩的……"

祖父看见了说：

"这是你二姑在家时用的……"

这是你大姑的扇子，那是你三姑的花鞋……都有了来历。但我不知道谁是我的三姑，谁是我的大姑。也许我一两岁的时候，我见过她们，可是我到四五岁时，我就不记得了。

我祖母有三个女儿，到我长起来时，她们都早已出嫁了。可见二三十年内就没有小孩子了。而今也只有我一个。实在的还有一个小弟弟，不过那时他才一岁半岁的，所以不算他。

家里边多少年前放的东西，没有动过，他们过的是既不向前，也不回头的生活，是凡过去的，都算是忘记了，未来的他们也不怎样积极地希望着，只是一天一天地平板地、无怨无尤地在他们祖先给他们准备好的口粮之中生活着。

等我生来了，第一给了祖父的无限的欢喜，等我长大了，祖父非常地爱我。使我觉得在这世界上，有了祖父就够了，还怕什么呢？虽然父亲的冷淡，母亲的恶言恶色，和祖母的用针刺我手指的这些事，都觉得算不了什么。何况又有后花园！后园虽然让冰雪给封闭了，但是又发现了这储藏室。这里边是无穷无尽地什么都有，这里边宝藏着的都是我所想象不到的东西，使我感到这世界上的东西怎么这样多！而且样样好玩，样样新奇。

比方我得到了一包颜料，是中国的大绿，看那颜料闪着金光，可是往指甲上一染，指甲就变绿了，往胳臂上一染，胳臂立刻飞来了一张树叶似的。实在是好看，也实在是莫名其妙，所以心里边就暗暗地欢喜，莫非是我得了宝贝吗？

得了一块观音粉。这观音粉往门上一划，门就白了一道，往窗上一划，窗就白了一道。这可真有点奇怪，大概祖父写字的墨是黑墨，而这是白墨吧。

得了一块圆玻璃，祖父说是"显微镜"。他在太阳底下一照，竟把祖父装好的一袋烟照着了。

这该多么使人欢喜，什么什么都会变的。你看他是一块废铁，说不定他就有用，比方我捡到一块四方的铁块，上边有一个小窝。祖父把榛子放在小窝里边，打着榛子给我吃。在这小窝里打，不知道比用牙咬要快了多少倍。何况祖父老了，他的牙又多半不大好。

我天天从那黑屋子往外搬着，而天天有新的。搬出来一批，玩厌了，弄坏了，就再去搬。

因此使我的祖父、祖母常常地慨叹。

他们说这是多少年前的了，连我的第三个姑母还没有生的时候就有这东西。那是多少年前的了，还是分家的时候，从我曾祖那里得来的呢。又哪样哪样是什么人送的，而那家人家到今天也都家败人亡了，而这东西还存在着。

又是我在玩着的那葡萄藤的手镯，祖母说她就戴着这个手镯，有一年夏天坐着小车子，抱着我大姑去回娘家，路上遇了土匪，把金耳环给摘去了，而没有要这手镯。若也是金的银的，那该多危险，也一定要被抢去的。

我听了问她：

“我大姑在哪儿?”

祖父笑了。祖母说：

“你大姑的孩子比你都大了。”

原来是四十年前的事情，我哪里知道。可是藤手镯却戴在我的手上，我举起手来，摇了一阵，那手镯好像风车似的，滴溜溜地转，手镯太大了，我的手太细了。

祖母看见我把从前的东西都搬出来了，她常常骂我：

“你这孩子，没有东西不拿着玩的，这小不成器的……”

她嘴里虽然是这样说，但她又在光天化日之下得以重看到这东西，也似乎给了她一些回忆的满足。所以她说我是并不十分严苛的，我当然是不听她，该拿还是照旧地拿。

于是我家里久不见天日的东西，经我这一搬弄，才得以见了天日。于是坏的坏，扔的扔，也就都从此消灭了。

我有记忆的第一个冬天，就这样过去了。没有感到十分的寂寞，但总不如在后园里那样玩着好。但孩子是容易忘记的，也就随遇而安了。

四

第二年夏天，后园里种了不少的韭菜，是因为祖母喜欢吃韭菜馅的饺子而种的。

可是当韭菜长起来时，祖母就病重了，而不能吃这韭菜了，家里别的人也没有吃这韭菜的，韭菜就在园子里荒着。

因为祖母病重，家里非常热闹，来了我的大姑母，又来了我的二姑母。

二姑母是坐着她自家的小车子来的。那拉车的骡子挂着铃铛，哗哗啷啷的就停在窗前了。

从那车上第一个就跳下来一个小孩，那小孩比我高了一点，是二姑母的儿子。

他的小名叫“小兰”，祖父让我向他叫兰哥。

别的我都不记得了，只记得不大一会工夫我就把他领到后园里去了。

告诉他这个是玫瑰树，这个是狗尾草，这个是樱桃树。樱桃树是不结樱桃的，我也告诉了他。

不知道在这之前他见过我没有，我可并没有见过他。

我带他到东南角上去看那棵李子树时，还没有走到眼前，他就说：

“这树前年就死了。”

他说了这样的话，是使我很吃惊的。这树死了，他可怎么知道的？心中立刻来了一种忌妒的情感，觉得这花园是属于我的，和属于祖父的，其余的人连晓得也不该晓得才对的。

我问他：

“那么你来过我们家吗?”

他说他来过。

这个我更生气了，怎么他来我不晓得呢?

我又问他：

“你什么时候来过的?”

他说前年来的，他还带给我一个毛猴子。他问着我：

“你忘了吗？你抱着那毛猴子就跑，跌倒了你还哭了哩!”

我无论怎样想，也想不起来了。不过总算他送给我过一个毛猴子，可见对我是很好的，于是我就不生他的气了。

从此天天就在一块玩。

他比我大三岁，已经八岁了，他说他在学堂里边念了书的，他还带来了几本书，晚上在煤油灯下他还把书拿出来给我看。书上有小人、有剪刀、有房子。因为都是带着图，我一看就连那字似乎也认识了，我说：

“这念剪刀，这念房子。”

他说不对：

“这念剪，这念房。”

我拿过来一细看，果然都是一个字，而不是两个字，我是照着图念的，所以错了。

我也有一盒方字块，这边是图，那边是字，我也拿出来给他看了。

从此整天的玩。祖母病重与否，我不知道。不过在她临死的前几天就穿上了满身的新衣裳，好像要出门做客似的。说是怕死了来不及穿衣裳。

因为祖母病重，家里热闹得很，来了很多亲戚。忙忙碌碌不知忙些个什么。有的拿了些白布撕着，撕得一条一块的，撕得非常的响亮，旁边就有人拿着针在缝那白布。还有的把一个小罐，里边装了米，罐口蒙上了红布。还有的在后园门口拢起火来，在铁火勺里边炸着面饼了。问她：

“这是什么?”

“这是打狗饽饽。”

她说阴间有十八关，过到狗关的时候，狗就上来咬人，用这饽饽一打，狗吃了饽饽就不咬人了。

似乎是姑妄言之、姑妄听之，我没有听进去。

家里边的人越多，我就越寂寞，走到屋里，问问这个，问问那个，一切都不理解。祖父也似乎把我忘记了。我从后园里捉了一个特别大的蚂蚱送给他去看，他连看也没有看，就说：

“真好，真好，上后园去玩去吧!”

新来的兰哥也不陪我时，我就在后园里一个人玩。

五

祖母已经死了，人们都到龙王庙上去报过庙回来了。而我还在后园里边玩着。

后园里边下了点雨，我想要进屋去拿草帽去，走到酱缸旁边（我家的酱缸是放在后园里的），一看，有雨点拍拍的落到缸帽子上。我想这缸帽子该多大，遮起雨来，比草帽一定更好。

于是我就从缸上把它翻下来了，到了地上它还乱滚一阵，这时候，雨就大了。我好不容易才设法钻进这缸帽子去。因为这缸帽子太大了，差不多和我一般高。

我顶着它，走了几步，觉得天昏地暗。而且也是很重的，非常吃力。而且自己已经走到哪里了，自己也不晓，只晓得头顶上拍拍拉拉的打着雨点，往脚下看着，脚下只是些狗尾草和韭菜。找了一个韭菜很厚的地方，我就坐下了，一坐下这缸帽子就和个小房似的扣着我。这比站着好得多，头顶不必顶着，帽子就扣在韭菜地上。但是里边可是黑极了，什么是看不见。

同时听什么声音，也觉得都远了。大树在风雨里边被吹得呜呜的，好像大树已经被搬到别人家的院子去似的。

韭菜是种在北墙根上，我是坐在韭菜上。北墙根离家里的房子很远的，家里边那闹嚷嚷的声音，也像是来在远方。

我细听了一会，听不出什么来，还是在我自己的小屋里边坐着。这小屋这么好，不怕风，不怕雨。站起来走的时候，顶着屋盖就走了，多么轻快。

其实是很重的了，顶起来非常吃力。

我顶着缸帽子，一路摸索着，来到了后门口，我是要顶给爷爷看看的。

我家的后门坎特别高，迈也迈不过去，因为缸帽子太大，使我抬不起腿来。好不容易两手把腿拉着，弄了半天，总算是过去了。虽然进了屋，仍是不知道祖父在什么方向，于是我就大喊，正在这喊之间，父亲一脚把我踢翻了，差点没把我踢到灶口的火堆上去。缸帽子也在地上滚着。

等人家把我抱了起来，我一看，屋子里的人，完全不对了，都穿了白衣裳。

再一看，祖母不是睡在炕上，而是睡在一张长板上。

从这以后祖母就死了。

六

祖母一死，家里继续着来了许多亲戚，有的拿着香、纸，到灵前哭了一阵就回去了。有的就带着大包小包的来了就住下了。

大门前边吹着喇叭，院子里搭了灵棚，哭声终日，一闹闹了不知多少日子。

请了和尚道士来，一闹闹到半夜，所来的都是吃、喝、说、笑。

我也觉得好玩，所以就特别高兴起来。又加上从前我没有小同伴，而现在有了。比我大的，比我小的，共有四五个。

我们上树爬墙，几乎连房顶也要上去了。

他们带我到小门洞子顶上去捉鸽子，搬了梯子到房檐头上去捉家雀。后花园虽然大，已经装不下我了。

我跟着他们到井口边去往井里边看，那井是多么深，我从未见过。在上边喊一声，里边有人回答。用一个小石子投下去，那响声是很深远的。

他们带我到粮食房子去，到碾磨房去，有时候竟把我带到街上，是已经离开家了，不跟着家人在一起，我是从来没有走过这样远。

不料除了后园之外，还有更大的地方，我站在街上，不是看什么热闹，不是看那街上的行人车马，而是心里边想：是不是我将来一个人也可以走得很远?

有一天，他们把我带到南河沿上去了，南河沿离我家本不算远，也不过半里多地。可是因为我是第一次去，觉得实在很远。走出汗来了。走过一个黄土坑，又过一个南大营，南大营的门口，有兵把守门。那营房的院子大得在我看来太大了，实在是不应该。我们的院子就够大的了，怎么能比我们家的院子更大呢，大得有点不大好看了，我走过了，我还回过头来看。

路上有一家人家，把花盆摆到墙头上来了，我觉得这也不大好，若是看不见人家偷去呢！

还看见了一座小洋房，比我们家的房不知好了多少倍。若问我，哪里好？我也说不出来，就觉得那房子是一色新，不像我家的房子那么陈旧。

我仅仅走了半里多路，我所看见的可太多了。所以觉得这南河沿实在远。问他们：

“到了没有？”

他们说：

“就到的，就到的。”

果然，转过了大营房的墙角，就看见河水了。

我第一次看见河水，我不能晓得这河水是从什么地方来的？走了几年了。

那河太大了，等我走到河边上，抓了一把沙子抛下去，那河水简直没有因此而脏了一点点。河上有船，但是不很多，有的往东去了，有的往西去了。也有的划到河的对岸去的，河的对岸似乎没有人家，而是一片柳条林。再往远看，就不能知道那是什么地方了，因为也没有人家，也没有房子，也看不见道路，也听不见一点音响。

我想将来是不是我也可以到那没有人的地方去看一看。

除了我家的后园，还有街道。除了街道，还有大河。除了大河，还有柳条林。除了柳条林，还有更远的，什么也没有的地方，什么也看不见的地方，什么声音也听不见的地方。

究竟除了这些，还有什么，我越想越不知道了。

就不用说这些我未曾见过的。就说一个花盆吧，就说一座院子吧。院子和花盆，我家里都有。但说那营房的院子就比我家的大，我家的花盆是摆在后园里的，人家的花盆就摆到墙头上来了。

可见我不知道的一定还有。

所以祖母死了，我竟聪明了。

七

祖母死了，我就跟祖父学诗。因为祖父的屋子空着，我就闹着一定要睡在祖父那屋。

早晨念诗，晚上念诗，半夜醒了也是念诗。念了一阵，念困了再睡去。

祖父教我的有《千家诗》，并没有课本，全凭口头传诵，祖父念一句，我就念一句。

祖父说：

“少小离家老大回……”

我也说：

“少小离家老大回……”

都是些什么字，什么意思，我不知道，只觉得念起来那声音很好听。所以很高兴地跟着喊。我喊的声音，比祖父的声音更大。

我一念起诗来，我家的五间房都可以听见，祖父怕我喊坏了喉咙，常常警告着我说：

“房盖被你抬走了。”

听了这笑话，我略微笑了一会工夫，过不了多久，就又喊起来了。

夜里也是照样地喊，母亲吓唬我，说再喊她要打我。

祖父也说：

“没有你这样念诗的，你这不叫念诗，你这叫乱叫。”

但我觉得这乱叫的习惯不能改，若不让我叫，我念它干什么。每当祖父教我一个新诗，一开头我若听了不好听，我就说：

“不学这个。”

祖父于是就换一个，换一个不好，我还是不要。

“春眠不觉晓，处处闻啼鸟，夜来风雨声，花落知多少。”

这一首诗，我很喜欢，我一念到第二句，“处处闻啼鸟”那处处两字，我就高兴起来了。觉得这首诗，实在是好，真好听，“处处”该多好听。

还有一首我更喜欢的：

“重重叠叠上楼台，几度呼童扫不开。

刚被太阳收拾去，又为明月送将来。”

就这“几度呼童扫不开”，我根本不知道什么意思，就念成“西沥忽通扫不开”。

越念越觉得好听，越念越有趣味。

当客人来了，祖父总是呼我念诗，我就总喜念这一首。

那客人不知听懂了与否，只是点头说好。

八

就这样瞎念，到底不是久计。念了几十首之后，祖父开讲了。

“少小离家老大回，乡音无改鬓毛衰。”

祖父说：

“这是说小的时候离开了家到外边去，老了回来了。乡音无改鬓毛衰，这是说家乡的口音还没有改变，胡子可白了。”

我问祖父：

“为什么小的时候离家？离家到哪里去？”

祖父说：

“好比爷像你那么大离家，现在老了回来了，谁还认识呢？儿童相见不相识，笑问客从何处来。小孩子见了就招呼着说：你这个白胡老头，是从哪里来的？”

我一听觉得不大好，赶快就问祖父：

“我也要离家的吗？等我胡子白了回来，爷爷你也不认识我了吗？”

心里很恐惧。

祖父一听就笑了：

“等你老了还有爷爷吗？”

祖父说完了，看我还是不很高兴，他又赶快说：

“你不离家的，你哪里能够离家……快再念一首诗吧！念春眠不觉晓……”

我一念起春眠不觉晓来，又是满口的大叫，得意极了。完全高兴，什么都忘了。

但从此再读新诗，一定要先讲的，没有讲过的也要重讲。似乎那大嚷大叫的习惯稍稍好了一点。

“两个黄鹂鸣翠柳，一行白鹭上青天。”

这首诗本来我也很喜欢的，黄梨是很好吃的。经祖父这一讲，说是两个鸟，于是不喜欢了。

“去年今日此门中，人面桃花相映红。

人面不知何处去，桃花依旧笑春风。”

这首诗祖父讲了我也不明白，但是我喜欢这首。因为其中有桃花。桃树一开了花不就结桃吗？桃子不是好吃吗？

所以每念完这首诗，我就接着问祖父：

“今年咱们的樱桃树开不开花？”

九

除了念诗之外，还很喜欢吃。

记得大门洞子东边那家是养猪的，一个大猪在前边走，一群小猪跟在后边。有一天一个小猪掉井了，人们用抬土的筐子把小猪从井吊了上来。吊上来，那小猪早已死了。井口旁边围了很多人看热闹，祖父和我也在旁边看热闹。

那小猪一被打上来，祖父就说他要那小猪。

祖父把那小猪抱到家里，用黄泥裹起来，放在灶坑里烧上了，烧好了给我吃。

我站在炕沿旁边，那整个的小猪，就摆在我的眼前，祖父把那小猪一撕开，立刻就冒了油，真香，我从来没有吃过那么香的东西，从来没有吃过那么好吃的东西。

第二次，又有一只鸭子掉井了，祖父也用黄泥包起来，烧上给我吃了。

在祖父烧的时候，我也帮着忙，帮着祖父搅黄泥，一边喊着，一边叫着，好像啦啦队似的给祖父助兴。

鸭子比小猪更好吃，那肉是不怎样肥的。所以我最喜欢吃鸭子。

我吃，祖父在旁边看着。祖父不吃。等我吃完了，祖父才吃。他说我的牙齿小，怕我咬不动，先让我选嫩的吃，我吃剩了的他才吃。

祖父看我每咽下去一口，他就点一下头，而且高兴地说：

“这小东西真馋”，或是“这小东西吃得真快”。

我的手满是油，随吃随在大襟上擦着，祖父看了也并不生气，只是说：

“快蘸点盐吧，快蘸点韭菜花吧，空口吃不好，等会要反胃的……”

说着就捏几个盐粒放在我手上拿着的鸭子肉上。我一张嘴又进肚去了。

祖父越称赞我能吃，我越吃得多。祖父看看不好了，怕我吃多了。让我停下，我才停下来。我明明白白的是吃不下去了，可是我嘴里还说着：

“一个鸭子还不够呢！”

自此吃鸭子的印象非常之深，等了好久，鸭子再不掉到井里，我看井沿有一群鸭子，我拿了秫秆就往井里边赶，可是鸭子不进去，围着井口转，而呱呱地叫着。我就招呼了在旁边看热闹的小孩子，我说：

“帮我赶哪！”

正在吵吵叫叫的时候，祖父奔到了，祖父说：

“你在干什么?”

我说:

“赶鸭子，鸭子掉井，捞出来好烧吃。”

祖父说:

“不用赶了，爷爷抓个鸭子给你烧着。”

我不听他的话，我还是追在鸭子的后边跑着。

祖父上前来把我拦住了，抱在怀里，一面给我擦着汗一面说:

“跟爷爷回家，抓个鸭子烧上。”

我想:不掉井的鸭子，抓都抓不住，可怎么能规规矩矩贴起黄泥来让烧呢?于是我从祖父的身上往下挣扎着，喊着:

“我要掉井的!我要掉井的!”

祖父几乎抱不住我了。

十

祖父总是有点变样子，他喜欢流起眼泪来，同时过去很重要的事情他也忘掉。比方过去那一些他常讲的故事，现在讲起来，讲了一半下一半他就说:“我记不得了。”

某夜，他又病了一次，经过这一次病，他竟说:“给你三姑写信，叫她来一趟，我不是四五年没看过她吗?”他叫我写信给我已经死去五年的姑母。

那次离家是很痛苦的。学校来了开学通知信，祖父又一天一天地变样起来。

祖父睡着的时候，我就躺在他的旁边哭，好像祖父已经离开我死去似的，一面哭着一面抬头看他凹陷的嘴唇。我若死掉祖父，就死掉我一生最重要的一个人，好像他死了就把人间一切“爱”和“温暖”带得空空虚虚。我的心被丝线扎住或铁丝绞住了。

我联想到母亲死的时候。母亲死以后，父亲怎样打我，又娶一个新母亲来。这个母亲很客气，不打我，就是骂，也是指着桌子或椅子来骂我。客气是越客气了，但是冷淡了，疏远了，生人一样。

“到院子去玩玩吧!”祖父说了这话之后，在我的头上撞了一下，“喂!你看这是什么?”一个黄金色的橘子落到我的手中。

夜间不敢到茅厕去，我说:“妈妈同我到茅厕去趟吧。”

“我不去!”

“那我害怕呀!”

“怕什么?”

“怕什么?怕鬼怕神?”父亲也说话了，把眼睛从眼镜上面看着我。

冬天，祖父已经睡下，赤着脚，开着纽扣跟我到外面茅厕去。

学校开学，我迟到了四天。三月里，我又回家一次，正在外面叫门，里面小弟弟嚷着:“姐姐回来了!姐姐回来了!”大门开时，我就远远注意着祖父住着的那间房子。果然祖父的面孔和胡子闪现在玻璃窗里。我跳着笑着跑进屋去。但不是高兴，只是心酸，祖父的脸色更惨淡更白了。等屋子里一个人没有时，他流着泪，他慌慌忙忙的一边用袖口擦着眼泪，一边抖动着嘴唇说:“爷爷不行了，不知早晚……前些日子好险没跌……跌死。”

“怎么跌的？”

“就是在后屋，我想去解手，招呼人，也听不见，按电铃也没有人来，就得爬啦。还没到后门口，腿颤，心跳，眼前发花了一阵就倒下去。没跌断了腰……人老了，有什么用处！爷爷是八十一岁呢。”

“爷爷是八十一岁。”

“没用了，活了八十一岁还是在地上爬呢！我想你看不着爷爷了，谁知没有跌死，我又慢慢爬到炕上。”

我走的那天也是和我回来那天一样，白色的脸的轮廓闪现在玻璃窗里。

在院心我回头看着祖父的面孔，走到大门口，在大门口我仍可看见，出了大门，就被门扇遮断。

从这一次祖父就与我永远隔绝了。虽然那次和祖父告别，并没说出一个永别的字。我回来看祖父，这回门前吹着喇叭，幡杆挑得比房头更高，马车离家很远的时候，我已看到高高的白色幡杆了，吹鼓手们的喇叭怆凉地在悲号。马车停在喇叭声中，大门前的白幡、白对联，院心的灵棚，闹嚷嚷许多人，吹鼓手们响起呜呜的哀号。

这回祖父不坐在玻璃窗里，是睡在堂屋的板床上，没有灵魂地躺在那里。我要看一看他白色的胡子，可是怎样看呢！拿开他脸上蒙着的纸吧，胡子、眼睛和嘴，都不会动了，他真的一点感觉也没有了？我从祖父的袖管里去摸他的手，手也没有感觉了。祖父这回真死去了啊！

祖父装进棺材去的那天早晨，正是后园里玫瑰花开放满树的时候。我扯着祖父的一张被角，抬向灵前去。吹鼓手在灵前吹着大喇叭。

我怕起来，我号叫起来。

“咣咣！”黑色的，半尺厚的灵柩盖子压上去。

吃饭的时候，我饮了酒，用祖父的酒杯饮的。饭后我跑到后园玫瑰树下去卧倒，园中飞着蜂子和蝴蝶，绿草的清凉的气味，这都和十年前一样。可是十年前死了妈妈。妈妈死后我仍是在园中扑蝴蝶；这回祖父死去，我却饮了酒。

过去的十年我是和父亲打斗着生活。在这期间我觉得人是残酷的东西。父亲对我是没有好面孔的，对于仆人也是没有好面孔的，他对于祖父也是没有好面孔的。因为仆人是穷人，祖父是老人，我是个小孩子，所以我们这些完全没有保障的人就落到他的手里。后来我看到新娶来的母亲也落到他的手里，他喜欢她的时候，便同她说笑，他恼怒时便骂她，母亲渐渐也怕起父亲来。

母亲也不是穷人，也不是老人，也不是孩子，怎么也怕起父亲来呢？我到邻家去看看，邻家的女人也是怕男人。我到舅家去，舅母也是怕舅父。

我懂得的尽是些偏僻的人生，我想世间死了祖父，就没有再同情我的人了，世间死了祖父，剩下的尽是些凶残的人了。

我饮了酒，回想，幻想……

以后我必须不要家，到广大的人群中去，但我在玫瑰树下颤怵了，人群中没有我的祖父。

所以我哭着，整个祖父死的时候我哭着。

［分析］

1. 这篇文章哪个片段令你为之动容？为什么？
2. 祖父对于小时候的作者意味着什么？祖父在哪些方面影响了作者？

世界上最疼我的那个人去了（节选）

张　洁

作者简介　张洁（1937—　），祖籍辽宁抚顺，生于北京。当代著名女作家，享受政府特殊津贴，两次获得茅盾文学奖。1960 年毕业于中国人民大学，1978 年开始文学创作。现为北京作家协会专业作家。著有散文集《爱，是不能忘记的》《方舟》，中短篇小说集《祖母绿》，长篇小说《沉重的翅膀》《只有一个太阳》等。本文中，作者以切身的角度勾勒母爱，文中所描摹的每一点一滴的细碎之处，常常被人们忽略，而这一切，似是平常的一切，却是一位母亲的毕生所系、毕生所能，于是多年后，当她身为皑皑白发的老者，仍会苍凉而无奈地感喟，世界上最疼我的那个人去了……

第十一章

这时我不知怎么一回头，看见猫咪就蹲在我背后，也就是妈对面的沙发上，眼睛一眨也不眨地注视着我们。后来，每当我回忆起这个时辰的情景，我都觉得它那时恐怕就知道妈的最后时刻已到。否则它为什么那样忧伤而决绝地注视着妈？不是说猫有第六感觉吗？它为什么不会说话？它要是会说话，一定会预先警告我吧？

我走过去把它抱来放在妈的膝上。我说："妈，您看猫对您那么好，您也不理人家了。"

我的意思是，除了妈出院那天我把它从老家带过来的时候，妈显出过兴奋之外，以后她好像再没有关注过它。

从它出生一个月后来到我们家，到妈去世，整整九年，每日三餐都由妈亲手调制。晚上睡觉之前，妈要亲自为它铺好被褥，给它盖好，对于我们的代劳，妈是很不放心的。就是它白天打盹，妈也不允许我大声说笑，怕影响它的休息。妈不断检查冰箱里鱼和猪肝的储量，随时敦促我进行补充。不论有了什么好吃的，她总是悄悄地留些给它。一向为我节俭的妈，有一次甚至让我到外汇商店给它买一个进口的猫食罐头尝尝。但是被我拒绝了，我担心它从此就不再吃中国饭，那样的消费如何承担得了？我很后悔当时没有答应妈的要求，虽然我现在有过之而无不及地按照妈的要求去做，妈也享受不到那份爱猫之乐了。

我不是没有觉察到妈对猫咪的忽略，但我那时还没有这个悟性。妈不是不再宠爱她的猫咪，妈是气数将尽，无能为力了。

妈没有解释自己对猫咪的忽略，她只是抬起似乎每个细胞都有千钧重的胳膊，在落下时却化为无声的轻柔，轻轻地摩挲着它，就像星期三早上摩挲我的头顶那样。

妈不摩挲我和它，又能摩挲谁呢？

妈一面摩挲着猫一面说："虽然我老了，可是还是活着对你们更好。"

"那当然。"我热烈而急切地证实着她的这个结论，希望她能最迅速、最确凿地听到我的反应。我来不及对我的热望做更多的描绘，好像我的反应越快就越能帮妈一把，就能越快地把自己的热望和力量传导给妈。

虽然我不曾对妈准确或不准确也解剖过我的困惑，但从妈的这句话里，我听到了她对我的深入生命本源的知解。

妈，您当然要活下去，否则我在这个世界上还有什么可为的呢？一个人要是没有什么可为的，也就难活下去了是不是？

从她这句话里，我还听到活下去的愿望。我想这是因为她刚才差不多恢复了从椅子上站起来的能力。

不过，这也许是妈对我们表达的一份眷恋？

这时妈又让我从后面托着她的胳肢窝，练习了几次从凳子上起立坐下的动作。我真是只用了一点点劲，她就站起来了。

妈说："高兴，高兴，我的思想问题解决了一半。"

妈之所以这样说，肯定是因为我前几天针对她的思想障碍，不得已地告诉她，她的脑子已经萎缩得相当厉害，并编出再不努力锻炼脑子就要继续萎缩下去，那就没有几日可活的瞎话吓唬了她的缘故。显然，我那枉费心机的瞎话，不但没有起到我预想的积极作用，反倒成了妈的思想负担。

妈练了还要再练。"再练练。"妈说。

妈像一匹趴槽的老马，又挣扎着站起来了。一站起来就想和我一起在只属于我和她两个人的人生跑道上迅跑。

妈又摇摇晃晃地站到了我们的人生起跑线上，准备再次和我紧紧地摽在一起，起跑、冲刺了。尽管头一天因为她不肯再与我同行，我们曾那样地绝望过。

我和妈在一起生活了五十四年。我的人生和妈的人生紧紧地纠结在一起，根本无法分清哪是她的人生、哪是我的人生。所有的大灾大难，都是我们一起闯过来的。没有了我或妈，我们的历史和我们的感受就是残缺的。

我怕妈累，说："明再练吧。"

可是妈没有明天了。

要是我知道妈已经没有明天，我何必不让她再多练几下，让她多高兴一会儿呢。

粥熬好了，妈吃了一大碗，说："我就爱吃这个。"我立刻又去给她盛了半碗，尽挑内中的精华，莲子和山药。

是不是这一碗半粥导致妈猝死于心肌梗塞？要是不吃这一碗半粥，妈是不是就能逃过这一关呢？

这个晚上，妈似乎很高兴。她是不是知道自己要走了，所以就强颜欢笑以稳定我的心？

吃完粥，我就给妈铺床。

偏偏是这一个晚上，我让妈开始锻炼自己睡。临睡前妈问我："今天怎么个上厕所法？”

像吃晚饭时那样，妈的声音里似乎又有些抑制的颤抖。我想了一想，却也没有多想。

我要抑制我的冲动，我怕流露出更多的关注，反而害了妈。

以后，当我在脑子里一再重复这个细节的时候，我的耳朵里越来越真切地重现这句话的声音。每一回我都会得到重新肯定，当时的感觉没错。那声音不仅是颤抖的，也是压抑的。

为什么会这样？

那时，她还剩下最后的七八个小时，一定不适得难以支撑，可又怕我误解她是在“闹”，便极力抑制着自己的不适。

我说：“我十二点来叫您一次，小阿姨五点来叫您一次。”

前两天，妈还怯怯地、生怕添乱地问过我：“不是说回家以后晚上就把便盆放在我的床边，我不用再到厕所去了吗？”

我狠狠心，假装没有听见。

我是说过这样的话，回家以后，晚上就把便盆放在她的床边，免得她上厕所不便。可那时还没有和病理切片室张主任的那场谈话。

然后就一门心思认准，只有让妈多多自理，她的脑萎缩才会有所抑制。一想到妈有一天会变成六亲不认、专吃垃圾或其他什么的植物人，我就被巨大的恐惧压迫得难以喘息。又见妈回家后晚上不再“谵妄”闹着上厕所，就打消了让妈尽量方便，给她放个便盆在床边的念头。

这时小阿姨说：“要不我还是陪姥姥睡吧？”

我却没有同意：“还是让她待着自己睡吧，我们按时来叫她上厕所。”

我深知小阿姨和我在医院交替陪伴妈的辛苦，特别是晚上，很少睡觉。既然妈的身体已渐渐地恢复正常，就该让小阿姨多休息一些，以补偿在医院时的劳苦。

心里倒是想了一想，应该由我来陪妈睡。但又想，从八月份给妈张罗看病以来就没陪伴过先生，妈渐渐康复后我再不照顾一下他，他该不高兴了。

果不其然，妈走后，头七还没过，先生就对我大发其火。那时，我痛苦得无着无落，坐也不是，站也不是。一天晚上先生在看电视，小阿姨在忙别的，我在房间里茫无心绪地遛来遛去，无意之间走到厨房，见到橱柜上的药包，心想，不如替小阿姨给先生熬中药，也许还能分散一下我的伤痛。没想到先生却大发雷霆：“你折腾了几个月了……到现在，连安安静静地看个电视也不行……你少动我的药！我的东西不要你动……”

我和小阿姨只有对着妈的遗像，抱头痛哭。小阿姨还不停地哭叫着：“姥姥，姥姥！”我直哭得手脚冰凉，嘴唇发麻，几乎没了气息。其情其状，可谓惨矣。

人们错以为我这个人什么都不在乎，其实我是个胆子很小的人，诸如怕给人添麻烦、怕惹人伤心或不高兴、怕看人脸色、怕惹是生非等等。

而且根据我的经验，不论哪个家庭，只要有一个人心里不痛快，处心积虑地想要找碴子发泄一下的话，全家人都别想痛快。对于我这个家里家外、上上下下累到连最后一分劲儿都使光了的人来说，实在是多一事不如少一事。一般来说，宁肯息事宁人，除非忍到忍无可忍的情况下，才会来一次大发作。

如此，我打消了留下来陪妈的想法。

回想我这一生，可以说没有对不起过谁。只有妈，我是对不起妈。我欠妈很多，别说是没有机会了，就是有机会我也无法还清。

凌晨两点多钟的时候，我起来招呼妈上厕所。按照我的计划，本应在十二点一次，凌晨五点一次。可是我起晚了，心里有些愧愧的。

扶妈坐起后，发现她已尿在“尿不湿”上，但我还是扶她上了一次厕所。

扶妈坐在马桶上，我就赶快回客厅换“尿不湿”上的毛巾。刚换好毛巾就听见妈叫我：“行了，来吧。”

我赶到厕所，把妈搀回客厅扶她坐在床上。她指着我的身后说：“那里怎么一片火呢？”听上去那是很大一片火，可是她的口气里却没有惊慌，好像她那时已站在天上，遥望着距她很远的另一个世界里的事情。

我回头一看，原来妈指的是对面小桌上的台灯映出的那片光晕。

我心里又是一阵不安和沮丧，妈怎么又糊涂起来？我希望这不过是她没有从睡梦中完全清醒的缘故。

可是我不能纠正妈。如果她知道自己连这点判断力都没有了的话，不是对她的又一次打击吗？

感谢先生想得周到，那日不知怎么想起在妈客厅的小桌上安个台灯，说是不必关上，就让它一直亮着，万一妈晚上有事方便一些。

再过几个小时，可不就有了大事。

然后我就扶妈躺下，她说：“我不睡了，一会儿不是还要出门儿吗？”

我以为妈说的是八点钟我们得按预约时间到北京医院给她做放射治疗的事。后来明白，这就是谶语。

我说：“时间还早呢，您动作慢咱们就六点起床，那也来得及，您还是再睡一会儿吧。”

我又有意识地点了点妈动作慢的问题，直到那时，我仍然不放过激励她的任何机会。

三个小时之后，妈真的上路了。我那时要是知道神的旨意，就不会让妈再睡，也不会离开她，而是想方设法去救她。

她很听话地躺下了。

我蹲在妈的床边说：“妈，请您原谅我。”这是我在白天和昨天决不肯说出的话。倒不是我不肯认错，而是我昨天的错太大了，以至没有了认错的勇气。

没想到这就是妈在世上听到的最后一句话，没想到我和妈一世的缘分也就了结在这一句话上。这句话真是我和妈这一世缘分的注脚。上帝的秤是非常准确的，我欠妈的，他会一点也不剩地给妈带上。

感谢上帝，他让我对妈最后说了这句话，也让妈带着这句话到另一个世界里去。妈上路的那个时辰，会不会因此感到一些安慰？我希望着。

我曾后悔，没有勇气把需要妈原谅的话说得更为具体。

现在我不后悔了，我要她原谅的地方太多了，不如像无以倾尽的无字碑那样铺在她的脚下。

首先就得为我的出世请求她的原谅，那还只是肉体上的磨难。她当时一定没有料到，日后我在精神上、心灵上给她的磨难更深。

我不知道每一个孩子的出生、成活、成长，是否都是母亲的灾难。

又有哪个母亲不是穷其一生为她的孩子榨干最后一滴血？而我的母亲尤甚。

妈的眼珠往我蹲着的方向扫了一下，显然她听见了我的话。可是她的视线并没有落在我的身上，也没有和我的眼睛对视一下，更没有和我说句话。

这是妈在世上看我的最后一眼了，而且还没有落在我的身上。我不相信这是因为妈不肯看我。其实她早就原谅我，不论我做了多么让她伤心的事，她也会原谅我。但原谅了我不等于她就不再伤心。我不请求她原谅还好，一提，也许反倒勾起那一桩桩一件件让她伤心的往事了。

关客厅门之前，我回头看了看妈。妈的两臂紧贴着双腿，脸朝上直挺挺地躺着，嘴唇紧闭成一条深色的窄线，颧骨从未有过地凸现，两腮就显得塌落，很像我在一些遗体告别式上看到的遗容。我心里不觉掠过一丝蹊跷而又不祥的感觉，可是我马上就排除了这种无稽的想法。我那时仍然不相信神的暗示，一门心思认定妈手术效果良好。从此以后，妈什么病都没有了，一定能活到九十岁。

由于两点多钟刚带妈上过厕所，我想，到天亮还有三四个小时，不会再有什么事，便放心地去睡。我很快就睡着了，而且睡得很死。

幸好小阿姨按照我的要求，凌晨五点钟再叫妈上一次厕所，可是她也晚了二十多分钟。

五点二十分左右，小阿姨突然气急败坏地在我的卧室门外叫道："阿姨，你快看姥姥怎么了!"

我猛地跳下床跑到客厅，一看，妈不像过去那样，一醒来就穿好鞋坐在床上，等着我或小阿姨去搀扶她，而是扒着床沿，赤脚跪在地上。左膝稍稍靠前，右膝稍稍靠后。

后来我怎么想也想不明白，就在那一瞬间，我怎么就再也没有了妈！我不知道为什么世间有很多非常、非常简单的事，任你穷尽一生去想，可你就是想不明白。

奇怪的是我这时还能注意到，在我闯进客厅的时候，猫咪没有睡，而是蹲在沙发上惊恐地、专注地看着妈。只是在我冲进客厅的时候，它才从沙发上跳下，奔了出去。

妈离开这个世界那一刻的最后见证不是我，而是它。好在当时还有它在妈身旁，它终究也是妈之所爱。

它一定想过要帮助妈，可是它却无能为力。你为什么不来叫我呢！猫咪！

这时先生也赶来了，和我们一起把妈抱到床上。

我把手指伸进妈的嘴里，她的牙关还没咬紧，可是舌头已像危重病人那样，往舌根缩去，不再贴着上牙膛。

后来分析，妈那时不过刚刚断气。要是小阿姨按我规定的时间去叫妈，妈还会不会有救?

我又拿起妈枕边的手电筒去照妈的瞳孔，似乎还有光点在妈的瞳孔上闪回。其实，那不是瞳孔对光的收缩反应，而是玻璃球体对光的折射。我不知是安慰自己还是安慰别人，对已做哭丧之举的小阿姨说："没事，没事，是昏过去了，有救。"

我先是扑上去嘴对嘴地给妈做人工呼吸，可是使不上劲。然后又用手挤压她的胸膛，妈那时还能跟着我的动作往外喷气。后来小阿姨对我说，那不过是我用力挤压的结果。

同时我吩咐小阿姨去给急救中心打电话。平时很伶俐的小阿姨却不知为什么打不通急救中心的电话。

我又让先生去打，他打来打去也打不通。我只好放下妈，让小阿姨给妈做人工呼吸，我去给急救中心打电话。因为先生的心脏动过手术，这样费力气的事不敢惊动他。

急救中心的电话接通以后，先放的是一段英语然后又是一段汉语录音带。我无奈地等着，恨不得把手伸到急救中心，一把揪断这段录音带。

我抱着须臾不可离开的电话筒，急得火冒三丈而又无能为力地看着小阿姨给妈做人工呼吸。那哪儿是做人工呼吸？简直像做柔软体操，一点儿不敢用力，也没有把妈的两条胳膊挤压在妈胸口上。可是我没有分身之术，不能去替换小阿姨，我得等着和急救中心通话。

急救中心好不容易答话了，我声嘶力竭地叫道："人都停止呼吸了，你们快来呀！"

我不明白他们为什么会问这样的问题："你们是想抢救，还是想干什么？"

我说："当然是抢救了。"

他们问了地址，并让我到附近的汽车站去等着引导他们的救护车。我如何可以离开？就叫小阿姨去胡同口等着，我怕急救中心的车来得太慢，又让先生到附近航天部研究所的诊所去找大夫。

然后我又返回身来扑向妈去做人工呼吸。

那时，我就像一个不会泳游，却沉落在水底，被水呛得无法呼吸的人一样害怕。

附近诊所的大夫很快就来了。她一看就说妈是心肌梗塞，没有救了。

这时急救中心的大夫也来了。年轻的、睡眼惺忪的女大夫一看也说不行了。在我的请求下，她才给妈做了一个心电图。她说："已经是直线，没有心跳了。"

我又求她给妈打强心针。

她说："打也没用了，要是有用就给她打了。"

她走了以后，航天部研究所诊所的大夫又留了一会儿。

她看着妈的脸说："多慈祥的一个老人哪。"

在她们都走了以后，我才会哭。

可能就在这个时候，先生给王蒙兄打了电话。王蒙兄又给维熙、谌容和北京作协打了电话，因而他们很快就赶来了。维熙顺路又接来了蒋翠林。

不论我如何悲痛欲绝，我也没有权利坐哭与母亲的诀别。除了我自己，还能有谁来帮我张罗妈的丧事呢？没有！既然没有，我也只好眼睁睁地看着本就是最后与母亲相聚的时间，从我和妈的身体之间飞逝而去。果真只是身体之间了。

给妈换内衣的时候我发现她的两个膝头微微地磨掉了皮，看得出妈在最后的时刻，曾想挣扎着站起来，而且是拼死拼活的挣扎。

这是有意识的争斗，还是生命离去时的本能？

要是有意识的争斗，我还感到些许安慰。这说明妈还想活下去，可我又想，这争斗很痛苦吧？如果想活下去，而又知道活不了的话。既然如此，也许不如是生命离去时的本能。也许那时，妈已经什么都体味不出了。

看着妈磨破的膝头，我心疼如绞。妈在这激烈的争斗中，只能独自承受那些我无法代替、无法分担的，死亡袭来时的恐惧和痛苦。

我给妈换了外衣。那套妈最喜欢，又合适秋天穿的棕色花呢、沿秋香色缎子小边，盘同样缎子花扣的中式套装，放在没装修好的新房子的某个纸箱里。究竟是在哪一个纸箱里？那里紧紧地堆放着几十个纸箱，根本就没有找出的希望。

要命的是新房子的钥匙还在装修公司手里，在早上六七点钟的时候，我上哪儿去找他们？通常他们九点钟才开始工作。

还是借蒋翠林的光，火葬场答应可以及时火化。他们的车，十点就要来了。

由于妈是在家里过世，而家里是没有条件久停的。要是自己的家，多停一两天还可以，可惜是在先生家。妈一辈子都不愿意烦扰他人（包括我），也这样教育我和孩子。所以我不敢为妈的装殓耽误时间，过了这个时间又不知道要等多久。在这个活着的人都要因陋就简的环境里，哪儿还有可能讨论和顾及不再活着的人的方便。

听小阿姨的指导，我给妈穿了前几天新买的纯棉运动衫裤，她说按照农村的说法，棉制衣物装殓最好。谌容来了以后说不行，让我到房间里去重新给妈找些正式的衣服换上。后来她对我说，她不过是想用这个办法来分散一些我的悲痛。

我找来找去找不到什么合适的衣服，只好拿了我的一件蓝色底有紫红和白色细条格子的旧棉袄，和妈的一条蓝色毛涤裤子，还有我在奥地利买的一双棕色半高跟皮鞋，一一给妈换上。妈的脚有些肿，穿的又是我的一双茶色人造毛的长袜，所以鞋子还不显大。

我到现在也觉得不如不给妈换这些衣服，因为妈后来穿惯了运动衫裤，那对她方便而又舒服。

谁让我老是相信装修公司的鬼话，以为不久就能搬进新家，手上只留了几件日常换洗的衣服；谁又料到手术非常成功的母亲会突然去世，以至她上路的时候，连一套像样的衣服也没能穿上，更不要说她最喜欢的那套。

好在张家的女人也不认为这有十分的重要。

谌容又提醒我应该给妈带上一件她最心爱的东西。我马上想到的是唐棣的什么东西或是照片。可惜，一切东西都堆放在没有装修好的新房子里，手头什么也没有。可是那一瞬间，我不知怎么想起先生家里有一张妈和唐棣的照片，那是一九九〇年我们在 RBO 家里吃烤肉的时候拍的。这种根本不会沉淀在记忆里的小事，那种时候居然能够记起，又居然能够找到，不是冥冥中有人助我，其实也就是帮助妈遂了心愿又是什么？

照片上的人影虽然很小，但我想这就是妈最心爱的东西了。

我把妈的上衣解开，把照片放在贴近她胸口的地方。

后来我又想，是不是我理解错了谌容的意思，她说的心爱之物该不是金银首饰吧？

小阿姨把妈的双脚并拢，用一条黑布带把妈的双脚捆上，又让我在妈身上罩了一张白布单子。幸亏有这来自农村，见过并懂得如何办理丧事的小阿姨，不然我真不知道这一切该怎么做，并且还会做错很多。

妈全身都很干净，她一辈子好强，走也走得干干净净。

我坐在地上守着妈。我知道再也守不了多少时候了。这样的相守是过一秒少一秒了。

妈紧紧闭着嘴。无论我和小阿姨怎么叫她，她都不答应了。

我觉得她不是不能呼或吸，而是憋着一口气在嘴里，不呼也不吸。那紧闭的嘴里一定含着没有吐出来的极深的委屈。

那是什么呢？我想了差不多半年才想通，她是把她最大的委屈，生和死的委屈紧紧地含在嘴里了。

妈永远地闭上了她的嘴。有多少次她想要对我们一诉衷肠，而我又始终没有认真倾听的耐心，她只好带着不愿再烦扰我们的自尊和遗憾走了。我只想到自己无时不需要妈的呵护、关照、倾听，从来也没想过妈也有需要我呵护、关照、倾听的时候。如今，我只好翻看她留下的那份可以详尽其苦的自述了。

妈走的时候，我本可以在她的身边，可是我陪先生去了。

要是妈出事的时候小阿姨或我在她身边，也许她还有救；至少，在她走的时候，我能拉着她的手，让她这辈子哪怕有一次不孤独的记录。

她肯定呼喊过我，我却没有听见，她只好一个人孤孤单单地上路了。就像她在手术前劝慰我的那样：时间长了就好了，我不是孤独了一辈子吗？

即使妈已经迈上那条黄泉之路，只要还没走远，也许我还能把她叫回来。这样的事情不是没有……

…………

一想到妈是这样走的，我就悲从中来。

人人都说我是个孝女，其实我让妈伤了一辈子的心，让妈为我劳累了一辈子。就在她已经没有几日可留的情况下，我还逼着她一会儿起来、一会儿坐下地锻炼……是我把妈累死了。这，谁又能看得见呢？

我不需要人们说我怎么好，我要的是妈活着，那怕再活一年，再让我为她做点什么。可是她不，她就这样去了。

不论我曾经怎样伤过她的心，妈走的时候，还是左思右想，挑了一个不会给我留下更多悔恨的时辰。

第十二章

妈没有在手术台上走，免得我为签字手术而自责；

妈没有在我逼她起立坐下的时候走，让我有机会用其实是对她无尽的深爱做一些弥补；

妈拼却一命留给我最后一个满足：“高兴，高兴，我的思想问题解决了一半。”让我以为我的努力终于成功：妈又有了活下去的自信、愿望和勇气，那不也就是给我以勇气和希望；

妈还有机会对我说，她就爱吃我做的莲子小豆粥，为我日后的回忆留下些许的安慰：妈走的那天还算快活；

妈让我有机会在她说“虽然我老了，可是还是活着对你们更好”的时候，以明心迹地说声“那当然”；

妈给了我陪她坐一会儿的时间，让我能够对她说：“妈，过去老没能抽时间陪您坐一会儿，现在终于可以陪您坐着聊聊天了。”而妈又给了我最后的谅解，“我也不会说什么，也说不出什么……”

妈留给我一个了结我们这辈子缘分的机会，让我能够对她说一句：“妈，请您原谅我。”那是她最后对我的疼爱。也是上帝对我的恩惠、对我的了解，“他”知道我不过是要妈更好地活下去，只是我的办法过于拙劣，又急于求成。

我亲吻着妈的脸颊，脸颊上有新鲜植物的清新。那面颊上的温暖、弹性仍然和我自小所熟悉、所亲吻的一样，不论在任何时候，或任何情况下，我都能准确无误地辨出。可是从今以后再没有什么需要分辨的了。

为什么长大以后我很少再亲吻妈？

记得几年前的一天，也许就是前年或大前年，忘记了是为什么，我的心情少有的好，在妈脸上重重地吻了一下。至今我还能回忆起妈那幸福的、半合着眼的样子。为什么人一长大，就丢掉了很多能让母亲快乐的举动？难道这就是成长、成熟？

现在，不论我再亲吻妈多少，也只是我单方的依恋了，妈是再也不会知道、再不会感受我的亲吻带给她的快乐了。

很快，就连这一点依恋也无从寄托、无处可寻了。

我又在妈身旁躺下，拉起妈的右臂，像我小时那样，让妈的手臂环绕过我的颈项。我贴紧妈的怀抱，希望妈能像我小时那样，再搂抱我一次，可是小阿姨把我拉了起来，说：“阿姨你不能这样，这样姥姥的胳膊就永远伸不直了。”

我只好起来坐在妈的身旁，拉着妈的手，目不转睛地看着妈。也只能拉着妈的手，也只能这样看着妈了。就是这样，也是看一眼少一眼，拉一会儿少一会儿了。

妈那一生都处在亢奋、紧张状态下的，紧凑、深刻、坚硬、光亮、坚挺了一辈子的皱纹，现在松弛了、疲软了、暗淡了、风息浪止了。

从我记事起，妈那即使在高兴时也难以完全解开的双眉，现在是永远地舒展了。

妈的眼睛闭上了。

那双眼睛，到现有也显出常人少有的美。先是在大眼角那里往上抛出一个极小的弧，然后往下滑出一道优美的长长的弧线，再往小眼角走去。最后在小眼角收势为更小的一个弧。一般人闭上眼睛以后，仅仅是一条弧度很小，差不多就是直线的弧线。

真正让我感到妈生命终止的、妈已离我而去永远不会再来的，既不是没有了呼吸，也不是心脏不再跳动，而是妈那不论何时何地，总在追随着我的，充满慈爱的目光，已经永远地关闭在妈的眼睑后面，再也不会看着我了。我一想起妈那对瞳仁已经扩散，再也不会转动的眼睛，我就毛骨悚然，心痛欲裂。

我也不相信妈就再也不能看我，就在春天，妈还给我削苹果呢。我相信我能从无数个削好的苹果中，一眼就认出妈削的苹果，每一处换刀的地方，都有一个妈才能削出的弧度、妈才能削出的长度，拙实敦厚；就在几个月前，妈还给我熬中药呢……我翻开妈的眼睑，想要妈再看我一眼。可是小阿姨说，那样妈就永远闭不上眼睛了。

妈，您真的可以安心地走了吗？其实您是不该瞑目的。

渐渐地，妈的手也越来越黄了，就像一九八七年她得了黄疸型肝炎那么黄。虽然妈的手还像活着的时候那么暖和，可我知道，这是因为我一直握着的缘故。

妈的脸也越来越黄，嘴唇也渐渐地紫了，看上去像是一个没有生命的人了。

剩下的事，就是等火葬场来接妈了。

十点钟，火葬场的人来了。他们指着妈身上的被褥问道："这些铺盖带走吗?"

我这才意识到该给妈铺好些的被褥。我怎么什么都不懂！

我抢先回答道："是的。"

除了白底红条的床单是先生早年生活的旧物，其他一应物品全是我们从前购置的，所以做得了这个主。

枕巾是橘黄色提花的，枕头是哪一个我记不起来了。

被里和棉胎倒是新的。但被面是我们从前住在二里沟的时候买的。米色底，上有红色圆圈套着黑色的三角框，或黑色圆圈套着红色的三角框。我想妈带这床被走也好，那上面记录了只属于我和妈的艰难岁月。

就这样潦潦草草地把妈送走了。没想到妈走得如此突然，而我又无法分身去为妈准备什么。

我倒不大在意这些，我悔恨的是我永远无法回报妈的爱了。

送妈出家门的时候，机关里的司机小段在我身边指导说："说，'妈，您走好。'"我照着说了。这一说，这一送，是永远地把妈送出门、永远地把妈送走了。

去的是东郊火葬场。天气晴好。没想到又经过了西坝河，我们本要搬离的地方。我本以为，给妈安排了一个更好的住处，我是不会让妈再回这个人生地不熟、对她的寂寞生活没有什么乐趣的地方了。可是没想到，妈还是要和她曾经住过的这个地方告别。那时，天意不可违的念头第一次出现在我的心里。

从我非要妈活下去而至失败，我懂得了"顺其自然"。其实妈手术时就准备去的，虽然手术如我所愿、所直觉地成功了，最后事态还是按着妈所预想的发展下去。这是我的失算。这一辈子我想做的事，没有一件做不成功。唯有这一件，我失败了，我败给了妈，败给了命。我不能战胜命，也不能战胜上帝。

在火葬场办理了一应手续。给妈挑骨灰盒的时候，我都不能相信妈不在了，就是前几天，我还在商店里给她选衣服呢。

我挑了一个最好的，希望妈在那个世界里有一个好的住处，既然她没能住上我主要是为她搬的这个新家。

人们提醒我给妈买了一个小花圈。可惜火葬场没有鲜花的花圈。

"放在哪儿?"我问。

人们告诉我应该放在妈的身上。我听话地把花圈放在了妈腿上靠近膝盖的地方。

这时我才醒悟，怎么连花圈都没想到给妈买一个？不要说是鲜花的，就是纸扎的也还是在别人的提醒下才知道给妈买一个?

我从来没有给妈买过鲜花，到了这个时候，也无法再做一次补偿。新中国在一九四九年后消灭了一切所谓贵族化的习俗。每每在电视上看到为迎接外国贵宾献上的鲜花，或某位国家领导人的追悼会上偶然有个鲜花的花圈，只觉得那真不是人间过的日子。没想到母亲去世后形势大变，那些本以为天上才有的日子，凡人竟可享受一二。这才能经常买些鲜花放在妈的骨灰盒前，以了我的夙愿。

我被这突如其来的惨烈打蒙了头。就是不蒙头，也没有举办丧事的经验。家里人口太少，更无三亲六故，生生息息、婚丧嫁娶的红白喜事从未经历、操办过，就是妈活着，碰见这样的事恐怕也会感到手忙脚乱。

不论新旧社会，人际关系的规则讲究的都是门当户对，有来有往。既无往，何谈来？来和往要有经济为基础，更要有心情为基础。妈却一腔哀愁，百事无心，话都懒得说，哪有精神应酬？既无钱又无心绪，只有终日闭门长吁短叹。如此，生活百科于我们可不就简陋到一无所知。

而且我也分不开身，又没有一个兄弟姐妹或七大姑八大姨来帮我照应一把。要不是有小阿姨和王蒙夫妇、维熙、谌容、蒋翠林以及机关同志们的帮助，我连这些也做不完全。

事后，我悔恨无穷地对先生说："我当时昏了头，你经历过那么多事，又比我年长许多，怎么没替我想着给妈买个花圈呢？"

先生说："你又没告诉我。"

我哑口无言。既然先生能这么说，我还有什么可说？我那时要是能想到让他去给妈买个花圈，这个遗憾也就不会有了。

后来，我终于从悲痛中缓过气来的时候对先生说："这一年要是没有朋友们的关心，我真不知道怎么过，可是你连问都不问问我是怎么熬过来的。"

先生照样无辜地说："你又没告诉我。"

不过在我这样说过之后，先生确实改变了态度。今年妈生日和清明那天，我们到广济寺给妈上香，先生诚心诚意地在妈的牌位前鞠了三个躬。

有一次先生甚至在电话里对人说："张洁她妈死了。"

我说："这样说是不是太难听了。你能不能说'张洁的母亲去世了'？"

先生倒是很虚心，后来果然改口为"张洁的母亲去世了"。

记不得谁人说过，一个男人要是讨了一个比自己小十岁的老婆，再不懂得温柔也得温柔起来。可在我们家，整个是南辕北辙。

先生的万般事体，除了大小解这样的事我无法代劳之外，什么时候要他张过口呢？就连他打算到街口去迎火葬场的车，我在那种情况下还能为他着想，怕他累着，转请谌容代劳。

但在母亲过世、我又身染重病以后，我就卸掉了此项重任，躲进了自己的家。我没有这个心气儿了，也怕我那很不好治、发展前景极为不妙的病传染给先生。

妈过世后这一年多的时间里，国文兄夫妇和王蒙兄夫妇，几乎每天一个电话，探问我的方方面面。或想方设法说些笑话，让我开心；或鼓励我振作起精神，写一部人世沧桑、世态炎凉的大书；或知我无法写作、没有收入，给我找点"饭辙"；或隔几日带些好吃、好喝、好玩的来我这里聚聚，哪怕是隆冬腊月、朔风凛冽，他们也会带着一身寒气和满心热气，来到我那已然没有了妈的空巢……

我更是没完没了，一而再、再而三地麻烦维熙的夫人小兰，有时半夜三更就会拿起电话和她讨论妈的病情、研究妈猝死的原因，一说就是个把小时；

有个深夜，胡容突然感到无名的恐惧，好像有什么不幸的事将要发生，赶紧打个电话给我。可不，那个晚上我真要过不去了；

去年中秋，徐泓远在海南，打来长途电话祝愿我节日过得还好。改天又打电话给我，适逢我不在家，没有人接。第二天再打，还是没有人接，她以为我病倒在床无法起来接电话，紧张得要命。三番五次打来电话，直到与我通上话才放了心；

…………

火葬场的人让我再看妈一眼，我掀开盖在妈身上的白布单，看了看妈的脸和妈的全身，这就是那永诀的一眼。又亲了亲妈的脸颊，这也是五十四年来，我和妈之间的最后一次肌肤相亲。从此以后我们阴阳相隔，就连没有了生命的妈，我再想看也看不见，再想亲也亲不着了。

然后，火葬场的人大声吆喝着："走了，走了。"

我不能怪他，他要是不吆喝，所有送葬的人就无法走出这个门了。

人们把我拉走了。我当然得走，我不能永远留住妈，我也不能永远待在火葬厂不走。每个人都有他或她自己的时辰，现在还没到我待在这里的时候。

从火葬场回来后，我拿起妈昨天晚上洗澡时换下的内衣，衣服上还残留着妈的体味。我把脸深深地埋了进去。

我就那么抱着妈的衣服，站在洗澡间里。可是妈的体味、气息也渐渐地消散了。

我一件件抚摸着妈用过的东西。坐一坐妈坐过的沙发；戴一戴妈戴过的手表；穿一穿妈穿过的衣裳……心里想，我永远地失去了妈，我是再也看不见妈了。其实，一个人在五十四岁的时候成为孤儿，要比在四岁的时候成为孤儿苦多了。

我一生碰到的难堪、痛苦可谓多矣，但都不如妈的离去给我的伤痛这样难熬。我甚至自私地想，还不如我走在妈的前头，那样我就可以躲过这个打击。可是我又想，要是我走在她的前头，又有谁能来代替我给妈养老送终呢？虽然我也没有把妈照料好。最好的办法是将我以后的寿数妈均分，我再比妈多上几天，等我安排好妈的后事便立刻随她而去。

要是我自己的那个时辰来到，我会顺其自然，不会下那么大力气去拒绝那个时刻的到来。然而，哪怕是妈身上的一小点病痛，更不要说妈走完她的人生之旅和我失去妈的悲伤，一想到妈在生老病死中的挣扎，我就感到疼痛难当。

也许上帝是慈悲的，他不愿让妈再忍受脑萎缩的折磨，在那个痛苦来到之前就把妈接走了。并且终于对妈发出一个善心，给了妈一个没有多少痛苦的结尾，这恐怕是她一生中最顺利的一件事，然而对于我却不免过于惨烈。

我收起妈用过的牙刷、牙膏。牙刷上还残留着妈没有冲洗净的牙膏。就在昨天，妈还用它们刷牙来着。

我收拾着妈的遗物，似乎收拾起她的一生。我想着，一个人的一生就这样地结束了，结束在一筒所剩不多的牙膏和一柄还残留着牙膏的牙刷这里。不论她吃过怎样的千辛万苦，有着怎样曲折痛苦的一生。

我特意留下她过去做鞋的纸样，用报纸剪的，或用画报剪的，上面有她钉过的密麻的针脚。很多年我们买不起鞋，全靠母亲一针针、一线线地缝制；

也特意留下那些补了又补的衣服和袜子，每一块补丁都让我想起我们过去的日子——先是妈在不停地缝补，渐渐地换成了我……我猛然一惊，心想：我们原本可能会一代接着一代地补下去……

我们早就不穿妈用手缝的鞋了，更不穿补过的衣服、袜子，我想，妈一直留着它们可能和我现在留着它们有同样的意思。

想起这一年妈老是交代后事。她如果不在了猫怎么办，给谁。她认定对门的邻居俞大姐会善待她的猫，让我在她走后把猫交给她，妈总不相信我会悉心照顾它的猫；

妈还几次叮咛我："以后你就和胡容相依为命吧。"

妈，在这个世界上，除了你和我，有谁能和你，或有谁能和我相依为命呢？

胡容是好朋友，可"相依为命"这四个字是能随便相托的吗？那是在共同的艰辛、苦难中熬出来的，就像熬中药一样，一定要熬到一定火候才能炼成结果。

妈老是不放心我，恨不能抓住她认识的、所有能说得上话的人，把我托付给他们。

可是，不论把我托付给谁，谁能像妈那样地守护我呢？

十月三十一号。星期四。

早上接到唐棣的电话。

妈去世的消息，我还没有告诉她，我想等到周末，这对她会容易些。先生家的电话又没有长途通话的服务，我必须到很远的邮局去打国际长途，对我那时的情况来说，这非常困难，而且唐棣周末肯定会打电话来。

她在电话里兴高采烈地说："我往老家打了几次电话都没有人接，后来才想起你们可能到这里来了……"

我只好不忍地打断她："书包，姥姥去世了。"

她失声地问："什么？什么？"

我又重复了一遍："姥姥去世了。"

她那边立刻没有了声音。我吓得以为她昏了过去，因为这个消息太突然了，前几天她还像我一样为妈的手术成功而兴奋不已。我还在电话里跟她开妈的玩笑："姥姥一恢复正常就又像过去那么邪乎起来……动不动就'哎呀……别碰我'，或是一皱小眉头什么的。"

我终于能对一个可以诉说的人说说妈去世的前前后后。

我想和唐棣再多说几句，可先生一直在我身边的沙发上坐着。并没有什么不可以让先生听的话，可那是只属于我的妈、女儿的姥姥，只属于我和女儿的悲哀。

…………

十点，瑞芳和先生陪我去火葬场接回了妈的骨灰。我在车上打开妈的骨灰盒，看着已然变做一堆白灰的妈，我在心里说："妈，以后该我搂着您了。"

先生说："收起来吧，收起来吧。"

骨灰先是安放在先生家的客厅里，妈前几天还在这里起居坐卧呢。搬进新家以后，骨灰就安放在我的卧室里。从此她日日夜夜都和我在一起，再也不会分开了。

十一月十四号，星期四。

先到西直门火车站办理妈去世后的一应手续。西直门铁路工会的负责人还对我说了几句安抚的话。我交回了妈的退休证。妈退休后一直用它领取每月的退休养老金。从三十几块，领到一百五六十块。一九八七年妈得了一场黄疸型肝炎，我们又搬到西坝河。从那以后，就由我去代领了。

西直门铁路工会还发给我四百二十元人民币的抚恤金。

我对会计说："这个钱我会留做纪念，不会花的，能不能给我整钱?"

她们很客气地给了我几张很新的大票。

我原想祭奠妈时把这些钱焚化给妈，后来又觉得我个人没有权利这样安排，我得和唐棣一起研究一个妥善的办法。就把这几张钱和妈的遗物放在了一起。

妈去世前的一两年老对唐棣或我说："我也没有给你们留下什么钱、什么遗产……"每每说到这里，就会哽咽地说不下去。

我对妈说："您把我们拉扯大，不就是最好的遗产吗?"

一九九二年十二月底唐棣回国探望我时，我像受到什么启示，想，何不把这笔抚恤全交给唐棣，这不就是妈给唐棣的一份遗产吗？钱虽不多，却含着妈对我们那份无价可估的爱心。唐棣也认为这个办法不错。

妈曾下定决心要送唐棣一件礼物，作为她留给后代的纪念。她一再追问唐棣喜欢什么，她可以将退休养老金慢慢积攒起来去买。

为了让妈高兴，唐棣就对她说喜欢一只玉镯。

她在一九九〇年十月一日给唐棣的信中写道：

> ……玉镯的购买，你和你妈都能马上购买，不费吹灰之力。这是明摆着的。但我坚持从我每月工资中存起些给你买。我觉得这是有价子（值——笔者）的，一个老人对孙女的疼爱。我坚持这样做，尽我点心意，请你不要拒绝！回来（指她从美国探望唐棣回国——笔者）把我去年那五个月的工资凑到一起交给你妈，一千元。以后每月交给你妈一百四十六，我留下五十元。聚少成多。它是我将要离开人世对我的后代留下点点的纪念。我没有遗产，请原谅！

又在一九九一年五月七号的信中写道：

> ……攒钱买手镯的事，每月交给你（妈——笔者）手里一百元，到现在才存一千六百元，离买的钱差得太远。不知我离开人世前能否完成我的心愿。北京没有卖的（我想她是指质地好一些的——笔者），我又不好老吹（催——笔者）你妈。只好耐心的攒钱。反正你妈最后给补够买纪念品的钱（我知道妈的退休养老金不可能买一只很好的玉镯，就对她说，钱不够我可以替她补上，以了却她的这份心愿——笔者）。你们能买得起的，我觉得我积攒钱买有很大意义。姥姥对这些年没照看你，从没给你做点什么，心里愧的很，我伤心。所以我这样决定，买个纪念品，也是小小的安慰。

妈从美国回来后果然开始攒这笔钱。我对妈说，这样攒法恐怕不行，因为通货膨胀得厉害，不如她每月将她退休金借给我，到时我还她一只玉镯就是。妈接受了这个建议，每月将她的退休养老金交给我，还在小本子上记下每月交我的钱数。那时她的视力已经越来越坏，每个字都向下歪斜着。那每一个歪斜的字里，都饱含着无法用语言表达的舐犊深情。小本子上的这些纸片，我在妈去世后交给了唐棣。一九九三年六月我到美国探望唐棣时，深感安慰地见她珍藏着这些纸片以及姥姥其他的一些遗物。

一九九一年春天我出访奥地利，在维也纳见到一条难以常见的、设计精美的白金钻石项链，那不仅是项链，还是一件品位很高的艺术品，真是只有欧洲才有的品位。我心里一冲动就替妈给唐棣买下了它。

回国以后我对妈说，这个礼物也不比玉镯差。妈的反响却不大热烈。

我在妈一九九一年七月七日给唐棣的最后一封信中读到：

> 书包，从元月给你写过信又有半年多了，没给你写过信，因为眼神不好。所以什么事情都担（耽——笔者）误了，请原谅！
>
> 记得打电话谈，我的护照还能用。在仅仅……（这似乎是一句没有写完的话——笔者）所以有机会再看你一次。其实谈何容易。不能因为我而影响你。我已经把你妈累住这些年了。那是感情一时的想法，你别当真，也别和你（妈——笔者）谈这件事，只要你们（这句话好像没写完，我想可能是个“好”字——笔者）我也死而明（瞑——笔者）目了。
>
> 项链已买过了，是白金的，不太满易（意——笔者），但耐（奈——笔者）何！这样我就完成我的心愿了。钱也够了。再每月支一……（看不清楚，下面的字她写到信纸外面去了——笔者）算我的伙食费到死。有时想对你一点帮助也没有。
>
> 情长话短，信又写不清楚，真是物（可能是物字，我猜她想说的是废物——笔者），要说的话多着呢。信写的太乱，请原谅！
>
> 祝
>
> 你一切顺利！
>
> 姥姥
>
> 一九九一年七月七日

想不到这就是妈的绝笔！

这封信里的字迹已不成形，很多话像是没有写完，别字也多。而且每一行字都向右下歪斜得不能成行，甚至下一行字压在上一行字上。

唐棣说，当她看到这封信时心里就是一沉，就有一种不祥的预感。但她不敢深想，她怕往深一想事情反倒成真。

看了这封信我才知道，妈并不满意我替她给唐棣买的这个项链。我忽略了，妈和我一样，把唐棣每一个哪怕是微不足道的愿望，都当成是我们丝毫不得走样的奋斗目标。

但我又想，幸亏我灵机一动先买了这条项链，而没有死等买只玉镯的机会。我总算让妈在活着的时候，见到她的愿望成真。这不是鬼使神差又是什么！正如妈在信中所说：“这样我就完成我的心愿了。”如果不是这样，我相信这也会是妈离去时的一个遗憾。

妈，我一定还要替你买一只玉镯，在唐棣结婚的时候送给她，您不用担心您已没有钱来支付这笔开支，您一生给予我们的爱、您为拉扯我们长大耗费的心血，足够支付你想买的任何礼物。

离开西直门车站铁路工会后，我就到西坝河派出所注销妈的户口。派出所的人说，妈去世时开的死亡诊断不能用，必须到她户口所在地的医院开具死亡证明才行。

我又拿着航天部研究所门诊部开的死亡诊断书，到朝阳区院西坝河门诊部开具死亡证明，然后再返回派出所。

一位着便衣的女士坐在齐我胸高的柜台后面，哗啦啦地翻着户籍簿。我只能看见她的头顶，所以我像盲人一样，全凭声音来判断她可能对我发出的指示，并决定我该做些什么。

我听见她停止了翻动，想是找到了记载着有关妈的一页，并从里面抽出什么东西。我立刻意识到她抽出的是妈的照片，便请求她说："请你不要撕，把我母亲的照片都还给我。"

她一面毫不留情地撕着手里的一小块纸片，一面在柜台后面申斥我说："谁撕你妈的照片了！"

我当然不能绕到像老人家所盛赞的"无产阶级专政的铜墙铁壁"一样的柜台后面去核对、证实我的正确。

然后她把手里的另一小块纸片抛给了我。那可不就是妈的照片！

我当时的感觉就像她把我的妈妈撕碎了一样。

我敢肯定这个标致的女人，一定是个心肠十分歹毒的人，换一个稍有良知的人，都不会这样对待他人的丧母之痛。

我不能和她闹个一清二楚，我怕对妈有什么不好，尽管妈已经不在了。这些人是想找什么麻烦就能找出什么麻烦的。

之后我又到西坝河粮油管理办事处，注销了妈的粮油关系。

从此，这个社会注销、收回了它加给妈的一切符号。

我给猫咪洗了澡。想起这一两年妈多少次让我给它洗个澡，我老推说忙而没有洗成，现在我就是每天给它洗，又有什么用呢？反正当时我连妈这个小小的要求都没有替她做到。

十二月七号，星期六。晚上我在广济寺给妈放了焰口。胡容和苏予也赶来了。这一天，北京下了近年少有的雪，雪还不小。妈算是雪路登程，普天同哀，她是往高洁的地界去了。

我反复和医生们探讨妈猝死的原因，以便认知自己应该承担的罪责。

签字之前，罗主任不是没有警告过我老年人可能经受不了手术的打击，我为什么不深究一下，那是什么意思？现在我知道，老年人的血液黏稠，血管失去弹性、变脆、粗糙，加上手术后可能出现的血流动力变化，容易在粗糙的血管壁上形成血栓，导致心肌梗塞。妈还没到山穷水尽的地步，为什么我当时鬼迷心窍，认为做了手术妈会活得更长、更好？对于我来说，妈哪怕只有一口气，但只要还喘着，就比没有妈好。

妈去世半年后，我还对罗主任说："当初我还不如不让我母亲手术。"

罗主任说："那也维持不了多久，顶多还能维持几个月，虽然我不能具体说出到底是几个月。她的瘤子已经很大了，瘤子一破裂，不光是眼睛失明的问题。她各方面的功能都开始衰竭了……到了那时，你可能又要后悔没有签字手术了。”

他也许是在安慰我，我也姑且这样相信，不然又怎样呢？

我从未请教他人，大手术后应该特别注意哪些事项。先生就是动过大手术的人，我也知道他手术后吃过一两年的中药进行调理。眼前明摆着这样一个实例，我却没有给妈请个中医调理调理。只要我肯努力，一位好中医还是请得到的。我问过一位中医大夫，要是术后立即请中医调理，妈是否还有救？他说，也许。

联想到妈在医院的几次心慌，会不会是心力衰竭？如果是，我还逼着妈起来坐下地锻炼，不让她好好休息，不是加速妈的衰亡又是什么呢？

不过，维熙的爱人小兰（她是医生）对我说，妈即使是心力衰竭，也只能算是初期。从初期发展到后期，有一个相当长的过程。根据妈的表现，不要说别的医生，就是她也不会收妈住院的，只能让她回家好好休息，甚至连洋地黄也不会轻易给妈服用。

她分析，很可能是妈承受不了手术的打击，血液动力发生变化造成凝血机制紊乱，最后形成血栓，堵住心动脉或肺动脉造成猝死。这和罗主任以及人民医院张主任的分析大致相符。

还有，妈渐入老境以后，两只脚上长了很大的拐骨，脚趾因此挤摞在一起，不论穿什么鞋都不舒服。每天需用胶布缠住脚趾，再将胶布贴满脚心脚背，以便将各个脚趾拽回原来的位置，我常见她做如此的奋斗，却一次也不曾帮她拽过……手术前我也曾和大夫研究，反正是要麻醉，可否趁脑手术一并将脚拐骨切除。大夫说那个手术很疼很不容易恢复，也就打消了这个念头。

…………

“咔叭”一声，我突然停了下来。

我才明白，为什么唐棣一走妈就垮了。

如今，我已一无所有。妈这一走，这个世界和我就一点关系也没有了。女儿已经独立，她不再需要我的庇护。在待人处事方面，我有时还得仰仗她的点拨，何况她也很有出息。只有年迈的、已经不能自立的妈才是最需要我的。需要我为之劳累、为之争气、为之出息……如今，这个最需要我的人已经远去。

真是万念俱灰，情缘已了。

现在我已知道，死是这样的近……

直到现在，我还不习惯一转身已经寻不见妈的身影、一回家已经不能先叫一声“妈”、一进家门已经没有妈颤巍巍地扶着门框在等我的生活。

看到报纸上不管是谁的讣告，我仍情不自禁地先看故人的享年，比一比妈的享年孰多孰少；

有一次在和平里商场看到一位年轻的母亲为女儿购买被褥，我偷偷地站在那女孩的一旁，希望重温一下我像她一样小的时候，妈带我上街时的情景。多年来妈已不能带着我上街给我买东西，就是她活着也不能了。我也不再带着唐棣上街给她买什么东西。我不但长大，并已渐入老境，唐棣也已长大。每一个人都会渐渐地离开母亲的翅膀；

看到一位和妈年龄相仿、身体又很硬朗的老人，我总想走上前去，问人家一句：“您老人家的高寿？”心里不知问谁地问道：为什么人家还活着而妈却不在了？

听到有人叫“妈”，我仍然会驻足伫立，回味着我也能这样叫“妈”的时光，忍咽下我已然不能这样叫“妈”的悲凉；

在商店里看见适合妈穿的衣服，我还会情不自禁地张望很久，涌起给妈买一件的冲动；

见到满大街跑的迷你“巴士”，就会埋怨地想，为什么这种车在妈去世后才泛滥起来，要是早就如此兴旺，妈就会享有很多的方便；

每每见到唐棣出息或出落得不同凡响的模样，一刹那间还会想：我要告诉妈，妈一定高兴得不得了。但在一刹那过去，便想起其实已无人可以和我分享这份满足；

我常常真切地感到，妈就在我身边走来走去，好像我一回头就能看见她扒在我电脑桌旁的窗户上，对着前门大街的霓虹灯火说道：“真好看哪。”可我伸出手去，却触摸不到一个实在的妈；

我也觉得随时就会听见妈低低地叫我一声：“小洁！”可我旋即知道，“小洁”这个称呼跟着妈一起，永远地从世界上消失了。谁还能再低低地叫我的小名呢？就是有人再叫我“小洁”，那也不是妈的呼唤了；

谁还能来跟我一起念叨那五味俱全的往事……

…………

我终于明白：爱人是可以更换的，而母亲却是唯一的。

人的一生其实是不断地失去自己所爱的人的过程，而且是永远的失去。这是每个人必经的最大的伤痛。

在这样的变故后，我已非我。新的我将是怎样，也很难预测。妈，您一定不知道，您又创造了我的另一个生命。

我还有什么奢求吗？我等不及和妈来世的缘分，它也不能解脱我想念妈的苦情。我只求妈多给我托些梦，让我在梦里再对她说一次：妈，请您原谅我！

纵使我写尽所有的文字，我能写尽妈对我那报答不尽、也无法报答的爱吗？

我能写尽对她的歉疚吗？

我能写尽对她的思念吗？

妈，既然您终将弃我而去，您又何必送我到这个世界上来走一遭，让我备受与您别离的疮痛？

妈，您过去老说：“我不能死，我死了你怎么办呢？”

妈，现在，真的，我怎么办呢？

写自一九九一年十一月

一九九三年七月十四日于纽约脱稿

一九九三年八月二十一日定稿

［分析］

1. 为什么人一长大，就丢掉了很多能让母亲快乐的举动？难道这就是成长、成熟？对此你如何认为？

2. 细数作者对母亲有多少遗憾。若重新来过，这些遗憾是否可以弥补？

论快乐

钱锺书

作者简介 钱锺书（1910—1998），字默存，号槐聚，江苏无锡人。现代文学研究家、古典文学研究家、作家、文学史家。早年就读于苏州桃坞中学和无锡辅仁中学。1929年被清华大学外文系破格录取。1933年于清华大学毕业后，在上海光华大学任教。1935年与杨绛结婚，同时取得公费留学资格。牛津大学留学两年，获副博士学位，随后又到巴黎大学进修一年。1938年回国后，先后在清华大学、西南联大、湖南蓝田师范学院、上海暨南大学等执教。新中国成立后回清华大学任教，1953年后任北京大学文学研究所研究员。“文化大革命”爆发后，和夫人一起下放到河南“五七干校”，1972年回京。曾任中国社会科学院副院长。

钱锺书长期深入研读中国史学、哲学、文学经典与西方文学、哲学、心理学等著作，学术代表作有《管锥编》《谈艺录》等。《管锥编》是研究中国古代文化的重要学术著作，《谈艺录》是具有开创意义的中西比较诗论。著有长篇小说《围城》，短篇小说集《人·兽·鬼》，散文集《写在人生边上》《人生边上的边上》，诗集《槐聚诗存》等。风格独特的长篇小说《围城》拓宽了中国现代小说知识分子题材，表现出知识分子对自身劣根性的深刻反思和自觉的自省，已被译成多种语言广为传播。所作散文大多收入《写在人生边上》，文风如行云流水，汪洋恣肆，或旁征博引，或侃侃而谈，寓庄于谐，机智隽永，充分展露出学者的渊博、幽默和睿智。

在旧书铺里买回来维尼（Vigny）的《诗人日记》（*Journal d'un poète*），信手翻开，就看见有趣的一条。他说，在法语里，喜乐（bonheur）一个名词是“好”和“钟点”两字拼成，可见好事多磨，只是个把钟头的玩意儿（Si le bonheur n'était qu'une bonne denìe!）。我们联想到我们本国话的说法，也同样的意味深永，譬如快活或快乐的快字，就把人生一切乐事的飘瞥难留，极清楚地指示出来。所以我们又慨叹说：“欢娱嫌夜短!”因为人在高兴的时候，活得太快，一到困苦无聊，愈觉得日脚像跛了似的，走得特别慢。德语的沉闷（Langeweile）一词，据字面上直译，就是“长时间”的意思。《西游记》里小猴子对孙行者说：“天上一日，下界一年。”这种神话，确反映着人类的心理。天上比人间舒服欢乐，所以神仙活得快，人间一年在天上只当一日过。从此类推，地狱里比人间更痛苦，日子一定愈加难度。段成式《酉阳杂俎》就说：“鬼言三年，人间三日。”嫌人生短促的人，真是最“快活”的人，反过来说，真快活的人，不管活到多少岁死，只能算是短命夭折。所以，做神仙也并不值得，在凡间已经三十年做了一世的人，在天上还是个初满月的小孩。但是这种“天算”，也有占便宜的地方：譬如戴孚《广异记》载崔参军捉狐妖，“以桃枝决五下”，长孙无忌说罚讨得太轻，崔答：“五下是人间五百下，殊非小刑。”可见卖老祝寿等等，在地上最为相宜，而刑罚呢，应该到天上去受。

“永远快乐”这句话，不但渺茫得不能实现，并且荒谬得不能成立。快过的决不会永久；我们说永远快乐，正好像说四方的圆形、静止的动作同样地自相矛盾。在高兴的时候，我们的生命加添了迅速，增进了油滑。像浮士德那样，我们空对瞬息即逝的时间喊着说：“逗留一会儿罢！你太美了!”那有什么用？你要永久，你该向痛苦里去找。不讲别的，只要一个失眠的晚上，或者有约不来的下午，或者一课沉闷的听讲——这许多，比一切宗教信仰更有效力，能使你尝到什么叫做“永生”的滋味。人生的刺，就在这里，留恋着不肯快走的，偏是你所不留恋的东西。

快乐在人生里，好比引诱小孩子吃药的方糖，更像跑狗场里引诱狗赛跑的电兔子。几分钟或者几天的快乐赚我们活了一世，忍受着许多痛苦。我们希望它来，希望它留，希望它再来——这三句话概括了整个人类努力的历史。在我们追求和等候的时候，生命又不知不觉地偷度过去。也许我们只是时间消费的筹码，活了一世不过是为那一世的岁月充当殉葬品，根本不会享到快乐。但是我们到死也不明白是上了当，我们还理想死后有个天堂，在那里——谢上帝，也有这一天！我们终于享受到永远的快乐。你看，快乐的引诱，不仅像电兔子和方糖，使我们忍受了人生，而且仿佛钓钩上的鱼饵，竟使我们甘心去死。这样说来，人生虽痛苦，却并不悲观，因为它终抱着快乐的希望；现在的账，我们预支了将来去付。为了快活，我们甚至于愿意慢死。

穆勒曾把“痛苦的苏格拉底”和“快乐的猪”比较。假使猪真知道快活，那末猪和苏格拉底也相去无几了。猪是否能快乐得像人，我们不知道；但是人会容易满足得像猪，我们是常看见的。把快乐分肉体的和精神的两种，这是最糊涂的分析。一切快乐的享受都属于精神的，尽管快乐的原因是肉体上的物质刺激。小孩子初生下来，吃饱了奶就乖乖地睡，并不知道什么是快活，虽然它身体感觉舒服。缘故是小孩子的精神和肉体还没有分化，只是混沌的星云状态。洗一个澡，看一朵花，吃一顿饭，假使你觉得快活，并非全因为澡洗得干净，花开得好，或者菜合你口味，主要因为你心上没有挂碍，轻松的灵魂可以专注肉体的感觉，来欣赏，来审定。要是你精神不痛快，像将离别时的筵席，随它怎样烹调得好，吃来只是土气息、泥滋味。那时刻的灵魂，仿佛害病的眼怕见阳光，撕去皮的伤口怕接触空气，虽然空气和阳光都是好东西。快乐时的你，一定心无愧怍。假如你犯罪而真觉快乐，你那时候一定和有道德、有修养的人同样心安理得。有最洁白的良心，跟全没有良心或有最漆黑的良心，效果是相等的。

发现了快乐由精神来决定，人类文化又进一步。发现这个道理，和发现是非善恶取决于公理而不取决于暴力，一样重要。公理发现以后，从此世界上没有可被武力完全屈服的人。发现了精神是一切快乐的根据，从此痛苦失掉它们的可怕，肉体减少了专制。精神的炼金术能使肉体痛苦都变成快乐的资料。于是，烧了房子，有庆贺的人；一箪食，一瓢饮，有不改其乐的人；千灾百毒，有谈笑自若的人。所以我们前面说，人生虽不快乐，而仍能乐观。譬如从写《先知书》的所罗门直到做《海风》诗的马拉梅（Mallarmé)，都觉得文明人的痛苦，是身体困倦。但是偏有人能苦中作乐，从病痛里滤出快活来，使健康的消失有种赔偿。苏东坡诗就说：“因病得闲殊不恶，安心是药更无方。”王丹麓《今世说》

也记毛稚黄善病，人以为忧，毛曰：“病味亦佳，第不堪为躁热人道耳！”在着重体育的西洋，我们也可以找着同样达观的人。工愁善病的诺瓦利斯（Novalis）在《碎金集》里建立一种病的哲学，说病是“教人学会休息的女教师”。罗登巴煦（Rodenbach）的诗集《禁锢的生活》（*Les Vies Encloses*）里有专咏病味的一卷，说病是“灵魂的洗涤（épuration）”。身体结实、喜欢活动的人采用了这个观点，就对病痛也感到另有风味。顽健粗壮的十八世纪德国诗人白洛柯斯（B. H. Brockes）第一次害病，觉得是一个“可惊异的大发现（Eine bewanderungswürdige Erfindung）”。对于这种人，人生还有什么威胁？这种快乐把忍受变为享受，是精神对于物质的大胜利。灵魂可以自主——同时也许是自欺。能一贯抱这种态度的人，当然是大哲学家，但是谁知道他不也是个大傻子？

是的，这有点矛盾。矛盾是智慧的代价。这是人生对于人生观开的玩笑。

[分析]

1. 为何“把快乐分肉体的和精神的两种，这是最糊涂的分析”？
2. 你怎样理解“病是灵魂的洗涤”？

做最优的选择

李克维

简介　本文选自《哈佛法则：哈佛大学送给青少年最好的礼物》。

有关志向，多数人的想法就是“做好一件事，做成一件大事”，但很少有人能够明确自己应该去做什么。很多人说“我要成为第二个巴菲特”，这是你的个人目标，谁也没有理由去怀疑你的目标，但事实上你想要成为巴菲特，是因为你喜欢投资，喜欢股票上的刺激和风险，还是因为你仅仅想成为一个有钱人？你知道自己想要什么吗？你如何定义“巴菲特”这个名字？如果仅仅是为了钱，而不是因为你自己真心喜欢巴菲特的工作，那么为什么不去选择其他的行业呢？你可以当一个乔布斯那样的企业家。

当你认真思考之后，也许就会明白，其实巴菲特并不是自己真正的目标，也不是你想要的东西，你只是将他当成了所有成功的典范。如果你不喜欢、不擅长炒股，那么你的巴菲特式的梦想多半出现了问题，你是很难获得成功的，因为你很快会发现自己能力上的缺陷，也会发现很多更适合自己的东西一直在引诱你，很显然你是没有办法在不喜欢的事情上坚持太久的。

“应该如何立志”是一个社会性的问题，事实上，现如今我们和“垮掉的一代”“迷茫的一代”相比并没有本质上的跨越和进步，我们依然沉浸在那些唾手可得的伟大理想中，我们和多数人一样善于做梦，善于将别人的成功嫁接到自己身上。你会想“山姆大叔成功了，接下来会是我”，但你不是典型的山姆大叔，不是典型的英国成功人士，不是典型的亚洲天才，你只有抓住自己最喜欢的、最想要的，然后为之奋斗，才有机会变得与众不同。

哈佛法学院教授德里克·博克是学校里的风云人物，就连美国立法委员会也常常来向他请教，而他之所以能够获得这样的地位，就在于他一直以来都在坚定不移地向着自己的目标前进，他知道自己最需要什么，知道自己应该做什么，对于那些不适合自己的目标，他从来不会浪费半点儿的努力。他认为自己是一个固执的人，从来不做那些自己不喜欢做的事，和那些被自由主义宠坏了的人不一样，尽管也经历过垮掉的一代，但是他实际上更具目的性：“我早已致力于我决心保持的东西。我将沿着自己的路走下去，什么也无法阻止我对它的追求。”这就是他对自己人生的定义，而他也坚定地将这种精神传递给了自己的学生。

如果你知道博克花费了30年的时间才做到了一切，肯定会大吃一惊的，像他这样的人完全可以去经商，去华尔街投资，去成立一家医院，但是他最适合的最想要的就是法律，这种契合度使他花费的那些时间物超所值。他是一个很典型的哈佛式人物，一个成功的哈佛人似乎都具备这种生活态度，那就是明确自己想要的，然后不懈地追求。

直到今天我们可以发现，哈佛学生的就业门路是最广泛的，在其他学校中，多数学生的选择很有限，而且常常集中在几个狭小的门类，譬如公司职员、经纪人、创业者、律师、医生、销售人员、高级工程师、老师、研究人员等等，这些职位是我们耳熟能详的，而哈佛的学生却有很多选择了人类学研究工作，选择了生物学、考古、文学创作和研究。你能想象他们在那些孤岛上没日没夜地和一群海龟打交道吗？

毫无疑问，哈佛人更加真实，更懂得遵从内心的声音，他们知道自己需要什么，而不会被社会思维所绑架，他们一生都可能只为最适合自己的梦想而活着，无论这种梦想是否远大，但最后都会凸显出他们无与伦比、不可替代的个人价值。当然这个过程很可能是漫长的，比起那些更加喜欢顺从社会的人来说，他们的路可能会更加艰难一些，毕竟挣钱并不是太困难的事，而想要获得个人的成功，这绝非易事，没有明确目标的人是难以做到的。

哈佛大学中流传着一句名言："如果你要做喜欢的事情，那么毕业 5 周年的聚会，最好不要去，因为那时你处在人生最艰难的时刻，而你的同学们，大多在大公司里平步青云。同样的，10 周年的聚会，你也不要去。但是 20 周年的同学聚会，你可以去，你会看到那些坚持梦想和随波逐流的人，他们的生命将会有什么不同。"当一个人为自己的梦想坚持 20 年的时候，他的成就会慢慢凸现出来。毫无疑问，你在创造个人的品牌，那时候，你的个人魅力和成功都是别人无法比拟的。

大家还记得《哈利·波特》的作者 J. K. 罗琳吗？这个女人曾经穷困潦倒，几乎是除流浪汉之外全英国最穷的人之一，可是她一直坚持写自己的书。她毕业于名校，却从来不曾想过当一个公司的高级职员或者是律师什么的，她就是想要写书，结果当同学们都在各自的工作中收获财富和地位时，她却被生活逼上了绝路。那时候，很多人劝她改行，找份正当的工作，但是倔强的她拒绝了，还是咬牙坚持下去，直到数年之后，她才获得了巨大的成功。我们知道她的成功是必然的，不是在这一刻，就是在下一刻，不是因为《哈利·波特》，就是因为其他什么名字的书，因为她有一个正确的梦想，还有一颗为之奋斗的心。

我们需要树立志向，这个志向不是社会的，不是大众化的，而应该是个人的，它未必一定和其他人有所不同，但必须是独立的，它适合你，且是你最想要的。树立这样一个目标的好处在于你从来不会盲目地追求，不会迷失自我，而且你的持久性往往会更强。今天，在以年轻人为主体的社会发展模式中，我们更需要建立自己的独特性，我们更要懂得遵从内心的声音，要合理地对待自己的生活和梦想，因为一旦选错了，那么我们也许会错上一辈子。

[分析]

1. "20 周年的同学聚会，你可以去，你会看到那些坚持梦想和随波逐流的人，他们的生命将会有什么不同。"这句话的意义是什么？

2. 如何正确选择和对待自己的生活和梦想？

失败的好处和想象的重要性

——2008年6月5日在哈佛大学毕业典礼上的演讲

J.K. 罗琳

作者简介 J.K. 罗琳，1965年7月31日出生于英国格温特郡，毕业于英国埃克塞特大学，英国作家。小时候是个戴眼镜的相貌平平的女孩，热爱学习，有点害羞，从小喜欢写作和讲故事。作为一个单身母亲，刚开始哈利·波特系列的创作时，罗琳母女的生活极其艰辛。她的第一本书《哈利·波特与魔法石》前后共写了5年。罗琳因为自家的屋子又小又冷，时常到家附近的一家咖啡馆里写作。故事完成后，罗琳多次投稿均遭到拒绝。不过，她的努力终于得到了回报。该书一出版便备受瞩目，好评如潮，屡获大奖，其中包括英国国家图书奖儿童小说奖，以及斯马蒂图书金奖章奖。她被称为“哈利·波特之母”，以天才的想象力孕育了风靡全球的小魔法师哈利·波特，她也从一个贫困潦倒、默默无闻的“灰姑娘”，一跃成为尽享尊荣、财产超过英国女王的作家富豪。

福斯特主席，哈佛同仁和监察委员会的各位成员，各位老师、家长、同学们：

首先请允许我说一声谢谢。哈佛不仅给了我无上的荣誉，连日来为这个演讲经受的恐惧和紧张，更令我减肥成功。这真是一个双赢的局面。现在我要做的就是深呼吸几下，眯着眼睛看看前面的大红横幅，安慰自己正在世界上最大的魔法学院聚会上。

发表毕业演说是一个巨大的责任，至少在我回忆自己当年的毕业典礼前是这么认为的。那天做演讲的是英国著名的哲学家 Baroness Mary Warnock，对她演讲的回忆，对我写今天的演讲稿，产生了极大的帮助，因为我不记得她说过的任何一句话了。这个发现让我释然，让我不再担心我可能会无意中影响你放弃在商业、法律或政治上的大好前途，转而醉心于成为一个快乐的魔法师。

你们看，如果在若干年后你们还记得“快乐的魔法师”这个笑话，那就证明我已经超越了 Baroness Mary Warnock。建立可实现的目标——这是提高自我的第一步。

实际上，我为今天应该和大家谈些什么绞尽了脑汁。我问自己什么是我希望早在毕业典礼上就该了解的，而从那时起到现在的21年间，我又得到了什么重要的启示。

我想到了两个答案。在这美好的一天，当我们一起庆祝你们取得学业成就的时刻，我希望告诉你们失败有什么样的益处；在你们即将迈向“现实生活”的道路之际，我还要褒扬想象力的重要性。

这些似乎是不切实际或自相矛盾的选择，但请先容我讲完。

回顾21岁刚刚毕业时的自己，对于今天42岁的我来说，是一个稍微不太舒服的经历。可以说，我人生的前一部分，一直挣扎在自己的雄心和身边的人对我的期望之间。

我一直深信，自己唯一想做的事情，就是写小说。不过，我的父母，他们都来自贫穷的背景，没有任何一人上过大学，坚持认为我过度的想象力是一个令人惊讶的个人怪癖，根本不足以让我支付按揭，或者取得足够的养老金。

我现在明白反讽就像用卡通铁砧去打击你，但……

他们希望我去拿个职业学位，而我想去攻读英国文学。最后，达成了一个双方都不甚满意的妥协：我改学现代语言。可是等到父母一走开，我立刻放弃了德语而报名学习古典文学。

我不记得将这事告诉了父母，他们可能是在我毕业典礼那一天才发现的。我想，在全世界的所有专业中，他们也许认为，不会有比研究希腊神话更没用的专业了，根本无法换来一间独立宽敞的卫生间。

我想澄清一下：我不会因为父母的观点，而责怪他们。埋怨父母给你指错方向是有一个时间段的。当你成长到可以控制自我方向的时候，你就要自己承担责任了。尤其是，我不会因为父母希望我不要过穷日子，而责怪他们。他们一直很贫穷，我后来也一度很穷，所以我很理解他们。贫穷并不是一种高贵的经历，它带来恐惧、压力，有时还有绝望，它意味着许许多多的羞辱和艰辛。靠自己的努力摆脱贫穷，确实可以引以自豪，但贫穷本身只有对傻瓜而言才是浪漫的。

我在你们这个年龄，最害怕的不是贫穷，而是失败。

我在你们这么大时，明显缺乏在大学学习的动力，我花了太久时间在咖啡吧写故事，而在课堂的时间却很少。我有一个通过考试的诀窍，并且数年间一直让我在大学生活和同龄人中不落人后。

我不想愚蠢地假设，因为你们年轻、有天分，并且受过良好的教育，就从来没有遇到困难或心碎的时刻。拥有才华和智慧，从来不会使人对命运的反复无常有所准备。我也不会假设大家坐在这里冷静地满足于自身的优越感。

相反，你们是哈佛毕业生的这个事实，意味着你们并不很了解失败。你们也许极其渴望成功，所以非常害怕失败。说实话，你们眼中的失败，很可能就是普通人眼中的成功，毕竟你们在学业上已经达到很高的高度了。

最终，我们所有人都必须自己决定什么算作失败，但如果你愿意，世界是相当渴望给你一套标准的。所以我承认命运的公平，从任何传统的标准看，在我毕业仅仅七年后的日子里，我的失败达到了史诗般空前的规模：短命的婚姻闪电般地破裂，我又失业成了一个艰难的单身母亲。除了流浪汉，我是当代英国最穷的人之一，真的一无所有。当年父母和我自己对未来的担忧，现在都变成了现实。按照惯常的标准来看，我也是我所知道的最失败的人。

现在，我不打算站在这里告诉你们，失败是有趣的。那段日子是我生命中的黑暗岁月，我不知道它是否代表童话故事里需要历经的磨难，更不知道自己还要在黑暗中走多久。很长一段时间里，前面留给我的只是希望，而不是现实。

那么为什么我要谈论失败的好处呢？因为失败意味着剥离掉那些不必要的东西。我因此不再伪装自己、远离自我，而重新开始把所有精力放在对我最重要的事情上。如果不是没有在其他领域成功过，我可能就不会找到，在一个我确信真正属于的舞台上取得成功的决心。我获得了自由，因为最害怕的虽然已经发生了，但我还活着，我仍然有一个我深爱的女儿，我还有一个旧打字机和一个很大的想法。所以困境的谷底，成为我重建生活的坚实基础。

你们可能永远没有达到我经历的那种失败程度，但有些失败，在生活中是不可避免的。生活不可能没有一点失败，除非你生活的万般小心，而那也意味着你没有真正在生活了。无论怎样，有些失败还是注定地要发生。

失败使我的内心产生一种安全感，这是我从考试中没有得到过的。失败让我看清自己，这也是我通过其他方式无法体会的。我发现，我比自己认为的，要有更强的意志和决心。我还发现，我拥有比宝石更加珍贵的朋友。

从挫折中获得智慧、变得坚强，意味着你比以往任何时候都更有能力生存。只有在逆境来临的时候，你才会真正认识你自己，了解身边的人。这种了解是真正的财富，虽然是用痛苦换来的，但比我以前得到的任何资格证书都有用。

如果给我一部时间机器，我会告诉21岁的自己，人的幸福在于知道生活不是一份漂亮的成绩单，你的资历、简历，都不是你的生活，虽然你会碰到很多与我同龄或更老一点的人今天依然还在混淆两者。生活是艰辛的，复杂的，超出任何人的控制能力，而谦恭地了解这一点，将使你历经沧桑后能够更好地生存。

对于第二个主题的选择——想象力的重要性——你们可能会认为是因为它对我重建生活起到了帮助，但事实并非完全如此。虽然我愿誓死捍卫睡前要给孩子讲故事的价值观，我对想象力的理解已经有了更广泛的含义。想象力不仅仅是人类设想还不存在的事物这种独特的能力，为所有发明和创新提供源泉，它还是人类改造和揭露现实的能力，使我们同情自己不曾经受的他人苦难。

其中一个影响最大的经历发生在我写“哈利·波特”系列之前，为我随后写书提供了很多想法。这些想法成形于我早期的工作经历，在20多岁时，尽管我可以在午餐时间里悄悄写故事，可为了付房租，我做的主要工作是在伦敦总部的大赦国际研究部门。

在我的小办公室，我看到了人们匆匆写的信件，它们是从极权主义政权被偷送出来的。那些人冒着被监禁的危险，告知外面的世界他们那里正在发生的事情。我看到了那些无迹可寻的人的照片，它们是被那些绝望的家人和朋友送来的。我看过拷问受害者的证词和被害的照片。我打开过手写的目击证词，描述绑架和强奸犯的审判和处决。

我有很多的同事是前政治犯，他们已离开家园流离失所，或逃亡流放，因为他们敢于怀疑政府、独立思考。来我们办公室的访客，包括那些前来提供信息，或想设法知道那些被迫留下的同志发生了什么事的人。

我将永远不会忘记一个非洲酷刑的受害者，一名当时还没有我大的年轻男子，他因在故乡的经历而精神错乱。在摄像机前讲述被残暴地摧残的时候，他颤抖失控。他比我高一英尺，却看上去像一个脆弱的儿童。我被安排随后护送他到地铁站，这名生活已被残酷地打乱的男子，小心翼翼地握着我的手，祝我未来生活幸福。

只要我活着，我还会记得，在一个空荡荡的的走廊，突然从背后的门里，传来我从未听过的痛苦和恐惧的尖叫。门打开了，调查员探出头请求我，为坐在她旁边的青年男子调一杯热饮料。她刚刚给他的消息是，为了报复他对国家政权的批评，他的母亲已经被捕并执行了枪决。

在我20多岁的那段日子，每一天的工作，都在提醒我自己是多么幸运。生活在一个民选政府的国家，依法申述与公开审理，是所有人的权利。

每一天，我都能看到更多有关恶人的证据，他们为了获得或维持权力，对自己的同胞犯下暴行。我开始做噩梦，真正意义上的噩梦，全都和我所见所闻有关。

同时在这里我也了解到更多关于人类的善良，比我以前想象的要多很多。

大赦动员成千上万没有因为个人信仰而受到折磨或监禁的人，去为那些遭受这种不幸的人奔走。人类同理心的力量，引发集体行动，拯救生命，解放囚犯。个人的福祉和安全有保证的普通百姓，携手合作，大量挽救那些他们素不相识，也许永远不会见面的人。我用自己微薄的力量参与了这一过程，也获得了更大的启发。

不同于在这个星球上任何其他的动物，人类可以学习和理解未曾经历过的东西。他们可以将心比心、设身处地地理解他人。

当然，这种能力，就像在我虚构的魔法世界里一样，在道德上是中立的。一个人可能会利用这种能力去操纵、控制，也有人选择去了解、同情。

而很多人选择不去使用他们的想象力。他们选择留在自己舒适的世界里，从来不愿花力气去想想如果生在别处会怎样。他们可以拒绝去听别人的尖叫，看一眼囚禁的笼子；他们可以封闭自己的内心，只要痛苦不触及个人，他们可以拒绝去了解。

我可能会受到诱惑，去嫉妒那样生活的人。但我不认为他们做的噩梦会比我更少。选择生活在狭窄的空间，可以导致不敢面对开阔的视野，给自己带来恐惧感。我认为不愿展开想象的人会看到更多的怪兽，他们往往感到更害怕。

更甚的是，那些选择不去同情的人，可能会激活真正的怪兽。因为尽管自己没有犯下罪恶，我们却通过冷漠与之勾结。

我18岁开始从古典文学中汲取许多知识，其中之一当时并不完全理解，那就是希腊作家普鲁塔克所说：我们内心获得的，将改变外在的现实。

那是一个惊人的论断，在我们生活的每一天里被无数次证实。它指明我们与外部世界有无法脱离的联系，我们以自身的存在接触着他人的生命。

但是，哈佛大学的2008届毕业生们，你们多少人有可能去触及他人的生命？你们的智慧，你们努力工作的能力，以及你们所受到的教育，给予你们独特的地位和责任。甚至你们的国籍也让你们与众不同，你们绝大部分人属于这个世界上唯一的超级大国。你们表决的方式，你们生活的方式，你们抗议的方式，你们给政府带来的压力，具有超乎寻常的影响力。这是你们的特权，也是你们的责任。

如果你选择利用自己的地位和影响，去为那些没有发言权的人发出声音；如果你选择不仅与强者为伍，还会同情帮扶弱者；如果你会设身处地为不如你的人着想，那么你的存在，将不仅是你家人的骄傲，更是无数因为你的帮助而改变命运的成千上万人的骄傲。我们不需要改变世界的魔法，我们自己的内心就有这种力量，那就是我们一直在梦想，让这个世界变得更美好。

我的演讲要接近尾声了。对你们，我有最后一个希望，也是我21岁时就有的。毕业那天坐在我身边的朋友现在是我终身的挚交，他们是我孩子的教父母，是在我遇到麻烦时愿意伸出援手，在我用他们的名字给哈利·波特中的“食死徒”起名而不会起诉我的朋友。我们在毕业典礼时坐在了一起，因为我们关系亲密，拥有共同的永远无法再来的经历，当然，也因为假想要是我们中的任何人竞选首相，那照片将是极为宝贵的关系证明。

所以今天我可以给你们的，没有比拥有知己更好的祝福了。明天，我希望即使你们不记得我说的任何一个字，你们还能记得哲学家塞内加的一句至理名言。我当年没有顺着事业的阶梯向上攀爬，转而与他在古典文学的殿堂相遇，他的古老智慧给了我人生的启迪：

> 生活就像故事一样：不在乎长短，而在于质量，这才是最重要的。

我祝愿你们都有美好的生活。

非常感谢大家。

[分析]

1. 请仔细体会文中这段话的深意："如果你选择利用自己的地位和影响，去为那些没有发言权的人发出声音；如果你选择不仅与强者为伍，还会同情帮扶弱者；如果你会设身处地为不如你的人着想，那么你的存在，将不仅是你家人的骄傲，更是无数因为你的帮助而改变命运的成千上万人的骄傲。我们不需要改变世界的魔法，我们自己的内心就有这种力量，那就是我们一直在梦想，让这个世界变得更美好。"谈谈你的认识。

2. 罗琳说："靠自己的努力摆脱穷，确实可以引以为豪。"作者是通过怎样的努力摆脱贫困的窘境的？列举几个生活中或从网上获得的有关"努力改变现实"的故事，并以演讲的形式，讲给师生听。

3. "很长一段时间里，前面留给我的只是希望，而不是现实。"你是如何理解"希望"和"现实"之间的关系的？如何协调两者的关系？

拓展阅读

幸福的含义

> "我释放自己，把自己放在最优先的位置上，并且说，是的，我能作出让自己幸福的选择。"
>
> ——米歇尔·奥巴马

如果当初米歇尔能知道她未来的丈夫在他们初次见面的十年后为她赢得的崇拜目光，她或许会更快地收获这份爱情。但是据那些对她了解很深的人说，米歇尔从来不会匆忙地寻找爱情。作为一位年轻的女士，她不认为情感关系能巩固和定义自己的存在。她的哥哥克雷格坚持认为米歇尔对于陪伴她一生的男人所应具有的品质的强烈的、毫不动摇的见解和看法是造就她那单薄的感情史的主要"元凶"。她的其他要好的朋友则指出，造成米歇尔恋爱经历如此短暂的一个更明显的原因是20世纪七八十年代的普林斯顿和哈佛的校园并不是有色人种的女性们约会的圣地，这使得米歇尔对于对象的选择面很狭窄。

无论造成她感情史短暂的“元凶”到底是什么，大多数人都同意米歇尔从一开始就没兴趣加入这种广大男女们乐此不疲的猫捉老鼠的游戏。米歇尔的时间是很宝贵的，把它们用在为自己将来的事业和他人的需要做准备上比用于谈恋爱要好得多。有幸和她接触过的男士们都会这么觉得。最终，这位未来的第一夫人没有选择把她的青春消耗在争取像故事书里所写的浪漫爱情的幻想上，她梦中的男士将会在适当的时候出现。在学校的数年中，米歇尔把主要精力放在学习、个人发展和参加社交活动上。她明白自己将来成为什么样的人。

你应该从米歇尔的想法中得到启示，用在恋爱之余或在遇见真爱的人之前的时间，去弄明白自己是谁，你要把什么带入一份感情，又想要从这份感情中得到什么。如果你现在单身，不妨用这些时间去找出并强化某些在自己身上或在生活中你认为需要却又欠缺的方面。米歇尔一直保持着积极向上的心态去营造一种令人满意的生活，而这种生活最终将把那个和她共度一生的男人包括进来。在这一章中我们将通过让你认识到在定下计划去寻找灵魂伴侣的同时也应忠实于自己的理想和爱好的重要性，来把米歇尔当作学习的榜样。

绝妙的独处艺术

花点时间去享受独处的奇妙感觉和它所带来的自由体验。在和奥巴马结婚前，米歇尔充分体验了作为单身女性的乐趣。她修完法学，和朋友们四处闲逛，环游这个国家，听音乐会，看电影，利用自己的时间潇洒地做想做的事。坠入一份你可以和爱人分享生活中起起伏伏的爱情的确是美妙的，但有机会独自度过一段充实的时光也是一件值得品味的事。这最妙之处在于，一旦灵魂伴侣踏入你的生活中，你将会以轻松的心态、振奋的精神和准备充足的身心去将他迎入你的怀抱。米歇尔本人是完全赞同这一生活方式的。当你要感受独处的艺术时，一定要领会下列几个方面：

“我的”时间

你是否喜欢在周末的时候用豹纹头巾包住头发，然后敷上泥面膜，蜷起身来品味一本好书？答案是肯定的。要明白这样的日子将会在爱人走进你的生命中后离你远去。所以，现在好好享受吧，因为对你来说，“我的”时间很快就会变成“我们的”时间。你准备好了吗？

不需要汇报

作为一个成年女性，随时都要向他人汇报、让他们知道你在那儿已经是很久以前的事了。但这种自由的生活可能会因为某些进入你生命中的新鲜面孔而改变。当有了一段感情后，你的爱人会很关心你并且想知道你在哪儿，还好吗，有时他甚至会在感情上表现出更多的依赖。所以在你还能够这样做的时候尽情享受那种只需要向自己汇报行踪的奢侈生活吧。

感到孤独的正当理由

在单身的时候感到孤独远比明明有了爱情却仍然感到孤独要好得多，而且事实是，后者的确发生在很多情侣或夫妇之间。当你的存在被伴侣当作理所应当或者被忽略时，那是要多孤独有多孤独。所以为你现在可能体会到的孤独是你自愿接受的，并且能随时终止而感到庆幸吧。

认识新朋友

约会可能变成一次令人扫兴的经历，但你必须承认，结识新朋友是很激动人心的事。当坠入一段海誓山盟的感情中时，你只需与一个人相守在一起而且那是一件美妙的事。但当你是单身时，把握每一个结识新朋友的机会并尽情地玩耍吧。

没必要妥协

你想吃中餐而他想吃海鲜；你喜欢由对话推动剧情的爱情故事，而他偏好最近推出的充满爆破场面的动作电影——这在一段感情中是经常发生的。情侣们需要互相作出让步，而在这方面并没有任何行之有效的方法。趁你单身时赶快享受在看电影和叫外卖上都能自私地做出选择的机会。

为爱情做好准备

当你不断寻找梦寐以求多年的伴侣、爱人或爱情时，你也应该继续整理和打扫身体和心灵上的“橱柜”。寻找爱情要求你在个人问题上下点儿苦功，那样做你才能吸引到想要吸引的人。用这些时间去培养、开创和充实一些已经在你潜意识中徘徊很久的毕生的爱好。无论它们是大是小，是时候去实现它们了。让多余的担忧随风而去，然后全身心地投入到一直想要尝试的电影剧本创作课中或者去学习怎样与教堂里的女士们用象棋玩杀人游戏。拓展你的世界将会使那些遇见你的人对你的兴趣更加浓厚。在生活中增添新的兴趣爱好将对不幸处在那种一生中不断重复的淘汰过程中的你起到帮助作用。摆脱生活中的混乱意味着回到过去并发出童年时痛苦的悲叹，或者将近来给你留下无尽苦涩的一段感情所带来的痛苦释放出来。在和一位新的爱人在一起时，这些问题不会比悬而未决的“爸爸问题”更容易磨合。无论你是还年轻且没有经历过一段认真投入的爱情，是正在经受着不愉快的分手所带来的折磨，还是经过一段失败的爱情后准备重新上马，你都应该花一些时间在自己身上下些功夫。如果没有这么做，那你将会面临第二次犯同样的错误，结果收获同样的失望和心碎的风险。你应该打破这个恶性循环并从以往的经历中学到些东西。如果要说米歇尔身上有什么值得学习的突出品质，那就是她那种能完全相信自己的不可思议的能力。如果行为和态度上有什么需要改变的，她很愿意作出改变。所以，毫不犹豫地问自己一些难以回答的问题吧。你有没有发现自己经常被在感情上很冷淡甚至是很迟钝的男人吸引住？你的一些约会对象是不是已经有了另一半或是对工作过度投入？你是否为了取悦爱人而在感情上屈服让步，即使这意味着要牺牲掉你自己的快乐和幸福？

大量的这种品质和行为都与许多情感上的创伤和问题有关，但不断有调查研究表明其中一些让人感到软弱无力的性格特点，仍然经常被在成长过程中缺乏一个心爱的父亲的关注和爱护的女性表现出来。所以，女人们站起来，面对着镜子，看看这些糟糕的品质中是否有任何一种出现在自己身上。请一位敬重的朋友对你所属的“类型”或“你在一段感情中的表现”做一个忠实的评价，然后相应地作出行动。你没有必要活在一个永久的土拨鼠日中。花时间去思考自己的过去是如何影响到了你的现在并不容易，但如果你计划让自己能够配得上一份健康的爱情，那这对你来说是不可或缺的。

资料来源：艾莉森·塞缪尔斯．米歇尔·奥巴马——一位真实的美国第一夫人．昆明雨，陈玉娟，译．北京：新华出版社，2013.

第二章　西出阳关无故人——古典长廊

秋水时至

庄　子

作者简介　庄子，姓庄，名周，字子休（亦说子沐），宋国蒙人。战国中期著名的思想家、哲学家和文学家，是继老子之后道家学派的代表人物。代表作品为《庄子》，其中的名篇有《逍遥游》《齐物论》等。庄子的想象力极为丰富，语言运用自如，灵活多变，能把一些微妙难言的哲理说得引人入胜。他的作品被人称为“文学的哲学，哲学的文学”。本篇选自《庄子·秋水》。

秋水时至[1]，百川灌河[2]，泾流之大[3]，两涘渚崖之间[4]，不辩牛马[5]。于是焉河伯欣然自喜[6]，以天下之美为尽在己。顺流而东行，至于北海，东面而视，不见水端。于是焉河伯始旋其面目[7]，望洋向若而叹曰[8]：“野语有之[9]，曰‘闻道百[10]，以为莫己若’者[11]，我之谓也[12]。且夫我尝闻少仲尼之闻而轻伯夷之义者[13]，始吾弗信；今我睹子之难穷也，吾非至于子之门，则殆矣[14]，吾长见笑于大方之家[15]。”

北海若曰：“井蛙不可以语于海者，拘于虚也[16]；夏虫不可以语于冰者，笃于时也[17]；曲士不可以语于道者[18]，束于教也。今尔出于崖涘，观于大海，乃知尔丑[19]，尔将可与语大理矣。天下之水，莫大于海，万川归之，不知何时止而不盈[20]；尾闾泄之[21]，不知何时已而不虚；春秋不变，水旱不知。此其过江河之流，不可为量数。而吾未尝以此自多者[22]，自以比形于天地，而受气于阴阳，吾在天地之间，犹小石、小木之在大山也。方存乎见少，又奚以自多！计四海之在天地之间也，不似礨空之在大泽乎[23]？计中国之在海内，不似稊米之在大仓乎[24]？号物之数谓之万，人处一焉；人卒九州[25]，谷食之所生，舟车之所通，人处一焉，此其比万物也，不似豪末之在于马体乎[26]？五帝之所连[27]，三王之所争[28]，仁人之所忧，任士之所劳[29]，尽此矣！伯夷辞之以为名，仲尼语之以为博，此其自多也，不似尔向之自多于水乎？”

河伯曰：“然则吾大天地而小豪末，可乎？”北海若曰：“否。夫物量无穷[30]，时无止，分无常[31]，终始无故[32]。是故大知观于远近[33]，故小而不寡，大而不多，知量无穷；证向今故[34]，故遥而不闷[35]，掇而不跂[36]，知时无止；察乎盈虚，故得而不喜，失而不忧，知分之无常也；明乎坦涂[37]，故生而不说，死而不祸，知终始之不可故也。计人之所知，不若其所不知；其生之时，不若未生之时；以其至小求穷其至大之域[38]，是故迷乱而不能自得也。由此观之，又何以知豪末之足以定至细之倪[39]？又何以知天地之足以穷至大之域？”

[注释]

1. 时至：按时来到。秋天水满，所以说“时至”。

2. 河：黄河。

3. 泾：通“巠”，水流。

4. 涘：岸。渚：水中小洲。崖：岸。

5. 辩：通“辨”。

6. 河伯：指黄河河神。

7. 旋：转；“旋面目”，意思是转变态度。

8. 望洋：联绵词，远视的样子。若：指北海海神。

9. 野语：俗语。之：指示代词，相当于“这”。

10. 百：极言其多，不是实数。

11. 莫己若：即“莫若己”，没有谁比得上自己。

12. 我之谓：即“谓我”。

13. 少：以……为少，意思是小看。仲尼：孔子字。轻：以……为轻，意思是轻视。伯夷：孤竹国国君之子，反对周伐商，周灭商后，不食周粟，饿死在首阳山，古人认为他有气节。

14. 殆：危险。

15. 方：道。

16. 拘：拘限。虚：居住的地方。

17. 笃：固，与上文“拘”同义，下文“束”亦同此义。

18. 曲士：乡曲之士，即鄙陋寡闻的人。

19. 丑：鄙陋。

20. 盈：满溢。

21. 尾闾：相传是海底的排水口。

22. 自多：自夸，自满。

23. 礨空：蚁穴。

24. 稊米：一种形似稗的草，果实像小米，故称稊米。

25. 卒：通“萃”，聚集。九州：上古我国的地理区域。

26. 豪末：毫毛的末端，形容极其微小。豪：通“毫”，毫毛。

27. 五帝之所连：指五帝接连禅让。

28. 三王之所争：指三王兴师争天下。

29. 任士：以天下为己任的贤士。

30. 物量无穷：不同的物的器量，秉分不同，随其所受，各得称适，而千差万别，品类无穷。

31. 分：得与失。

32. 故：通“固”，固定。

33. 观于远近：视于远理，察于近事，故毫末虽小，当体自足，无所寡少。

34. 证向：证明。

35. 遥：长。
36. 掇：拾取。跂：踮起脚。
37. 坦涂：平坦大道。
38. 至小：智也。至大：境也。以有限小智求无穷大境。
39. 倪：尺度，标准。

［分析］

1. 这篇文章主要说明了怎样一个主题？

2. “井蛙不可以语于海者，拘于虚也；夏虫不可以语于冰者，笃于时也；曲士不可以语于道者，束于教也。”这段话作者是从哪几个维度探讨事物的局限性的？

庄子注·序

郭　象

作者简介　郭象，字子玄，洛阳人。西晋玄学家，好老庄，善清谈。有《庄子注》流传至今。

夫庄子者，可谓知本矣，故未始藏其狂言，言虽无会，而独应者也。夫应而非会，则虽当无用；言非物事，则虽高不行。与夫寂然不动，不得已而后起者，固有间矣，斯可谓知无心者也。夫心无为，则随感而应，应随其时，言唯谨尔。故与化为体，流万代而冥物[1]，岂曾设对独遘而游谈乎方外哉！此其所以不经而为百家之冠也。

然庄生虽未体之，言则至矣。通天地之统，序万物之性，达死生之变，而明内圣外王之道，上知造物无物，下知有物之自造也。其言宏绰，其旨玄妙；至至之道，融微旨雅；泰然遣放，放而不敖。故曰：不知义之所适，倡狂妄行，而蹈其大方；含哺而熙乎澹泊，鼓腹而游乎混芒[2]。至人极乎无亲[3]，孝慈终于兼忘，礼乐复乎已能，忠信发乎天光。用其光则其朴自成。是以神器独化于玄冥之境而源流深长也[4]。

故其长波之所荡，高风之所扇，畅乎物宜，适乎民愿，弘其鄙，解其悬，洒落之功未加，而矜夸所以散。故观其书，超然自以为已当，经昆仑，涉太虚，而游惚恍之庭矣。虽复贪婪之人，进躁之士，暂而揽其余芳，味其溢流，仿佛其音影，犹足旷然有忘形自得之怀，况探其远情而玩永年者乎！遂绵邈清遐，去离尘埃，而返冥极者也。

［注释］

1. 冥物：明万历尚友轩刻本为“宜物”。
2. 混芒：宋赵谏议本作“混茫”。清光绪十年刊《古逸丛书》本同。
3. 至人：清光绪十年刊《古逸丛书》本作“至仁”，中华书局王孝鱼点校本据改。
4. 源流深长：宋赵谏议本、清《古逸丛书》本作“源深流长”。

［分析］

1. 为何作者说“夫庄子者，可谓知本矣”？
2. 庄子有哪些人格特点？

别赋

江淹

作者简介　江淹（444—505），字文通，济阳考城（今河南考城县）人。历仕南朝宋、齐、梁三代。早年以文章著名，晚年才思渐衰，人谓“江郎才尽”，著有《江文通集》。

黯然销魂者[1]，唯别而已矣。况秦吴兮绝国[2]，复燕宋兮千里[3]。或春苔兮始生，乍秋风兮暂起。是以行子肠断，百感凄恻。风萧萧而异响，云漫漫而奇色，舟凝滞于水滨，车逶迟于山侧，棹容与而讵前[4]，马寒鸣而不息。掩金觞而谁御[5]，横玉柱而霑轼[6]。居人愁卧，恍若有亡，日下壁而沈彩，月上轩而飞光。见红兰之受露，望青楸之离霜。巡曾楹而空掩[7]，抚锦幕而虚凉。知离梦之踯躅，意别魂之飞扬。

故别虽一绪，事乃万族：

至若龙马银鞍[8]，朱轩绣轴[9]，帐饮东都[10]，送客金谷[11]。琴羽张兮箫鼓陈[12]，燕赵歌兮伤美人。珠与玉兮艳暮秋，罗与绮兮娇上春。惊驷马之仰秣，耸渊鱼之赤鳞[13]。造分手而衔涕，感寂寞而伤神。

乃有剑客惭恩，少年报士，韩国赵厕[14]，吴宫燕市[15]。割慈忍爱，离邦去里。沥泣共诀，抆血相视[16]。驱征马而不顾，见行尘之时起。方衔感于一剑，非买价于泉里。金石震而色变[17]，骨肉悲而心死[18]。

或乃边郡未和，负羽从军[19]，辽水无极[20]，雁山参云[21]。闺中风暖，陌上草薰。日出天而耀景，露下地而腾文。镜朱尘之照烂，袭青气之烟煴[22]。攀桃李兮不忍别，送爱子兮霑罗裙。

至如一赴绝国，讵相见期，视乔木兮故里，决北梁兮永辞。左右兮魂动，亲宾兮泪滋。可班荆兮赠恨[23]，唯樽酒兮叙悲。值秋雁兮飞日，当白露兮下时。怨复怨兮远山曲，去复去兮长河湄。

又若君居淄右[24]，妾家河阳。同琼佩之晨照，共金炉之夕香。君结绶兮千里[25]，惜瑶草之徒芳[26]。惭幽闺之琴瑟，晦高台之流黄[27]。春宫閟此青苔色，秋帐含兹明月光。夏簟清兮昼不暮，冬釭凝兮夜何长[28]。织锦曲兮泣已尽[29]，回文诗兮影独伤。

傥有华阴上士[30]，服食还仙，术既妙而犹学，道已寂而未传。守丹灶而不顾，炼金鼎而方坚。驾鹤上汉，骖鸾腾天，暂游万里，少别千年。惟世间兮重别，谢主人兮依然。

下有芍药之诗[31]，佳人之歌[32]，桑中卫女，上宫陈娥[33]。春草碧色，春水渌波，送君南浦，伤如之何！至乃秋露如珠，秋月如珪，明月白露，光阴往来。与子之别，思心徘徊。

是以别方不定，别理千名，有别必怨，有怨必盈。使人意夺神骇，心折骨惊。虽渊云之墨妙[34]，严乐之笔精[35]，金闺之诸彦[36]，兰台之群英[37]，赋有凌云之称，辩有雕龙之声[38]，谁能摹暂离之状，写永诀之情者乎！

[注释]

1. 黯然：形容人在悲伤时的神色。

2. 秦吴兮绝国：秦在今陕西，吴在今江苏南部。秦吴其距很远，故言绝国，即隔绝的国家。

3. 燕宋：燕，在今河北，宋，在今河南商丘一带。

4. 棹：船桨，代指船。容与：徘徊不前的样子。

5. 掩：掩盖。御：进用。

6. 横：横着。玉柱：玉制的弦柱，亦指代琴、瑟、筝等弦乐器。霑：沾。轼：古代车厢前面用作扶手的横木。

7. 楹：房柱子，这里代指房屋。掩：关闭。

8. 龙马：八尺以上的马叫龙马，这里泛指好马。

9. 朱轩绣轴：装饰华贵的车子。轩，高大的车。轴，车轮。

10. 帐饮东都：古人送别远行，常在路边设帐饯别，故帐饮。东都：指长安东都门。

11. 金谷：金谷园，西晋富豪石崇的别墅。他曾在此饯别征西将军、祭酒王诩。

12. 琴羽：琴作羽声。羽，五音之一。

13. “惊驷马之仰秣”二句：形容音乐优美，使马仰着脖子听，深渊的鱼也浮出水面听。

14. 韩国：韩大夫严仲子与韩傀（字侠累）有仇，请齐国勇士聂政为之复仇，聂政刺杀了韩傀。赵厕：晋人豫让曾改名换姓充作贱役，入宫粉刷厕所，想行刺赵襄子。

15. 吴宫：吴国勇士专诸，替公子光刺死了吴王僚。当时是在吴官宴会上，专诸把匕首藏于鱼中，送菜时乘机刺死吴王。燕市：指荆轲为燕太子丹派遣，去秦庭谋刺秦王事。

16. 抆血：擦血。

17. 金石震而色变：秦舞阳陪荆轲去秦庭谋刺秦王，到了秦庭，钟鼓齐鸣，群臣皆呼万岁，秦舞阳被吓得面如死灰、双脚发抖。

18. 骨肉悲而心死：聂政刺杀侠累后，怕被人认出来，连累家人，便自己割破面皮，挖出双眼，破腹而死。他的姐姐猜想一定是弟弟所为，抚聂政尸痛哭而死。

19. 羽：带羽毛的诏书，表示紧急。

20. 辽水：辽河，在今辽宁省。

21. 雁山：指雁门关，在今山西。

22. 烟煴：同“氤氲”，缭绕的意思。

23. 可班荆：可以铺上草席。

24. 淄：淄水，在今山东。

25. 结绶：指做官。

26. 瑶草：传说赤帝女瑶姬未嫁而亡，其魂化为草，曰瑶草。

27. 流黄：丝织物，这里指衾枕。

28. 釭：灯。

29. 织锦曲：前秦窦滔从仕在外，妻苏蕙在家思念丈夫，作织锦回文诗相寄。

30. 华阴：地名，今陕西华阴县。上士：当指修羊公，他隐居华阴山，服吃黄精，以后不知何往。

31. 芍药之诗：《诗经·郑风·溱洧》："维士与女，伊其相谑，赠之以芍药。"芍药之诗当指这种恋诗。

32. 佳人之歌：指汉李延年的歌："北方有佳人，绝世而独立。一顾倾人城，再顾倾人国。宁不知倾城与倾国，佳人难再得。"

33. "桑中卫女"二句：《诗经·鄘风·桑中》有句云："期我乎淇中，要我乎上宫，送我淇之上矣。"卫、陈，都是国名；卫女、陈娥，均指约会的女人；桑中、上宫，指约会的地方。

34. 渊云：指王褒、扬雄，汉代辞赋家。王褒，字子渊。扬雄，字子云。

35. 严乐：严安、徐乐，汉代著名文人。

36. 金闺：金马门，汉代文学侍从们常集中的地方。彦：才华出众的人。

37. 兰台：汉代皇家藏书的地方，也是文人会集之地。

38. 辩有雕龙之声：战国时邹奭善辩，文饰之如雕镂龙纹，时人称之为雕龙奭。

[分析]

1. 请划出文章中精彩的片段，并识记。
2. 为何作者说"黯然销魂者，唯别而已矣"？

李白诗两首

李　白

作者简介　李白（701—762），字太白，号青莲居士，又号“谪仙人”。唐代伟大的浪漫主义诗人，被后人誉为“诗仙”。与杜甫并称为“李杜”，其人爽朗大方，爱饮酒作诗，喜交友，创造了古代浪漫主义文学的高峰，其歌行体和七绝达到后人难及的高度。

上李邕[1]

大鹏一日同风起，扶摇直上九万里[2]。
假令风歇时下来，犹能簸却沧溟水[3]。
时人见我恒殊调[4]，闻余大言皆冷笑。
宣父犹能畏后生[5]，丈夫未可轻年少[6]。

［注释］

1. 李邕：唐代书法家、文学家，广陵江都（今江苏扬州）人。官至北海太守。
2. 扶摇：盘旋而上。
3. 沧溟：大海。
4. 恒殊调：经常持有与众不同的论调。
5. 宣父：指孔子。《新唐书·礼乐志》：“贞观十一年，诏尊孔子为宣父。”畏后生：《论语·子罕》：“后生可畏，焉知来者之不如今也。”
6. 丈夫：古时对男子的通称，此指李邕。

登峨眉山[1]

蜀国多仙山，峨眉邈难匹[2]。
周流试登览[3]，绝怪安可悉[4]？
青冥倚天开[5]，彩错疑画出[6]。
泠然紫霞赏[7]，果得锦囊术[8]。
云间吟琼箫，石上弄宝瑟。
平生有微尚[9]，欢笑自此毕。
烟容如在颜[10]，尘累忽相失[11]。
倘逢骑羊子[12]，携手凌白日[13]。

[注释]

1. 峨眉山：在今四川省峨眉县西南，风景秀丽，有“峨眉天下秀”之称。此诗是李白青年时所作。

2. 邈：幽远貌。匹：匹敌，相比。

3. 周流：周游。

4. 绝怪：奇特。悉：穷尽。

5. 青冥：原指青色的天空，此指青幽的山峰。开：伸展开来。

6. 彩错：色彩斑斓错杂。

7. 泠然：轻举貌。赏：赏玩。

8. 锦囊术：指成仙之术。锦囊，用锦制成的袋子。《汉武内传》载，汉武帝曾把仙经放在紫锦囊中。

9. 微尚：微小的志向。

10. 烟容：容光焕发如烟霞。

11. 尘累：世俗的牵累。

12. 骑羊子：指古代传说中的仙人葛由。《列仙传》载，周成王时羌人葛由，喜刻木羊出卖。一天他骑羊入西蜀，蜀中王侯贵人追随他登上峨眉山西南的绥山，也都成了仙。

13. 凌白日：指升天成仙。

[分析]

这两首诗的写作方法有何不同？

李白诗赏析

沈祖棻

作者简介 沈祖棻（1909—1977），女，字子苾，别号紫曼，笔名绛燕、苏珂。祖籍浙江海盐。我国现当代优秀的词人、诗人，文学家，文论家，著名教授。曾任教于华南多所高等学府中文系。有“当代李清照”的美誉。与夫——著名文学教授程千帆合称“程沈”，曾被师友赞为“昔时赵李今程沈”。格律体新诗先驱诗人之一，以一首《别》享誉大江南北。其在古典文学研究和旧体诗词创作上有着很高的造诣，对于中国格律新诗的创建和完善有着重要的影响。本文节选自《唐人七绝诗浅释》。

春夜洛城闻笛

李白

谁家玉笛暗飞声？散入东风满洛城。此夜曲中闻《折柳》，何人不起故园情！

这首诗大概是诗人玄宗开元二十三年（735 年）在洛阳客居时所作，前半写闻，后半写感。

头两句，“谁家”“暗飞声”，写出“闻”时的精神状态，先听到飞声，踪迹它的来处，却又不知何人所吹，从何而来，所以说是暗中飞出。“东风”点时，“洛城”点地。“散入东风”，应上“暗飞声”，照下“满洛城”。“满洛城”是夸张的写法，由己及人，充类至尽。由自己在城中某处听到暗暗地飘出的笛声，推而至于春风煦拂，遂使满城无处不闻。不但赞美了笛声之悠扬嘹亮，同时也为下文预留地步。两句缴足题面。

后两句，指出笛中所奏，是伤离的乐曲《折杨柳》。凡是客居洛城的人，听到了它，必然勾起乡愁。“何人不起”，也就是无人不起。用反诘，正是为了着重表明正意。本是自己闻笛而生故园之情，但由于诗人的这种感情太强烈了，就认为是旅人所共具，在诗中由个别的变成了一般的了。这种心理活动，在实际生活中常常会碰到。

作者还有一首《黄鹤楼闻笛》，可以和此诗比观：

一为迁客去长沙，西望长安不见家。黄鹤楼中吹玉笛，江城五月《落梅花》。

这首诗是肃宗乾元二年（759 年）他获罪流放夜郎，经过武昌时所作。

起句写将去之地与必去之因。当时去贵州，一般都取道湖南，所以长沙是必由之路。但这一句不只是叙事，而且是用典。西汉文帝时代的贾谊由于敢于指责当时政治上的弊病，被当权大臣排挤，贬官长沙，一直为后人所同情。所以这句诗同时也暗寓有为自己参加李璘幕府一事进行辩解之意在内。

次句写去国之情。据现有资料，李白流夜郎时，他的妻子宗氏留在江西，并不在长安。所以这句诗写的实质上是眷恋朝廷之意，也就是所谓去国之情。一经获罪，回到京城的可能性就少了。西望从前活跃过的地方，不免有所感慨。但着笔很轻，不像其他诗人在这种遭遇时心情表现得十分沉重，这当然只能从作者豪迈不羁、蔑视权贵的个性获得解释。

后两句正写闻笛。此诗题亦作《与史郎中饮，听黄鹤楼上吹笛》，意思较为清楚。吹笛人在楼的上面，听笛人在楼的附近。听其所吹，乃是《梅花落》，因此也产生了和前述高适同样的联想。江城五月，当然没有梅花，但由于笛声广播江城，遂觉其地都有梅花落下，与前诗“散入东风满洛城”同意。在前面，我们解释高适诗“借问梅花何处落，风吹一夜满关山”两句时，曾说：听到的是四处飘扬的笛声，却仿佛看到了一夜之间吹满关山的花片，乃是现实中听觉与想象中视觉的通感和交织。此诗也正是如此。李白还有一首《观胡人吹笛》，其中说：“胡人吹玉笛，一半是秦声。十月吴山晓，梅花落敬亭。”亦可参证。

与《春夜洛城闻笛》比较，则两诗都写闻笛，写笛声远播，到处可闻，是其所同；而前者写一般的离乡之感，后者写迁客的去国之情，是其所异。在结构上，前一首先写所闻，后写所感，后一首则正相反，先写所感，后写所闻；但艺术效果都很好，这就是所谓“文无定法”。

我们还可以选两篇诗从另外一个角度来和这篇诗进行比较。如顾况《听角思归》：

故园黄叶满青苔，梦后城头晓角哀。此夜断肠人不见，起看残月影徘徊。

故园的黄叶已落满长了青苔的路上，则叶无人扫，路无人走，其园荒废已久可知，自己离家已久更可知。由于有家难归，更为思念，因此只有形之梦寐。而梦醒之后，天色将明，这时，号角的声音响起来了。自己的心情是沉重的，所以听到晓角，自然就觉其音哀伤。但是，长夜漫漫，梦魂颠倒，梦醒之后，更觉断肠，又有谁看见，谁知道呢？继续入梦，势所不能，起看残月，还是孤身一人，也只能对影徘徊，即让影子给自己作伴而已。

此诗写角声，与李诗中之笛声正相反。李诗写己之闻笛生情而推及别人也会闻笛生情，此诗则由闻角而但觉己之生哀，与人无涉。人虽闻角，但不思归，也就不会断肠，更不会独看残月，顾影徘徊了。

再如王建的《十五夜望月》：

中庭地白树栖鸦，冷露无声湿桂花。今夜月明人尽望，不知秋思在谁家？

庭院之中，满地都呈白色，足见月光之明亮，扣题“十五夜”。月明则鸦惊，不能安宿，所以曹操《短歌行》说：“月明星稀，乌鹊南飞。”周邦彦《蝶恋花》也有“月皎惊乌栖不定”之句。这里说“树栖鸦”，是已到夜深月斜时候了。由于夜深，所以露水打湿了桂花。“桂花”是秋景，“无声”，见秋露初生，还不很浓，故虽沾花而未下滴，体物极细。这个夜晚，赏月的人可多了，所以说“人尽望”。但是，在许多人当中，谁是满怀秋思的呢？（思字，在这里念去声，指对家乡、亲属或爱侣的怀念。如女子在家中怀念丈夫，可称室思，怀念丈夫的女子可称思妇。）这里的一句潜台词是：恐怕只有我了。（谁家即谁。家字，在上面李白诗中及这里，都是语尾助词，无实义。）

此诗写十五望月，众人所同，而秋思满怀，惟独有我，与顾况闻角，所感相同。

李诗写自己闻笛生情，推而及于他人也闻笛生情。顾诗写他人虽听角，并不怀归；王诗写他人虽望月，并无秋思。即前者写的是人与人之间，由于境遇相同，感情可以彼此沟通；而后两者则是写的人与人之间，由于境遇不同，就难以对共同的景物获得同一的感受。这都是生活的真实，诗人们通过艺术的真实，将它们再现了出来。

［分析］

请举例分析，作者是从哪几个角度分析闻笛诗的。

明月皎夜光

《古诗十九首》

简介　《古诗十九首》是中国古代文人五言诗选辑，由南朝萧统从传世无名氏古诗中选录十九首编入《文选》而成。这十九首诗习惯上以首句作为标题，如《行行重行行》《青青河畔草》。其诗语言朴素自然，描写生动真切，具有浑然天成的艺术风格，处处表现了道家与儒家的哲学意境，被刘勰称为“五言之冠冕”。

《明月皎夜光》是《古诗十九首》之七，是一首失意之士感叹世态炎凉的诗。本诗以景言情，托物比兴。“时节忽复易”前的诗句，着重通过明月、促织、玉衡、众星、白露等物的动作——“皎”“鸣”“指”“沾”等动词，烘托二人情谊之笃；自“秋蝉鸣树间”起，以“玄鸟”的变化无常，昭然昔日“盘石固”的情谊徒有虚名。

明月皎夜光，促织鸣东壁[1]。玉衡指孟冬[2]，众星何历历[3]。白露沾野草，时节忽复易。秋蝉鸣树间，玄鸟逝安适[4]？昔我同门友，高举振六翮[5]。不念携手好，弃我如遗迹。南箕北有斗[6]，牵牛不负轭[7]。良无盘石固[8]，虚名复何益？

［注释］

1. 促织：蟋蟀。

2. 玉衡：指北斗七星中的第五星至第七星。北斗七星形状像舀酒的斗，第一星至第四星成勺形，第五星至第七星成一条直线，为斗柄，名为玉衡。由于地球绕日公转，从地球上看，斗柄每月都变一方位，所以古人根据斗柄所指方位的变换来辨别时令的推移。孟冬：冬季的第一个月（夏历十月）。

3. 历历：分明的样子。

4. 玄鸟：燕子。逝：往，去。安适：到什么地方去。

5. 六翮（hé）：鸟有六羽根，所以称六翮。翮，羽根。

6. 南箕：星名，形似簸箕。北斗：星名，形似斗（舀酒器）。

7. 牵牛：指牵牛星。负轭（è）：指拉车。轭是牛车前的横木，压在牛的颈上，牛拉车就必须要负起轭来。以上二句是互文见义，牵牛星不能拉车，是空有其名，南箕星、北斗星也都空有其名。

8. 盘石：大石。

［分析］

这首诗与《古诗十九首》中其他诗歌有何不同？

白头吟

简介　《宋书·乐志》录《白头吟》古辞五解，属大曲歌辞。郭茂倩《乐府诗集·相和歌·楚调曲》载《白头吟》歌辞二首，另一首据《宋书》，一首据《玉台新咏》。又一说，据葛洪《西京杂记》记载，司马相如晚年移情别恋，欲纳妻妾，卓文君闻之，写下此诗以明志，司马相如看后，惭愧不已，再不提纳妾之事。

诗中女子对爱情的忠贞，“皑如山上雪，皎若云间月”，却落得对方三心二意的背叛，因此免不了“凄凄复凄凄”的哀伤，然而在凄凉的痛苦中，仍有所期待，“愿得一心人，白头不相离”，但又保持思维清晰，讽刺对方因利忘恩负义非男儿所为，结尾两句是对男权世界男人“见利忘义”行径的有力控诉。

皑如山上雪[1]，皎若云间月[2]。
闻君有两意[3]，故来相决绝[4]。
今日斗酒会[5]，明日沟水头[6]。
躞蹀御沟上[7]，沟水东西流[8]。
凄凄复凄凄[9]，嫁娶不须啼[10]；
愿得一心人[11]，白头不相离。
竹竿何袅袅[12]，鱼尾何簁簁[13]。
男儿重意气[14]，何用钱刀为[15]！

［注释］

1. 皑：霜雪的白色。
2. 皎：明洁。
3. 两意：二心。
4. 决绝：断绝友谊。
5. 斗：盛酒之器。
6. 沟：即御沟，环绕宫墙的渠水。
7. 躞蹀（xiè dié）：小步行走。御：旧时凡属帝王之物皆称为御。
8. 东西流：偏义复词。这里只指东流。
9. 凄凄：悲伤的样子。

10. 嫁娶：偏义复词，这里只指“嫁”言。

11. 一心人：用情专一的人。

12. 竹竿：钓竿。古歌谣中常以钓鱼比喻求偶，此即其例。袅袅：柔长而轻摆的样子。

13. 施施：鱼跃甩尾之声。

14. 意气：情义。

15. 钱刀：古代钱币，有呈马刀形的叫刀钱，或称钱刀。为：语气助辞。

［分析］

“凄凄复凄凄，嫁娶不须啼。”体现了作者什么样的心理？

浪淘沙·帘外雨潺潺

李　煜

作者简介　李煜（937—978），字重光，初名徒嘉，是南唐中主李璟之子，南唐末代国君。他精书法，工绘画，善音律，以词的成就最高。他的词作继承晚唐以来花间派词人的传统，语言明快、用语真挚。在他后期的词作中有对以往美好时光的追溯和今非昔比的叹惋，“雕栏玉砌应犹在，只是朱颜改”是亡国之痛，更是才子帝王的悲怆。

帘外雨潺潺[1]，春意阑珊[2]。罗衾不耐五更寒[3]。梦里不知身是客，一晌贪欢[4]。独自莫凭栏，无限江山。别时容易见时难。流水落花春去也，天上人间。

［注释］

1. 潺潺：雨声。
2. 阑珊：衰落、颓败的样子。
3. 罗衾：锦被。五更：古代将一夜分为甲、乙、丙、丁、戊五个时段，或称五鼓。五更即天将明之前的戊时。
4. 一晌：片刻的时间。

［分析］

“流水落花春去也，天上人间”体现了作者一种怎样的情怀？

项脊轩志

归有光

作者简介 归有光（1507—1571），明代著名的散文家，字熙甫，号震川，昆山（现江苏昆山县）人。擅长抒情散文，善于在对家人、朋友和日生活琐事的描写中，寄托自己深厚真挚的感情，风格恬淡朴实。项脊轩，作者家中的一个小屋子。志，指一种记事的文体。归有光远祖归道隆居住江苏太仓县的项脊泾，因而他将自己的书房叫作“项脊轩”。

项脊轩，旧南阁子也[1]。室仅方丈[2]，可容一人居。百年老屋，尘泥渗漉[3]，雨泽下注[4]，每移案，顾视无可置者[5]。又北向[6]，不能得日，日过午已昏[7]。余稍为修葺[8]，使不上漏，前辟四窗，垣墙周庭[9]，以当南日，日影反照，室始洞然[10]。又杂植兰桂竹木于庭，旧时栏楯[11]，亦遂增胜[12]。积书满架，偃仰啸歌[13]，冥然兀坐[14]，万籁有声[15]。而庭阶寂寂[16]，小鸟时来啄食，人至不去。三五之夜[17]，明月半墙，桂影斑驳[18]，风移影动，珊珊可爱[19]。

然余居于此，多可喜，亦多可悲。先是庭中通南北为一[20]，迨诸父异爨[21]，内外多置小门墙，往往而是[22]。东犬西吠[23]，客逾庖而宴[24]，鸡栖于厅[25]。庭中始为篱，已为墙[26]，凡再变矣。家有老妪[27]，尝居于此。妪，先大母婢也[28]，乳二世[29]，先妣抚之甚厚[30]。室西连于中闺[31]，先妣尝一至。妪每谓予曰：“某所，而母立于兹[32]。”妪又曰：“汝姊在吾怀，呱呱而泣[33]，娘以指扣门扉曰[34]：‘儿寒乎？欲食乎？’吾从板外相为应答……”语未毕，余泣，妪亦泣。余自束发[35]，读书轩中。一日，大母过余曰[36]：“吾儿，久不见若影[37]，何竟日默默在此[38]，大类女郎也[39]？”比去[40]，以手阖门[41]，自语曰：“吾家读书久不效[42]，儿之成，则可待乎！”顷之[43]，持一象笏至[44]，曰：“此吾祖太常公宣德间执此以朝[45]。他日，汝当用之！”瞻顾遗迹[46]，如在昨日，令人长号不自禁[47]。

轩东，故尝为厨[48]，人往，从轩前过。余扃牖而居[49]，久之，能以足音辨人。轩凡四遭火，得不焚，殆有神护者[50]。

项脊生曰[51]：“蜀清守丹穴[52]，利甲天下[53]，其后秦皇帝筑女怀清台[54]。刘玄德与曹操争天下[55]，诸葛孔明起陇中[56]。方二人之昧昧于一隅也[57]，世何足以知之？余区区处败屋中[58]，方扬眉瞬目[59]，谓有奇景；人知之者，其谓与坎井之蛙何异[60]？”

余既为此志[61]，后五年，吾妻来归[62]。时至轩中[63]，从余问古事，或凭几学书[64]。吾妻归宁[65]，述诸小妹语曰：“闻姊家有阁子，且何谓阁子也？”其后六年，吾妻死，室坏不修。其后二年，余久卧病无聊，乃使人复葺南阁子，其制稍异于前[66]。然自后余多在外，不常居。

庭有枇杷树，吾妻死之年所手植也[67]，今已亭亭如盖矣[68]。

[注释]

1. 旧：旧日的，原来的。
2. 仅：只。方丈：一丈见方。
3. 渗漉：慢慢地渗透或漏下。
4. 雨泽：积聚的雨水。注：泻。
5. “每移案”二句：常移动书桌，看来看去，没有干净地方可放。案，长形的桌子。
6. 北向：朝北。
7. 得日：得到日光照射。昏：昏暗。
8. 修葺：修补。
9. 垣墙周庭：用短墙围的庭院。
10. 洞然：亮的样子。
11. 栏楯：栏杆，直的叫栏，横的叫楯。
12. 增胜：增加光彩。
13. 偃仰：仰卧。啸歌：指吟诵。
14. 冥然：静默的样子。兀坐：端坐。
15. 万籁：指自然界的一切声响。籁，孔穴里发出的声音。
16. 寂寂：寂静。
17. 三五之夜：农历每月十五日的夜晚。
18. 斑驳：错杂。
19. 珊珊：即姗姗，舒缓轻盈的样子。
20. 先是：这以前。
21. 迨：等到。诸父：伯父、叔父。异爨：各起炉灶，指分家。
22. 往往而是：到处都这样。
23. 东犬西吠：东家的狗对着西家人叫。吠，狗叫。
24. 逾：越过。庖：厨房。
25. 栖：息止。
26. 已：不久。
27. 老妪：老婆婆。
28. 先大母：去世的祖母。
29. 乳二世：做过两代人的乳母。
30. 先妣：已死去的母亲。抚：对待。
31. 中闺：内室。
32. “某所”二句：那个地方，就是你母亲曾经站立过的地方。某所，某个地方。而母，你的母亲。而，同“尔”。
33. 呱呱：婴儿的哭声。
34. 扉：门扇。
35. 束发：古人到了十五岁，就把头发挽起来，算是成童。
36. 过余：到我这里来。

37. 若影：你的影子。

38. 竟日：整天。

39. 大类：很像。

40. 比去：等到离开的时候。

41. 阖：关闭。

42. 读书久不效：读书长久没有收到成效，意思是说总没有人因读书而得到功名。

43. 顷之：一会儿。

44. 象笏：古代大臣上朝时手里拿着的手板，用象牙、玉或木制成。

45. 太常公：指夏昶，字仲昭，曾任太常寺卿（掌管祭祀礼乐的官员）。他是作者祖母的祖父。

46. 瞻顾遗迹：回忆旧日这些遗事。瞻顾，前后观看。

47. 号：大声地哭。

48. 故：旧时。

49. 扃：关闭。牖：窗户。

50. 殆：或许，恐怕。

51. 项脊生：作者的自称。

52. 蜀清：巴蜀（今四川省）地方的一个名叫清的寡妇。丹穴：出产朱砂的矿穴。

53. 甲：居首位，超过所有其他的。

54. 秦皇帝：秦始皇。女怀清台：在今四川省长寿县南。

55. 刘玄德：刘备，字玄德。

56. 诸葛孔明：诸葛亮，字孔明。陇中：即隆中，在今湖北省襄阳西。诸葛亮曾在这里隐居。

57. 方：正当。昧昧：昏暗，这里指不出名时。隅（yú）：角落。

58. 区区：细小。这里是作者自谦的称呼。

59. 扬眉瞬目：形容得意、高兴的情状。瞬，眨眼。

60. 坎井之蛙：浅井里的青蛙。比喻见闻短浅而又自高自大的人。

61. 此志：指《项脊轩志》。

62. 来归：嫁到我家来。古代称女子出嫁夫家叫来归。

63. 时：经常。

64. 学书：学写字。

65. 归宁：出嫁的女子回娘家看望父母。

66. 制：规格。

67. 手植：亲手栽种。

68. 亭亭：耸立的样子。盖：伞。

[分析]

这篇文章记叙了哪几件具体事情？从这些事件中，能体悟出作者怎样的感受？

陈情表

李 密

作者简介 李密（224—287），西晋文学家，好学不倦，博览五经，以文学见长。年轻时曾任蜀汉尚书郎。晋灭蜀后，李密以奉养年迈祖母为由多次辞官不任。泰始三年（267），晋武帝下诏征李密为太子洗马。李密遂向晋武帝上表，陈述自己幼时丧父而由祖母抚养成人的衷情，这就是著名的《陈情表》。晋武帝览表后大为赞叹，称李密“不空有名也”，特意赏赐奴婢、提供费用以成全李密尽孝之心。

奏议之文多长于说理，以借事理说服君主。此篇奏表另辟蹊径，以情动人，通篇充溢真挚情意，读来令人潸然泪下，情动于中。李密叙写的孝养之情，真切感人，所以千百年来一直能打动人心。南宋谢枋得《文章轨范》引安子顺之说：“读《出师表》不哭者不忠，读《陈情表》不哭者不孝，读《祭十二郎文》不哭者不慈。”此三文并称为抒情佳篇而传诵于世。“百善孝为先”，孝是中华民族的传统美德，平民百姓、贵胄显宦皆以孝为嘉行善举。历代帝王为标榜孝义，常在谥号前加赠“孝”字。但并非所有人都能够做到孝顺长辈，切实贯彻孝道。古代宫闱丑闻颇多，违逆父母之命，甚至弑杀父亲、僭越皇位者亦不少见；为求仕途飞黄腾达，不顾孝养长辈者亦大有人在。李密却因奉养祖母，屡次辞却朝廷任命，宁肯舍弃唾手可得的美好仕途，其心意足使贪图名利者汗颜无地。李密所处的时代，绝非作者笔下所言的“圣朝”“清化”，当时的皇帝晋武帝猜疑成性，文人大有如履薄冰之感。故而李密行文，不惜自贬身份，美化当时政治，但又暗合理智，理在情中，不言而喻。文章委婉恳切，耐人寻味，蕴藏作者苦心孤诣。语言骈散相间，行笔流畅，无所滞碍，言简意深，辞气恢宏。李密终以此文打动晋武帝，得偿己愿，可见李密的睿智真情及此文强大的感染力与无限魅力。

臣密言：臣以险衅[1]，夙遭闵凶[2]。生孩六月[3]，慈父见背[4]。行年四岁[5]，舅夺母志[6]。祖母刘愍臣孤弱[7]，躬亲抚养[8]。臣少多疾病，九岁不行[9]，零丁孤苦[10]，至于成立。既无叔伯，终鲜兄弟[11]。门衰祚薄[12]，晚有儿息[13]。外无期功强近之亲[14]，内无应门五尺之僮[15]，茕茕孑立[16]，形影相吊[17]。而刘夙婴疾病[18]，常在床蓐[19]。臣侍汤药[20]，未曾废离[21]。

逮奉圣朝[22]，沐浴清化[23]。前太守臣逵察臣孝廉[24]。后刺史臣荣举臣秀才[25]。臣以供养无主，辞不赴命。诏书特下，拜臣郎中[26]，寻蒙国恩[27]，除臣洗马[28]。猥以微贱[29]，当侍东宫[30]，非臣陨首所能上报[31]。臣具以表闻，辞不就职。诏书切峻[32]，责臣逋慢[33]，郡县逼迫[34]，催臣上道[35]。州司临门[36]，急于星火[37]。臣欲奉诏奔驰[38]，则刘病日笃[39]，欲苟顺私情，则告诉不许[40]。臣之进退，实为狼狈[41]。

伏惟圣朝以孝治天下[42]，凡在故老[43]，犹蒙矜育[44]，况臣孤苦，特为尤甚。且臣少仕伪朝[45]，历职郎署[46]，本图宦达[47]，不矜名节[48]。今臣亡国贱俘[49]，至微至陋，过蒙拔擢，宠命优渥[50]，岂敢盘桓[51]，有所希冀[52]？但以刘日薄西山[53]，气息奄奄[54]，人命危浅[55]，朝不虑夕[56]。臣无祖母，无以至今日；祖母无臣，无以终余年。母孙二人，更相为命[57]，是以区区不能废远[58]。

臣密今年四十有四，祖母刘今年九十有六，是臣尽节于陛下之日长[59]，报养刘之日短也。乌鸟私情[60]，愿乞终养。臣之辛苦，非独蜀之人士及二州牧伯所见明知[61]，皇天后土[62]，实所共鉴。愿陛下矜愍愚诚[63]，听臣微志[64]，庶刘侥幸，保卒余年。臣生当陨首，死当结草[65]。臣不胜犬马怖惧之情[66]，谨拜表以闻[67]。

［注释］

1. 险衅：亦作“险叠”，命运坎坷，累遭艰险。

2. 闵凶：忧患凶丧之事。

3. 生孩六月：生下来六个月刚懂得笑的时候。孩，婴儿笑，同“咳”，《说文》：“咳，笑也。”

4. 见背：委婉语，谓父母或长辈去世。背，违背，指代遗弃人。

5. 行年：经历的年岁，指当时年龄。

6. 夺母志：强行改变母亲守节之志，即让母亲改嫁他人。古代妇人丧夫，要信守名分，保持节操，终身不再另嫁。

7. 愍：通“悯”，怜悯。孤弱：谓年幼而丧失父母。

8. 躬亲：亲自，亲身从事。语出《诗经·小雅·节南山》：“弗躬弗亲，庶民弗信。”

9. 不行：不能行走。

10. 零丁孤苦：形容孤单困苦，无依无靠。零丁，孤独无依的样子。

11. 鲜：少，此指没有。

12. 门衰祚薄：门庭衰微，福祚浅薄。祚，福，福运。

13. 儿息：子嗣。息，子。

14. 期功：古代丧服的名称。古代以亲戚亲属关系决定服丧的不同。期，服丧一年。功，按关系亲疏分大功和小功，大功服丧九月，小功服丧五月。此处用以指五服之内的宗亲。

15. 应门：照应门户。指守候和应接叩门的人。五尺之僮：指尚未成年的儿童。古尺短，故称。

16. 茕茕：孤单的样子。孑立：独立无依，孤立。

17. 形影相吊：形容孤单无依。

18. 夙：平素。婴：缠绕。

19. 蓐：陈草复生，引申为草垫子。

20. 汤药：用水煎服的中药。

21. 废离：停止和离开。

22. 逮：及，至。圣朝：封建时代尊称本朝。

23. 清化：清明的教化，喻指国家政治清明。

24. 前太守臣逵：前任太守逵。“逵”与下文的“荣”皆为人名，两人皆为郡太守。太守为一郡最高的行政长官。察：与下文的“举”指察举制，为选拔官吏的制度，由官吏荐举，经过考核，任以官职。孝：指孝悌者；廉：清廉之士。分别为统治阶级选拔人才的科目，始于汉代，在东汉尤为求仕者必由之途，后往往合为一科。亦指被推选的士人。

25. 秀才：汉时开始与孝廉并为举士的科名，东汉时避光武帝刘秀讳改称“茂才”。

26. 郎中：官名。掌管门户、车骑等事，内充侍卫，外从作战。晋武帝置尚书诸曹郎中，郎中为尚书曹司之长。

27. 寻：不久，接着，随即。国恩：指封建时代王朝或君主所赐予的恩惠。

28. 除：任命，授职。洗（xiǎn）马：官名。本作“先马”。为东宫官属，职如谒者，太子出则为前导。

29. 猥：副词，犹辱、承，谦词。

30. 东宫：太子所居之宫，亦指太子。

31. 陨首：犹言肝脑涂地。上报：下对上的回报。

32. 切峻：急切而严厉。

33. 逋慢：怠慢。

34. 郡县：原是古代的行政单位，即郡和县的并称，这里指郡县的长官。

35. 上道：出发上路，启程。

36. 州司：犹州官。

37. 星火：流星一瞬即逝的光，比喻迫切、紧急。

38. 奔驰：指飞速前往。

39. 笃：甚；达到高度。常形容病势沉重。

40. 告诉：向长官申诉。

41. 狼狈：喻艰难窘迫。

42. 伏：敬词。古时臣对君奏言多用之。

43. 故老：故吏旧臣。

44. 矜育：矜怜养育。

45. 伪朝：僭伪、非正统的王朝，这里是指蜀汉政权。李密暗含效忠之意，表明只有晋朝才算正统，蜀汉只算非正统的王朝。

46. 郎署：宿卫侍从官的公署。

47. 宦达：仕途通达。

48. 矜：自夸。李密担心晋武帝怀疑自己拒不出仕是考虑名节问题。

49. 俘：降臣对自己的谦称。李密因曾任蜀汉官职，蜀汉被晋所灭，故李密自称亡国降臣。

50. 优渥：优厚，指待遇好。

51. 盘桓：徘徊，逗留。

52. 希冀：希图。李密自陈自己拒不出仕，除了尽孝并没有其他的想法。

53. 薄：逼近。太阳快要落山。比喻事物接近衰亡或人到老年，接近死亡。

54. 奄奄：气息微弱。

55. 危浅：垂危。

56. 朝不虑夕：谓早晨不能预为晚上打算，形容形势危急或境况窘迫。

57. 更相为命：轮流替换着维持彼此的生命，即相依为命之意。

58. 区区：真挚的情意，此指孝顺祖母的私衷。

59. 尽节：尽心竭力，保全节操。多指赴义捐生。

60. 乌鸟私情：乌鸦反哺，因以喻孝亲之人。比喻孝道。

61. 二州：指益州和梁州。晋武帝时，将李密故乡分为益州和梁州。牧伯：称州郡长官。

62. 皇天：对天及天神的尊称。后土：对大地及地神的尊称。

63. 矜愍：同矜悯，哀怜，怜悯。

64. 微志：微小的志愿。亦用作谦词。

65. 结草：据《左传·宣公十五年》记载，春秋时晋国大夫魏武子有个宠妾。他刚生病时告诉儿子魏颗，等他死了便把爱妾嫁给别人，病重时却嘱咐魏颗要让这个女子给自己殉葬。魏颗选择听从父亲清醒时的吩咐，将这个女子嫁给了他人。后来，魏颗在与秦军打战时，得到这个女子父亲的魂灵相助，用草绳绊倒敌军首领，以回报魏颗恩情。后便以“结草”为受厚恩而虽死犹报之典。

66. 犬马：旧时臣子对君上的自卑之称。怖惧：恐惧，惶恐。

67. 拜表：上奏章。

［分析］

“读《陈情表》不哭者不孝”，这篇文章的感人之处在哪里？

触龙说赵太后

《战国策》

简介 《战国策》是一部国别体史学著作，记载了西周、东周及秦、齐、楚、赵、魏、韩、燕、宋、卫、中山各国之事，记事年代起于战国初年，止于秦灭六国，约有240年的历史。全书主要记述了战国时期游说之士的政治主张和言行策略，语言生动，大量运用寓言、譬喻，富于文采，具有非常鲜明的艺术特色。

赵太后新用事[1]，秦急攻之。赵氏求救于齐。齐曰：“必以长安君为质[2]，兵乃出。”太后不肯，大臣强谏。太后明谓左右：“有复言令长安君为质者，老妇必唾其面[3]！”

左师触龙愿见太后[4]。太后盛气而揖之[5]。入而徐趋，至而自谢曰[6]：“老臣病足，曾不能疾走[7]，不得见久矣。窃自恕[8]，恐太后玉体之有所郄也[9]，故愿望见太后。”太后曰：“老妇恃辇而行[10]。”曰：“日食饮得无衰乎？”曰：“恃鬻耳[11]。”曰：“老臣今者殊不欲食，乃自强步，日三四里，少益耆食，和于身也。”太后曰：“老妇不能。”太后之色少解。

左师公曰：“老臣贱息舒祺[12]，最少，不肖；而臣衰，窃爱怜之，愿令得补黑衣之数[13]，以卫王宫，没死以闻[14]！”太后曰：“敬诺。年几何矣？”对曰：“十五岁矣。虽少，愿及未填沟壑而托之[15]。”太后曰：“丈夫亦爱怜其少子乎？”对曰：“甚于妇人。”太后笑曰：“妇人异甚！”对曰：“老臣窃以为媪之爱燕后贤于长安君[16]。”曰：“君过矣，不若长安君之甚！”左师公曰：“父母之爱子，则为之计深远。媪之送燕后也，持其踵为之泣[17]，念悲其远也，亦哀之矣。已行，非弗思也，祭祀必祝之，祝曰：‘必勿使反[18]！’岂非计久长，有子孙相继为王也哉？”太后曰：“然”。左师公曰：“今三世以前[19]，至于赵之为赵，赵王之子孙侯者，其继有在者乎[20]？”曰：“无有。”曰：“微独赵，诸侯有在者乎[21]？”曰：“老妇不闻也。”“此其近者祸及身，远者及其子孙。岂人主之子孙则必不善哉？位尊而无功，奉厚而无劳，而挟重器多也[22]。今媪尊长安君之位，而封之以膏腴之地，多予之重器，而不及今令有功于国；一旦山陵崩[23]，长安君何以自托于赵？老臣以媪为长安君计短也，故以为其爱不若燕后。”太后曰：“诺，恣君之所使之[24]。”于是为长安君约车百乘质于齐，齐兵乃出。

子义闻之[25]，曰：“人主之子也，骨肉之亲也，犹不能恃无功之尊，无劳之奉，以守金玉之重也，而况人臣乎？”

[注释]

1. 赵太后：赵惠文王妻赵威后，孝成王的母亲。用事：执政。惠文王死，成王继位，年少，由威后执政。

2. 长安君：惠文王少子，封于长安（赵国地名）。质：抵押。

3. 左右：指赵太后身边的近臣。唾：吐唾沫。

4. 左师：官名。触龙：赵国大夫。

5. 揖：应作“胥”，同“须”，等待。

6. 徐趋：缓慢地小步走。趋，小步急行。古人见尊长时，小步急行以表示尊敬。触龙脚有毛病，同时也是为了缓和气氛，所以缓慢地趋走。谢：谢罪，道歉。

7. 曾：竟然。

8. 窃自恕：私自宽恕自己。

9. 郄：疲劳。

10. 辇：古代一种由人推拉的车。

11. 鬻：同“粥”。

12. 贱息：谦称自己的儿子。息，子。

13. 黑衣：戎服，王宫卫士所穿。此处代指卫士。

14. 没死：冒着死罪。闻：使……听闻。此句意谓冒犯死罪而请求。

15. 填沟壑：指死而不得掩埋。这是谦称自己的死。

16. 媪：老妇的通称。燕后：太后女，嫁于燕国。贤于：胜过。

17. 持其踵为之泣：持足而泣，表示不忍离别。踵，脚后跟。

18. 必勿使反：一定不要让她被送回来。古代诸侯女出嫁后，只有被废弃或亡国时，才能回国。反，同“返”。

19. 三世以前：指赵肃侯时。三世，三代，指武灵王、惠文王和孝成王三代。

20. 赵之为赵：指赵烈侯时由晋大夫变为诸侯，正式建立赵国。继：指继承人。

21. “微独赵”二句：意谓不独赵国是这样，别的诸侯国的子孙也没有相继为侯的。微，非，不。

22. 重器：指诸侯所特有的贵重物品，如钟鼎等。

23. 山陵崩：婉言威后死亡。

24. 恣：听任。

25. 义：赵国的贤士。

［分析］

列举文中触龙说服赵后的技巧有哪些。

郑伯克段于鄢

《左传》

简介 《左传》相传是春秋末年鲁国的左丘明为《春秋》做的注解，与《公羊传》《谷梁传》合称“春秋三传”。其语言简洁而准确，生动而富于表现力，注意细致描摹，长于运用比喻，达到了很高的艺术成就。

《郑伯克段于鄢》是《左传》中的名篇。它并不平铺直叙地记述事件的发展过程，而是紧紧抓住相关人物性格的发展逻辑及其言行展开记述。同时，它不着一褒字，也不着一贬字，而褒贬自在其中。例如郑庄公的阴险狡诈、姜氏的偏心溺爱、共叔段的贪得无厌，作者都并非直接告诉读者，而是通过他们各自的言行惟妙惟肖地表现出来。

初，郑武公娶于申[1]，曰武姜[2]，生庄公及共叔段[3]。庄公寤生[4]，惊姜氏，故名曰“寤生”，遂恶之。爱共叔段，欲立之。亟请于武公[5]，公弗许。及庄公即位，为之请制[6]。公曰：“制，岩邑也[7]。虢叔死焉[8]，他邑唯命[9]。”请京[10]，使居之，谓之京城大叔[11]。

祭仲曰[12]：“都城过百雉[13]，国之害也。先王之制，大都不过参国之一，中五之一，小九之一[14]。今京不度[15]，非制也。君将不堪。”公曰：“姜氏欲之，焉辟害[16]？”对曰：“姜氏何厌之有[17]！不如早为之所[18]，无使滋蔓[19]。蔓难图也。蔓草犹不可除，况君之宠弟乎？”公曰：“多行不义必自毙。子姑待之。”

既而大叔命西鄙、北鄙贰于己[20]。公子吕曰[21]：“国不堪贰，君将若之何？欲与大叔，臣请事之；若弗与，则请除之。无生民心[22]。”公曰：“无庸[23]，将自及[24]。”

大叔又收贰以为己邑，至于廪延[25]。子封曰：“可矣，厚将得众[26]。”公曰：“不义不暱，厚将崩[27]。”

大叔完聚[28]，缮甲兵[29]，具卒乘[30]，将袭郑。夫人将启之[31]。公闻其期，曰：“可矣！”命子封帅车二百乘以伐京。京叛大叔段。段入于鄢。公伐诸鄢。五月辛丑[32]，大叔出奔共。

书曰[33]：“郑伯克段于鄢。”段不弟，故不言弟[34]；如二君[35]，故曰克；称郑伯[36]，讥失教也；谓之郑志[37]，不言出奔，难之也[38]。

遂置姜氏于城颍[39]，而誓之曰：“不及黄泉，无相见也。”——既而悔之。颍考叔为颍谷封人[40]，闻之，有献于公。公赐之食。食舍肉。公问之。对曰：“小人有母，皆尝小人之食矣，未尝君之羹，请以遗之[41]。”公曰：“尔有母遗，繄我独无！”颍考叔曰：“敢问何谓也？”公语之故，且告之悔。对曰：“君何患焉？若阙地及泉[42]，隧而相见[43]，其谁曰不然？”公从之。公入而赋[44]：“大隧之中，其乐也融融[45]！”姜出而赋：“大隧之外，其乐也泄泄[46]！”遂为母子如初。

君子曰[47]：颍考叔，纯孝也[48]。爱其母，施及庄公[49]。《诗》曰："孝子不匮，永锡尔类[50]。"其是之谓乎？

[注释]

1. 郑：国名。郑武公名掘突，公元前770年至前744年在位。申：国名，姜姓，在今河南省南阳市北。

2. 武：指丈夫为武公；姜：指母家之姓。

3. 共叔段：段后来奔逃到共邑（在今河南省辉县），故称"共叔"。

4. 寤生：逆生，难产。

5. 亟：屡次，多次。

6. 制：地名。一名虎牢，又名成皋，原为东虢的属地，在今河南省荥阳市汜水镇西。

7. 岩邑：险要的城邑。

8. 虢叔：东虢国的国君，后为郑武公所灭。

9. 他邑唯命：别的邑可以唯命是听。

10. 京：地名，在今河南省荥阳市东南。

11. 大：同"太"。太叔是尊称。

12. 祭仲：人名，郑国大夫，字足。

13. 都城：诸侯所属都邑之城。雉：古代度量名称，古城长三丈，高一丈为一雉。

14. "大都"三句：古时制度，城邑的大小，大城不能超过国都的三分之一，中城不能超过五分之一，小城不能超过九分之一。国，指国都。都，泛指一般城邑。

15. 不度：不合法度。

16. 辟：同"避"。

17. 厌：满足。

18. 早为之所：意谓早点给他安排个适当的地方。所，处所。

19. 滋蔓：滋长蔓延。

20. 鄙：边邑。贰于己：一方面属庄公，一方面属自己。贰，两属。

21. 公子吕：郑国大夫，字子封。

22. 无生民心：不要使民生贰心。

23. 无庸：不用。庸，同"用"。

24. 将自及：将要自己遭到灾祸。及，到。

25. 廪延：郑国邑名，在今河南省延津县北。

26. 厚：此处指扩大土地。得众：得民。

27. "不义不昵"二句：对君不义，对兄长不亲，即使土地广大，也将崩溃。昵，亲。

28. 完聚：修治城郭，集结兵力。

29. 缮：修整。甲兵：盔甲和兵器。

30. 具：备。卒乘：兵卒和战车。

31. 夫人将启之：指武公夫人将作内应。启，开（门）。

32. 辛丑：古以天干、地支纪日。五月辛丑为鲁隐公元年（前722年）五月二十三日。

33. 书：指《春秋》经文的记述。以下几句是解释《春秋》的话。

34. 不弟：不像个弟弟。不言弟：不称作“弟段”。意思是说，按《春秋》的惯例，段本应该称弟，不称弟是寓含贬意。

35. 如二君：像是两位国君。

36. 称郑伯：按例应称“郑人”，称“郑伯”有讽刺意味。

37. 郑志：郑伯的意图。意谓郑庄公也有杀害弟弟的意图。

38. 难之：责难郑庄公逼走共叔段。难，责难。

39. 置：放逐。城颍：即临颍，故城在今河南省临颍县西北。

40. 颍考叔：郑国人。颍谷：在今河南省登封市西南。封人：掌管疆界的官。

41. 遗：赠送。

42. 阙：同“掘”。

43. 隧：动词，挖成隧道。

44. 赋：动词，指赋诗。

45. 融融：快乐的样子。

46. 泄泄：舒畅、快乐的样子。

47. 君子：作者的假托，《左传》中作者常用这种方式发表评论。

48. 纯：纯正、纯厚。

49. 施：推广，延。

50. “孝子”二句：出自《诗经·大雅·既醉》。意思是说，孝子的孝道没有亏缺，上天长久地赐予你同类的人。匮，亏缺。锡，同“赐”。类，指同类的人。

[分析]

郑伯和颍考叔分别是两种什么性格的人？请说出理由。

谏逐客书

李　斯

作者简介　李斯（约公元前284年—公元前208年），姓李，名斯，字通古。秦代著名的政治家、文学家和书法家。早年为郡小吏，后从荀子学帝王之术。入秦后得秦王重用，被任为丞相。

李斯的代表作《谏逐客书》思路清晰，逻辑严密，论理透彻，更可贵之处在于，选材和语言的运用都非常讲求章法，运用了比喻、对比、排比、反问等多种修辞手法，使得文章有如长江大河，一泻千里，有着不容置辩的说服力，无怪乎后人称赞“秦之本文，李斯一人而已”。

公元前237年，吕不韦曾大批招募六国儒生入秦，图谋复辟，因此秦王嬴政下了逐客令，一些代表旧贵族复辟势力的宗室大臣妄图乘机赶走全部外来的法家人物。李斯因而写了《谏逐客书》，指出对“客”应作分析，不能采取“非秦者去，为客者逐”的政策，一概排斥。他用商鞅、范雎等外来法家人物对秦国做出巨大贡献的历史事实，说明“客”对于秦代的贡献，阐明了在用人问题上只有“问可否”“论曲直”，实行“地无四方，民无异国”“王者不却众庶”的原则，才能完成“跨海内、制诸侯”，统一天下的大业。秦王采纳了李斯的正确意见，撤销了逐客令，挫败了旧贵族复辟势力的阴谋。

臣闻吏议逐客，窃以为过矣[1]。昔穆公求士[2]，西取由余于戎[3]，东得百里奚于宛[4]，迎蹇叔于宋[5]，求丕豹、公孙支于晋[6]。此五人者，不产于秦，而穆公用之，并国二十[7]，遂霸西戎。孝公用商鞅之法[8]，移风易俗，民以殷盛，国以富强，百姓乐用，诸侯亲服，获楚、魏之师[9]，举地千里，至今治强。惠王用张仪之计[10]，拔三川之地，西并巴、蜀[11]，北收上郡[12]，南取汉中，包九夷，制鄢、郢[13]，东据成皋之险[14]，割膏腴之壤，遂散六国之从，使之西面事秦，功施到今。昭王得范雎[15]，废穰侯，逐华阳[16]，强公室，杜私门，蚕食诸侯，使秦成帝业。此四君者，皆以客之功。由此观之，客何负于秦哉！向使四君却客而不内[17]，疏士而不用，是使国无富利之实，而秦无强大之名也。

今陛下致昆山之玉，有随、和之宝，垂明月之珠[18]，服太阿之剑，乘纤离之马，建翠凤之旗，树灵鼍之鼓[19]。此数宝者，秦不生一焉，而陛下说之[20]，何也？必秦国之所生然后可，则是夜光之璧不饰朝廷，犀象之器不为玩好，郑、卫之女不充后宫，而骏马駃騠不实外厩[21]，江南金锡不为用，西蜀丹青不为采。所以饰后宫、充下陈[22]、娱心意、说耳目者，必出于秦然后可，则是宛珠之簪、傅玑之珥、阿缟之衣、锦绣之饰不进于前[23]，而随俗雅化[24]、佳冶窈窕赵女不立于侧也。夫击瓮叩缶、弹筝搏髀而歌呼呜呜快耳目者[25]，真秦之声也。郑、卫、桑间，韶、虞、武、象者[26]，异国之乐也。今弃击瓮叩缶而就郑、卫，退弹筝而取韶、虞，若是者何也？快意当前，适观而已矣。今取人则不然。不问可否，不论曲直，非秦者去，为客者逐。然则是所重者在乎色乐珠玉，而所轻者在乎人民也。此非所以跨海内制诸侯之术也。

臣闻地广者粟多，国大者人众，兵强则士勇。是以太山不让土壤，故能成其大；河海不择细流，故能就其深；王者不却众庶，故能明其德。是以地无四方，民无异国，四时充美，鬼神降福，此五帝三王之所以无敌也[27]。今乃弃黔首以资敌国，却宾客以业诸侯，使天下之士，退而不敢西向，裹足不入秦，此所谓藉寇兵而赍盗粮者也[28]。夫物不产于秦，可宝者多；士不产于秦，而愿忠者众。今逐客以资敌国，损民以益仇，内自虚而外树怨于诸侯，求国无危，不可得也。

［注释］

1. 吏：官吏。客：外来人士，这里指从别的诸侯国来到秦国的人士。窃：私下，表示自谦的意思。过：错。

2. 穆公：春秋时秦君，姓嬴，名任好，都雍（今陕西凤翔县），在位三十九年。士：有才能的人。

3. 由余：春秋时晋人，入戎，奉戎王命出使秦国，为秦穆公所用。献策攻戎，开境千里，使穆公称霸。

4. 百里奚：春秋时楚人，字井伯，为虞大夫。虞亡，走宛，为楚人所执。秦穆公闻其名，以五张公羊皮赎回他，用为相。

5. 蹇叔：春秋时人，居宋，穆公迎为大夫。穆公出兵袭郑，蹇叔谏阻，不听。秦军在殽地为晋军击败。

6. 丕豹：春秋时晋人，父丕郑为晋惠公所杀，因奔秦，穆公用为大夫。公孙支：秦人，游晋，后归秦，穆公用为大夫。荐孟明于穆公，为人所称。

7. 并国二十：指用由余而攻占的西戎二十部落。

8. 孝公：战国时秦君，名渠梁。在位二十四年。商鞅：即公孙鞅，战国时卫人，仕魏为中庶子。入秦，为左庶长。定变法令，废井田，开阡陌，倡农战，使国富兵强。封于商，称商君。孝公死，为惠王所杀。

9. 获楚、魏之师：商鞅率兵攻魏，虏公子卬，大破魏军。魏献河西地于秦。商鞅获楚师事不详。

10. 惠王：秦孝公子，名驷。用张仪为相，使司马错灭蜀，又夺取楚汉中地六百里，始称王，在位二十七年。张仪：战国时魏人，与苏秦同师鬼谷子，同为纵横家。苏秦主合纵，合六国拒秦。张仪相秦惠王，主连横，散六国合纵，使六国西向事秦。

11. 拔三川之地，西并巴、蜀：张仪与司马错争论，张仪主张取三川，司马错主张取蜀，惠王用司马错取蜀。当时张仪为相，故归功张仪。惠王死，武王立。命甘茂取宜阳，通三川，也归功张仪。三川，东周以伊水、洛水、黄河为三川。巴、蜀，古国名，在今四川省。

12. 北收上郡：惠王十年，魏献上郡（今陕西省北部）十五县。

13. 南取汉中：惠王十三年，攻楚汉中，取地六百里。汉中，今陕西南部。九夷：楚地的各种夷族。鄢、郢：在今湖北宜城市。

14. 成皋：在今河南汜水县。

15. 昭王：战国秦武王弟，名稷。并西周，用范雎为相。范雎：魏人，得秦昭王信任，任为秦相。

16. 穰侯：魏冉，秦昭王母宣太后的异父同母弟。昭王即位，年少，宣太后用冉执政，封为穰侯。华阳：芈戎，宣太后弟，封华阳君。

17. 内：同“纳”。

18. 昆山：即昆冈，出宝玉，在于阗（今属新疆）。随、和之宝：相传春秋时随侯救了受伤的大蛇，后蛇于江中衔大珠以报，称随珠。春秋时楚人卞和得璞，剖璞得宝玉，琢为璧，称和氏璧。明月之珠：即夜光珠。

19. 太阿：春秋时楚王命欧冶子、干将铸龙渊、太阿、工布三把宝剑。纤离：良马名。翠凤：用翡翠羽毛做成凤形装饰的旗子。灵鼍（tuó）之鼓：用扬子鳄皮制成的鼓。

20. 说：同“悦”。

21. 駃騠（juétí）：北狄良马。

22. 下陈：犹后列。

23. 宛珠之簪：用宛（今河南南阳市）地的珠来装饰的簪。簪，定发髻的长针。傅玑之珥：装有玑的耳饰。玑，不圆的珠。阿缟：东阿（在今山东）出产的丝织品。

24. 随俗雅化：随着世俗使俗变为雅。

25. 搏髀（bì）：拍大腿以掌握歌唱的节奏。

26. 郑、卫、桑间：《礼记·乐记》：“郑卫之音，乱世之音也，比于慢矣。桑间濮上之音，亡国之音也。”桑间，卫国濮水上的地名。以上指当时民间的音乐。韶、虞、武、象：韶、虞，舜时的音乐。武、象，周武王时的音乐。以上指当时的雅乐。

27. 五帝：《史记·五帝本纪》以黄帝、颛顼、帝喾、尧、舜为五帝。三王：指夏禹、商汤、周武王。

28. 黔首：以黑巾裹头，指平民。业：立功业。赍（jī）：给。

[分析]

这篇文章的论点是什么？论据分别从哪几个角度展开？

拓展阅读

八股文范例——志士仁人

王守仁

圣人于心之有主者，而决其心德之能全焉。（破题）

夫志士仁人皆有心定主，而不惑于私者也。以是人而当死生之际，吾惟见其求无惭于

心焉耳，而于吾身何恤乎？此夫子为天下之无志而不仁者慨也。（承题）

故言此而示之，若曰：天下之事变无常，而生死之所系甚大。固有临难苟免，而求生以害仁者焉；亦有见危授命，而杀身以成仁者焉。此正是非之所由决，而恒情之所易惑者也。吾其有取于志士仁人乎！（起讲）

夫所谓志士者，以身负纲常之重，而志虑之高洁，每思有以植天下之大闲；所谓仁人者，以身会天德之全，而心体之光明，必欲有以贞天下之大节。（起二股）

是二人者，固皆事变之所不能惊，而利害之所不能夺，其死与生，有不足累者也。（过接）

是以其祸患之方殷，固有可避难而求全者矣，然临难自免则能安其身，而不能安其心，是偷生者之为，而彼有所不屑也。

变故之偶值，固有可以侥幸而图存者矣，然存非顺事则吾生以全，而吾仁以丧，是悖德者之事，而彼有所不为也。（中二股）

彼之所为者，惟以理欲无并立之机，而致命遂志，以安天下之贞者，虽至死而靡憾；心迹无两全之势，而捐躯赴难，以善天下之道者，虽灭身而无悔。（后二股）

当国家倾覆之余，则致身以驯过涉之患者，其仁也而彼即趋之而不避，甘之而不辞焉，盖苟可以存吾心之公，将效死以为之，而存亡由之不计矣。

值颠沛流离之余，则舍身以贻没宁之休者，其仁也而彼即当之而不慑，视之而如归焉，盖苟可以全吾心之仁，将委身以从之，而死生由之勿恤矣。（束二股）

是其以吾心为重，而以吾身为轻，其慷慨激烈以为成仁之计者，固志士之勇为，而亦仁人之优为也。视诸逡巡畏缩，而苟全于一时者，诚何如哉？

以存心为生，而以存身为累，其从容就义以明分义之公者，固仁人之所安，而亦志士之所决也，视诸回护隐伏，而觊觎于不死者，又何如哉？

是知观志士之所为，而天下无志者可以愧矣；观仁人之所为，而天下之不仁者可以思矣。（大结）

说明：此篇题出自《论语·卫灵公》：“子曰：志士仁人，勿求生以害仁，有杀身以成仁。”

文章“中二股”写“偷生者”之所为，指出他们遇祸患变故则“避难而求全……侥幸而图存”；“后二股”与“束二股”写志士仁人，当国家遇到“倾覆”祸患之时则“捐躯赴难”“灭身而无悔”。通过这两类人的对比，对志士仁人给予了热烈的赞扬，立意正大，文字俊伟，是一篇富有激情的佳作。

资料来源：王凯符．八股文概说．北京：中华书局，2002.

第三章　远近高低各不同——一吐为快

再会

包天笑

作者简介 包天笑（1876—1973），初名清柱，又名公毅，字朗孙，笔名天笑等。著名报人，小说家。抗战胜利后定居香港。发表《且楼随笔》《钏影楼回忆录》等。1973年在香港逝世。一生著译很多，有100多种，著有《上海春秋》《海上蜃楼》《包天笑小说集》等，译有《空谷兰》《馨儿就学记》等。

近来新思想家有许多人研究婚姻问题，因为感受那不自由的结婚，痛苦实在受得太深了。然而第一步主张自由结婚的，第二步就主张自由恋爱，这是什么缘故呢？据我浅近的理想，却也有几个理由：第一，从前的专制婚姻已经抨击得不遗余力，一般新青年，哪一个不主张自由结婚的？然而这个婚约能否坚牢勿渝，就大大的一个怀疑，因此容易自由结婚的，也容易自由离婚。第二，社会的革新，不能但拘于局部，仅仅婚姻改良，而一切环境还仍其旧。外界之诱惑，天天耳濡目染在那青年男女之前，就可使他们的情志动摇。第三，“婚姻的基础建立在恋爱之上”，这句话我是很尊重、很服从旧，可是恋爱往往是暂时的，是变迁的，足使这婚姻的基础也摇摇不定。

在欧美各国，还仗着几根法律的木头，把它勉强撑住，暂不倒坍。若在中国，旧木头已经腐蚀不堪一用，而新木头又细弱不能支持，这正在岌岌可危的当儿了。至于两性恋爱问题，固然是人类生命之源，但是所以要扫除种种不自由、不平等的障碍，原是为免除痛苦起见。可是两性恋爱中，往往一性已经中变，一性尚复缠绵，这岂不是也算精神上最剧烈的苦痛吗？放眼一望，男女友朋之间，如此情形，指不胜屈，我今且表吾一位朋友。此人姓金号绍云。乃是浙江嘉兴人。世代书香，只生得他和他兄弟两个。在十四五岁时，毕业于中学，便升入高等师范肄业。为人勤恳诚实，大家说是有望的青年。到了二十岁的左右，他父母渐渐要了却他生平之愿，注意于儿女辈的婚嫁问题了。有一天晚上，他母亲就和他说道：“绍儿，从前雇用在吾家的老张妈来信里和你说亲，说的是瞿家第三位姑娘。我想吾们家里人也不多，你也是这个年纪了，瞿家也是我们家的老亲，大家知道底细的。据老张妈说，这位三姑娘真个是人材出众，姊妹三人中，算她年纪最轻，品貌最好，从前也在女子高等小学中念过两年书。因为她老子不愿意她在新法学堂中读书，已经出来了。既然那老张妈来说，我们也何妨谈谈。”金绍云道：“孩儿不久学校中就毕业了，毕业以后我想到上海谋个事儿，订婚一事，好在孩儿年纪还不大，我想缓两三年再说。第一，先要有赡养家室的能力；第二，拟先积蓄些余资，为结婚时的费用，也不能专倚靠你们两位老人家的。”他母亲点头道：“你这话也说得不差，不过姻缘错过也可惜。做媒人的，虽然说得天花乱坠，但是我们也不妨察访察访，这瞿家的三姑娘要是果然的好，我们不妨先订下婚来，便是你到上海去谋事，耽搁一两年，再回来结婚也没有什么讲不去的。这婚姻是终身大事，你老子也说须得儿女自己的同意，现在大家都讲新法的了，所以我想趁你在家，还没有出门的时候，大家不妨见见面。好在我们本是老亲，又何妨亲上加亲呢。”金绍云拗不过他母亲的意思，只得答应了。

有一天，由老张妈约在那里游玩的地方，老太太自去相亲。见了瞿家这位三姑娘，十分满意，回来向他儿子说了。说：“我已托老张妈，把她家三姑娘的照片借来一看，保管你见了也能称意。”绍云见母亲如此一团高兴，未便固执还违拗，而且自己本来也没有意中人，瞿家姑娘果然是好，先订了婚，言明一二年后再行结婚，也未尝不可。隔不了几天，老张妈果然把瞿家姑娘的照片取来了，而且另外还有那姑娘平日所练写的字，和在学堂里的考卷。金绍云先看了那照片，是个女学生装束，果然觉得秀美出众。又瞧瞧她的国文考卷，也觉得平正无疵；所写的字，也姿态秀逸，心中早已默许的了。所踌躇的，还不知道她的性情如何。依金绍云的意见，现在男女平等，女子的学问须得和男子走平行线，从前所谓“贤母良妻”的教育，他是绝对不赞成的。所以，姑娘家出了学校，他说“何妨再进学校念几年书，究竟也多长进些学问呢”。把这个话儿传达到瞿家，瞿姑娘倒也没有什么愿意不愿意，倒是瞿老太爷说：“这里也没有什么好的女学堂，横竖姑爷要到上海去，将来还是到上海去念书罢，那边的女学堂也完备些。”婚事既定，金绍云学校也毕业了，便往上海谋事，居然就谋到一个某书局编辑之职，薪水虽不多，倒是个清高职位。

有一天，接到家中的信，说是瞿老太爷多病，意在把女儿早日出阁，托媒人来探意我们两老之意，也望你早日成婚，以了一桩心事。这时金绍云到了上海，不免结交了几个新青年，又入了上海的青年会，常常见友朋之中，有了夫人的，都是伉俪情深。这许多新式的夫人，又都是落落大方，从无一点子羞涩遮掩、小家子气。有时夕阳西下，在那水边林畔，携手同行，自有一种欢愉之象；有时华筵方张，有携了夫人同来的，珠香玉笑，满座生春。金绍云处了这种境界，不免生艳羡之意，所谓“人非草木，孰能无情”。因想我若结了婚，携了夫人同来，人家看见了，岂不也是一对佳偶吗？恰巧此刻接着一封家信，有劝他早日完婚之意，他不免怦然心动，便写回信说：“谨遵父母之命，请即择日通知瞿家，儿即告假归里，完姻后再行赴沪。”随后家中便择定吉日，金绍云到了婚期前一个星期，便也告假回家。

新婚宴尔，自然得意非常，可算得是个美满姻缘。光阴一瞥，已将满月。他新夫人要随他同往上海，绍云本也有这个意思，只是对于两老之前，觉得难于启齿。幸亏两老早已窥知他们之意，便对绍云说：“你把媳妇带到上海去便是，免得心有挂念。可是上海是个奢华地方，你们要格外的俭朴。或者一年回到家乡几次，高兴的时候我们也到上海来看看你们，现在尽管去就是了。”他们新夫妇自然舍不得离开，听得此话十分满意。满月以后，拜别父母、翁姑，便到上海来了。先几天，便写信托上海的至好租了一幢房子，却在海宁路相近。金绍云依然日间到书局里的编辑所，晚间回家陪伴他的娇妻。闺房之乐，更有甚于画眉，自然不必说了。过了两三月，金绍云便要实行他的女子须求高深学问主义，劝他夫人入文学校读书。夫人觉得晚间有丈夫归家做伴，还不寂寞，只是日间无聊已极。初到上海，也没有什么女伴，进一个学堂念念书，也可解除厌烦，当时两人同意。恰巧在暑假之后，金绍云便说：“有个维新女学校，里面当教师的两位先生，我有些认得。”大概上海的女学校里，重要科目还是由男教师教授。况且现在世界进化，新潮澎涨，教育界也日新月异，岂能规规予墨守旧教育。这个维新女学校，很有许多人，传播新思想，研究新文化。她们女学生所欢迎的，就是学校中功课全用白话教授，深入浅出，并没有什么难深的文法。课堂中，她们先生也常常把课余涉猎所得的最新学理——似那社会主义啊、劳工政策啊、婚姻制度啊、恋爱问题啊，输入女学生们的头脑之中。说也奇怪，这些新思想一进了青年男女的脑门，便似名将占领了胜地，立时盘踞起来，深沟高垒，再也不肯出去。所有从前的旧思想、旧道德，只好弃甲曳兵而走。那金绍云的夫人把日间亲聆于各教师的，回家的时候和绍云时相讨论。绍云本来也是头脑很新的，却觉得他夫人的讲座更新于他；而他夫人辩才无碍，有时绍云还说不过她。也有时因为爱情的关系，口头上明让她三分，恐怕因为无谓的争辩，反伤了感情。但是他夫人倒得意起来，常常讥诮他，说你们男子家的识见，怎么反在女子之下？可见自古至今，守着男尊女卑的陋习，女子不求学问，都被你们男子把持一切，现在可不能再让你们这样猖獗了。但是这个时候，金绍云的夫人，就像某新文化学者所说的，他夫人身中，已有金绍云的成分在里头了。在怀孕期内，绍云也劝她且暂休息，不必再到学校。知道他夫人爱读新文化的书籍，凡有新出版的，都带回去供她的研究。至于家庭之间，米盐琐屑，他夫人本来是不问的，一切都由绍云照管。自入学校以来，却多了一班女同学，不是你到我家来，就是我到你家去，她虽不到学堂，那同学辈是常相来往的。可是女人家，因比较而思竞争，况且上海是个什么地方？浮华相尚，风气使然。他夫人住在上海渐渐的日子多了，不免服饰之间，日事奢华。可是金绍云在书局里当编辑，薪水所得几何，怎能供他夫人的殊求？闺房之内，因此啧有烦语。及至临盆之际，呱呱坠地，倒是一个宁馨儿。绍云自然喜之不胜，但他夫人却不过尔尔。她说天道不公，为甚女人却有这生产的事，无端的受这个痛苦，岂非天之优于男而薄于女吗？最好妇女免去生产一事，要省吃多少苦痛，少受多少牵累。因此她孩子生了下来，就不大喜欢。她雇了一个乳母来，把孩子全权奉托，自己连问也不一问。倒是绍云对于那小儿，问暖嘘寒，时常当心，没事的时候，还逗着他顽笑。他夫人满月以后，虽不就进学堂，却依旧在外交际。每逢开什么会，凡事招待女宾的，她逢场必到，因此在家的时光渐少，出外的时候渐多。绍云起初因为中国女子太闭塞，故意要他夫人在交际场中周旋，以后也觉得她镇日在外不成事体，但是起初还是因爱她之故，不忍说她；后来竟是因怕她之故，不敢说她。偶然稍为劝她一句两句，他夫人便反唇相稽，说上一大篇，都是不满意于金绍云的话头，不是说他能力不足，便是说他思想太旧。有一天，闺房之内，两个人斗起口来，他夫人发一个狠，把他所有的编辑稿子都丢在痰盂里，说“你这种东西，非但不能作覆瓿之用，连拭秽都用不得”，把个金绍云气得白瞪了两眼，却只是敢怒而不敢言。他夫人又说上海地方，委实没有好学堂，我觉得一个也瞧不上眼儿，求学问真也是不容易。这时候恰巧北京有个大学校招生听讲，并不分什么男女界限，一律录取。他夫人说：“我还是到北京去听讲罢，也许比上海好些。”把这意思告诉了金绍云，金绍云此刻已经积爱生畏，也不敢去阻挠她。二则想离去上海奢靡之地，到北京去求学也好，横竖她在家也并不管什么家事。只是一切旅费，倒要给她预备好了，至于每月所需，只好到京以后陆续寄去。那日夫人动身，金绍云亲送至南京，挥泪而别。那时小孩子丢在家中，金绍云以为父的资格，而尽为母的职务，自不必说。转眼秋去冬来，到了寒假的当儿。金绍云盼望他夫人回南度岁，连写了几封信去催促，她的回信却说，因为北方天气晴佳，与躯体相宜，且此间有友朋之乐，转瞬开讲，以省南北奔驰，徒耗旅费。绍云得了此信，还说他夫人很能原谅他，不然往返一次至少也要百余元咧。可是每次鱼雁往还，终是绍云去得信多，他夫人回的信少。起初去一二封信，得夫人一封回信，往后去两三封信，也不得夫人一封回信。绍云又想，大约她学校中功课忙，没有写信的时间，也不能怪她。可是金绍云也有许多朋友在北京，还有几个是认得他夫人的，常见和一个少年在中央公园散步。近来青年男女，自然比前开通得多，女界中交几个男朋友也不算怎么一件事，大家原不在意。可是后来渐引人注意的，就是每和金绍云夫人做伴游玩的，只有这位少年，从来没有别人，而且常在公园中来今雨轩见面，在人家走不到的地方并坐啜茶。好评论、管闲事的人，就窃窃私语起来。这种消息要传起来，比无线电还要快，千里之遥，捷子应响。不知怎么，这阵风渐渐吹到金绍云的耳朵。金绍云原是处处原谅他夫人，但是人家一半儿便是慰藉自己，听得一句半句实在不能慰藉自己的话，也不免有一层疑云笼罩胸中。他想此刻只有一法，催她回来。好在那时候北京正闹着罢课风潮，他便一律几封快信，催他夫人回南。

语气之间，不免略加严重。谁知得了一个大大的反击，他夫人的回信说："你不能束缚我的自由。我愿意在京就在京，不愿意在京就不在京。我虽与你有夫妇关系，却并非奴隶性质，何能呼之即来，挥之便去。"她说："夫妇的关系有精神的，有形式的，不能以形式上的束缚，受精神上的痛苦。"她说："夫妇之间，当以有无恋爱为唯一条件。我们从前的结婚，不无带着强制性质，现在大家应当觉悟了。"金绍云接着了这封信，宛如兜头一罐冷水，身体冰冷了半截。再写一封信去，说："你的意思我都明白，我决计不敢束缚你的自由。然而无论男女，做事须坦白光明，你有不满意的地方，不妨直说，甚而至于根本解决，也无不可。我一向何曾用什么强力劫制人呢？但是你必须回南一行，一切事方可解决。"这一封信去后，金绍云想，她不能不回来了，回来以后，不无转圜之余地。第一，我抚心自问，何尝有一事待亏了她？无论她现在头脑中满贮新思想，难道没有一点香火之情吗？第二，她还有个儿子在这里，即使不爱丈夫，还该恋着儿子。可知女子之心，就同矿质一般，热还似火，冷便成铁。不到几天，他夫人果然回来了，却不回家，只住在一个同学的家里。金绍云以为她总要来瞧瞧小孩子，谁知她非但不来瞧着，连问也不一问，绍云当然非常失望。这时夫妇相见之下，好似当中隔了一层厚幕，他夫人铁青了脸儿，说："我得着你的信，你说根本解决。怎样的根本解决？我特地回来请教你的。"金绍云道："这是要问你的，我是本来没有什么。你说我们从前的结婚，带着强制性质，现在应当觉悟，不知道觉悟些什么？"他夫人冷笑一声道："觉悟吗？觉悟这婚姻，在两方面的情感上不能成立。"金绍云这时已觉得两手似握着冰一般，却还镇定着，再问道："依你便怎样？"他夫人道："你还问我，你的来信上不是早预备什么根本解决的吗？据我说，世界上的事万不可有一丝虚假，有一毫勉强，可合则合，不可合则分。要是夫妇之间讲什么维持敷衍之策，这便是虚假，这便是勉强。我从前一向不知道，此刻是觉悟了。与其将来大家无好结果，不如早些各走各的路，大家也得自由些，不受这个名义上束缚。"金绍云道："好，这是你提出来的啊！不过我始终没有对不起你的地方。你说束缚，我即使能束缚你的身，也不能束缚你的心。你要离异，明日我去找律师去。"绍云谈到那里，已泪如泉涌，哽咽不能成声。他夫人却坦然说："我向不信法律，这法律都是束缚人的东西。你既然要请律师，也只得由你，到那时通知我，我当然来签字。"说着，便道"我今天还有个讨论会要开咧，明天你找定了律师再见罢"，她便扬长而去。金绍云叹了口气，明天就找定了个律师，预备离婚手续。律师问了一问，说："你们双方同意，这事一半天就成功了。我这里，一个月离婚案子至少要办几十件，像你这个案子，更为便当，不过这儿子如何处置，倒是一个问题，照外国法律，年纪过于幼年的，应归其母领去抚养，不知你对此有什么特别关系？"金绍云道："中国现在还是宗法社会，儿子当然属父，况且这孩子产生以后，他母亲向不顾问，一向由我照顾。现在就是断归她，她也未必要呢。"律师道："这就好办了。"那时金绍云便约定日期，请他夫人到律师事务所一同签字，夫人也昂然而至。双方一签字，夫妇的关系就此断绝了。却不料过了几天，这位已脱离的金绍云夫人——瞿家姑娘，翩然的光临绍云的屋子来。绍云这时又惊又疑，又喜又讶。那个乳母，还唤着奶奶，抱了小孩子出来。小孩子见了生身的母亲，却不认得，只顾向乳母怀里钻。她却笑着说："有大半年没有见，孩子却长成了。"这时金绍云心中不知道怎样的一种感触，有些儿坐不得、立不得，哭不得、笑不得。她却嫣然微笑，向绍云道："我们虽然解除了夫妇的契约，却是仍不失为知己的朋友，你若到北京来，务必顾我一谈，我还要请你吃饭咧。"绍云唯唯。她又道："我明天动身到北京了，所以特来告别你，并看看小孩子，我们再会罢。"说罢，洒然自去。

[分析]

1. 作者总结婚姻的最大问题是什么？
2. "所有从前的旧思想、旧道德"这句话中，"旧思想、旧道德"指什么？
3. 金绍云夫人为何会"变心"？她主张离婚的理由是什么？

十可惜

李廷机

作者简介 李廷机，字尔张，明晋江（今属福建）人，万历十一年（1583）进士，累官至礼部尚书、内阁大学士。性廉洁，注重教育，编注有《性理大方》及蒙学读物多种。

古人贫不能自给，有带经而锄者，有负薪拾椹而读书者。今之人饱食暖衣，自暇自逸。一可惜也。

古人不远千里，负笈从师。今人有贤父兄教之而不从，或闾里间有贤师友，不知亲近。二可惜也。

古人手自抄写，夜以继日，常苦无书。今人有现成印本，藏之万卷，堆案盈几，不知诵读。三可惜也。

古人三年诵一经，三十而五经毕，自少惟以读书为能。今当少壮，有书不读，日月逝矣。四可惜也。

古人聚萤映雪读书。今人当简编可卷舒之时，有灯火之可亲，而游谈无忌，博弈是娱。五可惜也。

人之生有不见日月者，不闻雷霆者。今后生耳聪目明，又各禀智慧之质，不知读书，则趋向之不知，礼义之不讲，殆将与聋者瞽者等。六可惜也。

人有身则有丁，有丁则有役，今后生或有贤父兄代其劳，或承阀阅之旧，无丁役之籍，而有书不读，将与间阎畎亩之人等。七可惜也。

人患无家世之承，不闻诗礼之言。故或为农圃，或为工商。今人生于儒家，少习箕裘之绪，而有书不读，从父祖之业至此而坠。八可惜也。

人患藏修无所。今有上庠，有乡校，可以从师，然巍冠博带，务悦纷华，名曰士人，其实一经不通，一辞莫措，有玷于先圣先师。九可惜也。

人有君臣父子之大伦，忠孝仁义之大节。今后生不学，习非胜是，则大伦大节，仍扫地矣。扬雄曰：“人而不学，虽无忧虑，如禽兽何？”十可惜也。

［分析］

文中有哪“十可惜”？这“十可惜”重要吗？为什么？

一只特立独行的猪

王小波

插队的时候，我喂过猪，也放过牛。假如没有人来管，这两种动物也完全知道该怎样生活。它们会自由自在地闲逛，饥则食渴则饮，春天来临时还要谈谈爱情；这样一来，它们的生活层次很低，完全乏善可陈。人来了以后，给它们的生活做出了安排：每一头牛和每一口猪的生活都有了主题。就它们中的大多数而言，这种生活主题是很悲惨的：前者的主题是干活，后者的主题是长肉。我不认为这有什么可抱怨的，因为我当时的生活也不见得丰富了多少，除了八个样板戏，也没有什么消遣。有极少数的猪和牛，它们的生活另有安排。以猪为例，种猪和母猪除了吃，还有别的事可干。就我所见，它们对这些安排也不大喜欢。种猪的任务是交配，换言之，我们的政策准许它当个花花公子。但是疲惫的种猪往往摆出一种肉猪（肉猪是阉过的）才有的正人君子架势，死活不肯跳到母猪背上去。母猪的任务是生崽儿，但有些母猪却要把猪崽儿吃掉。总的来说，人的安排使猪痛苦不堪。但它们还是接受了：猪总是猪啊。

对生活做种种设置是人特有的品性。不光是设置动物，也设置自己。我们知道，在古希腊有个斯巴达，那里的生活被设置得了无生趣，其目的就是要使男人成为亡命战士，使女人成为生育机器，前者像些斗鸡，后者像些母猪。这两类动物是很特别的，但我以为，它们肯定不喜欢自己的生活。但不喜欢又能怎么样？人也好，动物也罢，都很难改变自己的命运。

以下谈到的一只猪有些与众不同。我喂猪时，它已经有四五岁了，从名分上说，它是肉猪，但长得又黑又瘦，两眼炯炯有光。这家伙像山羊一样敏捷，一米高的猪栏一跳就过；它还能跳上猪圈的房顶，这一点又像是猫——所以它总是到处游逛，根本就不在圈里待着。所有喂过猪的知青都把它当宠儿来对待，它也是我的宠儿——因为它只对知青好，容许他们走到三米之内，要是别的人，它早就跑了。它是公的，原本该劁掉。不过你去试试看，哪怕你把劁猪刀藏在身后，它也能嗅出来，朝你瞪大眼睛，噢噢地吼起来。我总是用细米糠熬的粥喂它，等它吃够了以后，才把糠兑到野草里喂别的猪。其他猪看了嫉妒，一起嚷起来。这时候整个猪场一片鬼哭狼嚎，但我和它都不在乎。吃饱了以后，它就跳上房顶去晒太阳，或者模仿各种声音。它会学汽车响、拖拉机响，学得都很像；有时整天不见踪影，我估计它到附近的村寨里找母猪去了。我们这里也有母猪，都关在圈里，被过度的生育搞得走了形，又脏又臭，它对它们不感兴趣；村寨里的母猪好看一些。它有很多精彩的事迹，但我喂猪的时间短，知道得有限，索性就不写了。总而言之，所有喂过猪的知青都喜欢它，喜欢它特立独行的派头儿，还说它活得潇洒。但老乡们就不这么浪漫，他们说，这猪不正经。领导则痛恨它，这一点以后还要谈到。我对它则不止是喜欢——我尊敬它，常常不顾自己虚长十几岁这一现实，把它叫作“猪兄”。如前所述，这位猪兄会模仿各种声音。我想它也学过人说话，但没有学会——假如学会了，我们就可以做倾心之谈。

但这不能怪它。人和猪的音色差得太远了。

后来，猪兄学会了汽笛叫，这个本领给它招来了麻烦。我们那里有座糖厂，中午要鸣一次汽笛，让工人换班。我们队下地干活时，听见这次汽笛响就收工回来。我的猪兄每天上午十点钟总要跳到房上学汽笛，地里的人听见它叫就回来——这可比糖厂鸣笛早了一个半小时。坦白地说，这不能全怪猪兄，它毕竟不是锅炉，叫起来和汽笛还有些区别，但老乡们却硬说听不出来。领导上因此开了一个会，把它定成了破坏春耕的坏分子，要对它采取专政手段——会议的精神我已经知道了，但我不为它担忧——因为假如专政是指绳索和杀猪刀的话，那是一点门都没有的。以前的领导也不是没试过，一百人也逮不住它。狗也没用：猪兄跑起来像颗鱼雷，能把狗撞出一丈开外。谁知这回是动了真格的，指导员带了二十几个人，手拿五四式手枪；副指导员带了十几人，手持看青的火枪，分两路在猪场外的空地上兜捕它。这就使我陷入了内心的矛盾：按我和它的交情，我该舞起两把杀猪刀冲出去，和它并肩战斗。但我又觉得这样做太过惊世骇俗——它毕竟是只猪啊；还有一个理由，我不敢对抗领导，我怀疑这才是问题之所在。总之，我在一边看着。猪兄的镇定使我佩服之极：它很冷静地躲在手枪和火枪的连线之内，任凭人喊狗咬，不离那条线。这样，拿手枪的人开火就会把拿火枪的打死，反之亦然；两头同时开火，两头都会被打死。至于它，因为目标小，多半没事。就这样连兜了几个圈子，它找到了一个空子，一头撞出去了，跑得潇洒至极。以后我在甘蔗地里还见过它一次，它长出了獠牙，还认识我，但已不容我走近了。这种冷淡使我痛心，但我也赞成它对心怀叵测的人保持距离。

我已经四十岁了，除了这只猪，还没见过谁敢于如此无视对生活的设置。相反，我倒见过很多想要设置别人生活的人，还有对被设置的生活安之若素的人。因为这个缘故，我一直怀念这只特立独行的猪。

第四章　道可道——哲学

沉思录（节选）

马可·奥勒留

作者简介 马可·奥勒留（121—180），古罗马帝国“五贤王时期”的最后一位贤王。作为储君，他7岁入读罗马的萨利圣学院，17岁成为罗马的执政官，凡所修习无不精专，为同辈之首。作为帝王，他夙兴夜寐，励精图治，统治期间虽战争不断，国内自然灾害频发，国库空虚，他却战无不胜，战功赫赫，承袭先人余烈；尽力守成，防止腐化。作为哲学家，他致力于古罗马斯多葛学派哲学三大门类中的伦理学，在鞍马劳顿中写下《沉思录》，被称为“帝王哲学家”“自古以来独一无二的以一世英主而身兼苦修的哲学家”。正如梁实秋所说，“我们借此可以想见其为人，窥察其内心，从而对于为人处世律己待人之道有所领悟，这部书不能不说是人间至宝之一”。

斯多葛学派哲学信守“一个人必须按照理性和自然而生活”的准则，而阅读《沉思录》，能使人感受到奥勒留在自然（本性）、理性与实现超我之间的克己与选择。

1.1

从我的祖父维勒斯[1]那里，我学到了高尚的品德和平和的性情。

1.2

从我父亲的名声和我所能记得的他的言行中[2]，我懂得了什么是谦虚和男子气概。

1.3

从我的母亲那里，我学会了敬畏神明和慷慨仁爱，懂得了要戒除恶行，也不要起恶念；她简朴的生活方式还教会我不事奢侈。

1.4

我的曾祖父从不逼迫我去公学，而更看重家里的良师，让我逐渐懂得在求知上不能吝惜时间与金钱。

1.5

我的老师教导我，在竞技场中既不要加入蓝队也不要加入绿队，在角斗场上既不要拥护轻盾的一派也不要拥护重盾的一派；要学会吃苦耐劳、清心寡欲；凡事要亲力亲为，不要干涉他人事务；不轻信谗言。

1.6

从戴奥吉纳图斯[3]那里，我学会了不在琐事上纠缠，不听信术士巫师所说的驱鬼符之类的话；不沉迷于斗鹌鹑这类事情，为此过于兴奋；学会了倾听忠言直谏；在他的引导下，我开始亲近哲学，先是巴克切斯[4]，后来又研习了坦达西斯和马歇伊努斯；我在年轻时就开始尝试对话录，向往薄衾硬枕的生活，对与希腊哲学有关的一切都充满兴趣。

1.7

从拉斯蒂克斯[5]那里，我意识到我的性格需要改进和磨炼；我懂得了不要热衷于诡辩，不要写故作玄虚的东西，不要讲陈词滥调，不要故意显示自己是个苦修者，或者摆出一副仁慈的样子来炫耀自己；学会了不追求辞藻华丽、音韵优美，不以辞害意；避免穿着出门的袍子在屋里走来走去这类举动；学会了写信时行文朴实，就像他自己从锡纽萨给我母亲写的信一样；对于冒犯我、伤害我的人，不必耿耿于怀，若对方有意和解，就与他们冰释前嫌；从他那里，我还学会了认真阅读，不满足于表面的一知半解；不随便附和那些夸夸其谈的人；我也要感谢他从藏书中借给我埃比克太德的《对话录》，使我得以了解这位哲学家的思想。

1.8

从阿珀洛尼厄斯[6]那里，我知道了什么叫做意志自由和永不放弃；懂得了凡事除了依赖理性，别无他途；学会了即使在遭遇丧子之痛和久病折磨时镇定如常；他也为我树立了榜样，既果敢坚毅，又亲切温和；我学会了在教导别人时循循善诱；他讲授各种哲学原理时流畅自然，很有一套，但却从不以此为傲，只把这些看做是微不足道的本领；从他那里，我还学会了如何从朋友那里得到帮助又不必降低自己，丧失尊严，也不会漠然置之，视为理所应当。

1.9

从塞克斯特斯[7]那里，我体会到一种仁爱气质，他是一个以慈爱方式管理家庭的榜样；他遵循自然的生活观念，庄重而不做作，对于朋友的利益考虑得细心周到；对无知的人和不讲道理的人也能保持耐心。在与人相处方面他堪称典范，和他交往比听任何奉承都要愉快，同时他也很受那些与他交往的人敬重。他头脑明晰，总能敏锐地把握生活中的那些原则，并加以安排。他从不发怒或流露出任何过分的情绪，似乎摆脱了一切激情，对身边的人总是那么温柔宽厚；他不吝赞美别人，但从不流于夸张，他知识渊博，但从不卖弄学问。

1.10

从文法家亚历山大那里，我学会了不吹毛求疵；不去苛责那些在表达时文理不通、生造词语或发音错误的人，而是灵活地通过回答时重复正确的用法来暗示他；或者表示同意他的意见，和他一起证实该词的用法；或者和他一起讨论那件事而不是某个单独的词语，或者以别的方式巧妙地启发他学会正确的表达。

1.11

弗朗特[8]告诉我什么是暴君专制的凶残无道、喜怒无常和装腔作势；总之，那些所谓的上流人通常都不近人情。

1.12

从柏拉图派的学者亚历山大那里，我懂得了不应该，也没必要总是以“我很忙”作为托词，以忙为借口来推卸我们在社会关系中对他人的责任。

1.13

从卡图勒斯[9]那里，我懂得了不要对朋友的抱怨置若罔闻，即使他所说的毫无道理，也要安抚他，帮他恢复平日的冷静；对师长要心怀敬意，慷慨地赞美，正如多米蒂厄斯提起雅特洛多图斯时那样；对孩子要由衷地疼爱。

1.14

从我的兄长西维勒斯[10]那里，我懂得我爱亲人，爱真理，爱正义；他让我知道了特拉西亚、赫尔维蒂厄斯、加图、戴昂、布鲁特斯[11]，让我懂得了一视同仁，懂得了权利平等和言论自由是统治的根基，懂得了国家的统治乃是为了尊重国民的自由；从他那里，我还学会了始终坚定不移地尊重哲学；乐于助人，乐善好施；心存善念，信赖朋友；对于那些他不赞同的人，他毫不掩饰自己的意见，朋友们也无须揣测他的意愿，因为他为人向来光明正大。

1.15

从马克西默斯那里，我学会了自制，不因他人而动摇自己的意志；无论是疾病还是其他的困境中都始终积极乐观；他的性格既亲切和蔼又庄重威严，两者结合得如此完满，足以成为我的表率；他做事勤恳，毫无怨言。他表里如一，从不口是心非，在任何行为中都不抱恶意；他从未表现出大惊小怪的样子，也没人听过他出语抱怨；他做事不匆忙，也不拖拉，也没有怅然若失或意志消沉的时候，他不去讨好他人，也不会表现得暴躁或者多疑。他心地仁厚，宽宏大量，而且为人正直；与其说他不曾背离正道，不如说他一直在正道上孜孜前行；任何人都不会觉得马克西默斯看低了自己，或者敢自夸说自己比他更好。此外，他也是一个极其幽默的人。

1.16

在我的养父身上，我体会到了什么是亲切和善，但对于他经过深思熟虑决定下来的事情，他又是那么果断坚决；他不图虚名，不在乎凡俗的荣耀；他热爱工作，能持之以恒；只要是有利于公众的建议，他都乐意倾听；他赏罚分明，不偏不倚；他行事张弛有度，懂得什么时候坚持，什么时候放松；他不事男风；重视别人的感受，不强求朋友必须与他一起吃饭，陪伴左右，若是他们有事不能脱身，就无须来见他。在商讨国家大事时，他一丝不苟地对待每一个问题，总是能耐心倾听，不会因满足于初步印象而就此止步；他重视朋友情谊，不三心二意，也不会沉迷不已；他乐天知足，时时处处显得愉快开朗；他富有远见，细微之处也能考虑周全，但却不以此自夸；他禁止在公共场合对他欢呼赞颂，也对一切谄媚深恶痛绝；他治国兢兢业业，精打细算，即使受到责难也不以为意；他敬神，但不迷信；他爱民，但不会不择手段地迎合、讨好民众；他在任何事情上都头脑清醒，意志坚定，洁身自好，不好新骛奇。对于命运之神恩赐的生活享受，他欣然领受，从不大肆炫耀，而是自然地享受；如果这一切不再唾手可得，也不留恋渴求。没有人能说他是诡辩家、能说会道的家奴，或者卖弄学问的人，他思想成熟、性格完善，不受谗言所迷惑，能约束自己，也能管理他人。

除此之外，他只对真正的哲学家深怀敬意，那些自称哲学家的人则不在此列，而且他从不让自己受这些人的影响。他平易近人，性格随和，但绝不失分寸。他懂得适当地保重身体，又不过分贪生；他不太注重仪表，但不是不修边幅，由于自身的适当保养，他很少生病、吃药或额外调养。最令人敬佩的一点，是他一贯乐于提携英才，从不妒贤嫉能，对有一技之长，如拥有雄辩之才或法律、道德知识的人，他尽量使他们各得其所，享有名声；他遵循祖制，但并不让人觉得他墨守成规。另外，他不喜欢变动，很少突发奇想，总是长居故地，专注于同样的工作，在头痛病发作过去之后，他又很快恢复如初，精力充沛地处理日常事务。他很少有秘密，即使有也都是有关国家政务的；他对于建造公共建筑、分配公共财产非常谨慎精细，绝不铺张浪费，因为他做这些事情不是为了贪图虚名。他不在不合时宜的时刻洗澡，不讲究宫殿的豪华、饮食精美、衣着的华丽或是奴隶的美貌。他的袍子是在他的海滨别墅罗内姆做的，其他物品则来自拉努维阿姆。我们都知道他怎样对待请求宽恕的塔斯丘佗的税吏的，他从来都是这样。他身上，找不到任何粗暴、无情和专横的影子，同时他也不是人们所说的那种惯于温言软语的人，他事无巨细地计划所有事情，从容、镇定，有条有理，精力充沛，有始有终。和人们对苏格拉底的记载一样，他也善于享受但绝不沉溺，对这些东西很多人是软弱得既不能放弃，也做不到有节制地享受的。既有力量去承受，又能保持清醒，这是一个人灵魂完善、不可战胜的标志，正像马克西默斯在疾病中所表现的那样。

[注释]

1. 维勒斯：作者年幼丧父，由祖父阿厄尼斯·维勒斯和母亲鲁西拉抚养长大。
2. 我父亲：作者的亲生父亲同样名为阿厄尼斯·维勒斯，大约在124年即已去世。
3. 戴奥吉纳图斯：作者的绘画教师。
4. 巴克切斯：柏拉图学派哲学家；其余两个人名未详。
5. 拉斯蒂克斯：古罗马政治家，斯多葛学派学说的追随者。
6. 阿珀洛尼厄斯：古罗马时期斯多葛学派学者，演说家。
7. 塞克斯特斯：柏拉图学派哲学家，普卢塔克的外甥（一说为普卢塔克之孙）。
8. 弗朗特：古罗马修辞学家、辩论家。与作者有书信若干留存。
9. 卡图勒斯：斯多葛学派学者。
10. 西维勒斯：斯多葛学派学者，他的儿子娶了作者的大女儿。
11. 特拉西亚：斯多葛学派学者，被尼禄害死。

[分析]

请简要概括每一小节的内容，并说明作者受益的重要性。

纯粹理性之理想（节选）

康　德

作者简介　康德（1724—1804），德国古典哲学创始人，对19世纪和20世纪的哲学思想产生巨大影响，可以说整个19世纪的哲学思想就是康德哲学的传播史，对康德的研究历经二百余年而不衰，可见康德的思想价值是有目共睹的。康德的哲学思想经历了20余年的酝酿的“前批判时期”和“批判哲学”两个时期，后者即以《纯粹理性批判》为代表的认识学说、以《实践理性批判》为代表的伦理学说和以《判断力批判》为代表的美学理论。《纯粹理性批判》的序言是这样开始的：康德认为自己的任务就是克服两种世界观，两种对认识问题的片面的而且是错误的观点，即独断论和怀疑论。康德提出第三条道路，即不依任何经验为转移的对理性本身的批判。康德认为《纯粹理性批判》的主要问题之一就是纯粹的、经验之外的知识如何可能。这个问题又分为三个问题：数学是怎样可能的？自然科学是怎样可能的？作为科学的形而上学是怎样可能的？由此《纯粹理性批判》主要部分分为三编：先验感性论、先验分析论和先验辩证论。这本著作是以关于未来形而上学的纲要结束的。康德认为，辩证法乃是幻象的逻辑，形而上学才是世界智慧，形而上学乃是人类理性的全部文化的顶峰。

本文节选自《纯粹理性批判》（蓝公武译，商务印书馆1960年版）第三章。

一、泛论理想

吾人在以上论述中已见及离感性条件则无对象能由纯粹悟性概念所表现。盖斯时缺乏概念之“客观的实在之条件”，其中除思维之纯然方式以外，绝不见有任何事物。顾若以纯粹悟性概念应用于现象，则能具体的展示此等纯粹悟性概念，盖因在现象中，纯粹悟性概念获得经验概念所专有之质料——经验概念不过具体之悟性概念而已。但理念之离客观的实在则较之范畴更远，盖以不能见有“理念在其中能具体的表现”之现象。理念含有一种完全性，无一可能之经验的知识曾到达之者。在理念中，理性之目的仅在系统的统一，而欲使经验的可能之统一接近此种统一，顾从未能完全到达之也。

但我所名为理想者则似较之理念去客观的实在更远。我之所谓理想，非仅指具体的理念而言，乃指个体的理念而言，即视为仅由理念所能规定或已为其所规定之个体的事物。

人性（以之为一理念）在其完全完成之程度内，不仅包有属于人之天性及构成吾人所有“人性概念”之一切基本性质——此等基本性质推展至完全与其所有之目的相合，此等目的乃吾人关于“完人”之理念——且在此种概念之外，尚包有其理念之完全规定“所必需之一切事物”。盖一切矛盾的宾词，每组之中仅有其一能适用于“完人”之理念。在吾人所谓理想，以柏拉图之见解言之，则为神性之理念，为“神性所有纯粹直观之个体的对象”，为“一切可能的存在中之最完善者”，为“现象领域中一切模本之原型”。

吾人即不冥想如是高远，亦必自承人类理性不仅包有理念，且亦包有理想，此等理想虽非如柏拉图之理念具有创造力，但亦具有实践力量（以之为统制的原理）而构成“某种行动之可能的完善”之基础。道德概念以其依据经验的某某事物（快或不快），非完全之纯粹理性概念。但就理性所由以制限自由（自由自身并无法则）之原理而言，则此等道德概念（当吾人仅注意其方式时）极可用为纯粹理性概念之例证者也。德及其所伴随之人类智慧（此就其十分纯洁者言之）皆为理念。顾（斯多噶派之所谓）哲人则为理想，盖仅思想中所有，完全与“智慧之理念”相一致之人物。此犹理念授与吾人以规律，理想在此种事例中，则用为模拟人物之完善规定之原型；吾人之行动，除吾人心中所有此种“神人”之行谊以外，并无其他标准可言，吾人惟与此种“神人”之行谊相比较，以之判断吾人自身，因而改进吾人自身，——吾人虽绝不能到达其所命定之完全程度。吾人虽不能容认此等理想具有客观的实在（存在），但并不因而视为脑中之空想；此等理想实以理性所不可或缺之标准授之理性，以“在某种类中乃十分完全事物”之概念提供于理性，因而使理性能评衡其不完全事物之程度及其所有之缺陷。但欲在一实例中（即在现象领域中）实现其理想，例如欲在一故事中描述哲人之性格，乃事之所不能行者。此种尝试实有背理之点，且远不足以增进德性，盖以自然的制限（此常破坏理念之完善），使目的所在之幻相完全不可能，且使由理念而来之“善行”类似空想，以致善行自身蒙有疑点。

此乃理性所有理想之性质，此等理想必常依据一定概念而用为吾人在行为中在批判的判断中之规律及原型。至想象之所产，则性质完全不同；无一人对于想象之所产能说明之或与以可理解之概念；每一想象产物为一种草图（Monogram），即纯然一列之特殊性质，并非由“可以指示之规律”所规定者，与其谓为构成一定的心象，毋宁谓为成一“由杂驳经验而来之暗昧速写图形”——此一种表象殆如画家、相士自承其脑中所载之事物以之为彼等所有想象事物或批判的判断等所不能传达之影象。此种表象可名之为感性之理想（虽不确当），盖因此等表象乃被视为“可能的经验直观之模型”（不能实现者），但又绝不提供可以说明及检讨此等表象之规律。

反之，理性在其理想中，目的在依据先天的规律之完全规定。因之，理性自行思维一种对象，且以此种对象为能完全依据原理规定之者。但此种规定所需之条件，不能在经验中求之，故此概念之自身乃超经验的。

［分析］

什么是泛论理想？

查拉图斯特拉如是说（节选）

尼　采

简介　《查拉图斯特拉如是说》是德国哲学家、思想家尼采的一部里程碑式的作品，几乎包括了尼采的全部思想。这本以散文诗体写就的杰作，以振聋发聩的奇异之见和横空出世的警世之语宣讲“超人哲学”和“权力意志”。尼采的哲学展现了一种强烈意志，即生命意志，他告诉我们不要轻易否定自己，要接受自己，热爱自己，这样才能活出有价值的人生。以叔本华、尼采为代表的非理性主义者，由于怀疑理性、反对传统，强调个人的价值和意志，从而形成了与科学主义思潮对立的非理性主义思潮。

查拉图斯特拉之序言

一

查拉图斯特拉 30 岁的时候离开他的家乡，以及家乡的湖泊，来到山里。他在这里从精神与孤独中得到享受，乐此不疲地度过了 10 年时间。但是他的心中终于起了变化，——有一天早晨，他迎着朝霞起床，来到太阳面前，对着太阳如是说：

“你这伟大的天体！假如你没有你所照耀的，你的幸福何在！

10 年了，你来到这里，来到我的洞穴：要是没有我，没有我的鹰与蛇，你会慢慢厌倦这光芒、这道路。

但是每天早晨，我们等候你，接受你的丰盈，并为此而祝福你。

瞧啊！我像采蜜太多的蜜蜂一般，对我的智慧感到厌倦，我需要向我伸出的双手。

我想要赠送和分发，直到智者们在人们中间再一次为他们的愚蠢，穷人们再一次为他们的财富而高兴。

为此我必须下山：就像晚上你所做的那样，你下到大海后面，给下面的世界带去光明，你这过于富有的天体！

我像你一样，必须下山，就如人类如此称呼的那样，我将要到他们那里去。

那就祝福我吧，你这平静的眼睛，你没有妒忌也可以看见一种太大、太大的幸福！

祝福这将要溢出的杯子吧，让水金子般从中流出，把你祝福的反光带到任何地方去！

瞧！这杯子将再次变空，查拉图斯特拉将再次变人。”

——于是，查拉图斯特拉开始下山。

二

查拉图斯特拉独自下山，没有人遇见他。但是当他走进森林时，突然有一个老人站在他的面前。这老人离开他神圣的茅舍，在森林里寻找树根。老人对查拉图斯特拉如是说：

“我看这位漫游者并不陌生，几年前他经过这里。他叫查拉图斯特拉；但是他已变了模样。

那时候你把你的灰运到山里去：今天你要把你的火带到山谷里吗？你不怕受到对纵火犯的惩罚吗？

是的，我认得出查拉图斯特拉。他的眼睛清纯，他的嘴上也没有隐藏着厌恶。他不是像一个舞者一样来到吗？

查拉图斯特拉变了，查拉图斯特拉变成了孩子，查拉图斯特拉是一个觉醒者：你现在要到睡着的人那里做些什么呢？

你生活在孤独中时，就像在大海里一样，大海负载着你。哦，你想要登上陆地？哦，你想要重新自己拖着你这躯体？”

查拉图斯特拉回答：“我爱人类。”

“为什么，”这圣人说，“我到森林里、荒漠里去？不是因为我太爱人类吗？

现在我爱上帝：我不爱人类。在我看来，人类是一种太不完美的东西。对人类的爱会要了我的命。”

查拉图斯特拉回答：“关于爱我说了什么！我要给人类带去一件礼物！”

“什么也不要给他们，”圣人说，“宁可从他们那里拿走点东西，和他们一起分担——对他们来说，此乃最大之善行：只要这于你有益！

即使你要给他们，也不要给得多于一种布施，而且还要让他们为此向你乞求！”

“不，”查拉图斯特拉回答，“我不给施舍。要这样做我还不够贫穷。”

圣人朝查拉图斯特拉笑笑，如是说：“那么你就争取让他们接受你的宝贝吧！他们不信任隐居者，不相信我们前来赠送。

在他们听来，我们的脚步在街上响得太孤独。就像夜间，还在太阳升起以前好久，他们在床上听见一个人走动，于是他们就会自问：那个贼要去哪里？

不要去人类那里，留在森林里吧！宁可到动物那里去！为什么你不想和我一样呢？——一只熊中之熊，鸟中之鸟。”

“那么圣人在森林里干什么呢？”查拉图斯特拉问。

圣人回答：“我作歌、唱歌。我作歌时，便笑啊，哭啊，呢喃啊：我如此赞美上帝。

我以歌唱、哭泣、欢笑、呢喃来赞美上帝，他是我的上帝。可是你给我们带来了什么礼物？”

查拉图斯特拉听到这句话时，便向圣人致意，并且说：“但愿我有什么东西好给你们！可你还是快快让我走开，免得我从你们那里拿走了什么东西！”——于是他们互相分手，这老人和这男人，笑着，笑得和两个男孩子一样。

但是当查拉图斯特拉单独一人时，他对他的内心如是说：“难道这会可能吗？这位老圣人在他的森林里还没有听说，上帝死了！”——

三

当查拉图斯特拉来到靠着森林的那个最近的城市时，他发现市场上聚集了许多人：因为预言说，人们会看到一个走钢丝演员。查拉图斯特拉对众人如是说：

我教你们超人。人是应该被超越的东西。你们做了什么来超越他呢？

一切生物至今都创造了超越自己的东西：你们要做这大潮中的落潮，宁可回到动物那里去，也不愿意超越人类？

对人类来说，猿猴是什么东西？一个笑柄或是一个痛苦的耻辱。对超人来说，人也一样：一个笑柄或是一个痛苦的耻辱。

你们完成了由虫到人的过程，你们身上许多东西仍然是虫。你们曾经是猿猴，现在人比任何一只猿猴更是猿猴。

但是你们当中的最聪明者，也不过是植物与幽灵的矛盾体与共同体。但是我吩咐你们变成幽灵还是植物？

瞧，我教你们超人！

超人是大地的意义。让你们的意志说：超人应是大地的意义！

我恳求你们，我的弟兄们，忠实于大地，不要相信那些向你们谈论超越大地之希望的人！那是投毒者，无论他们自己知道与否。

那是生命之轻蔑者，垂死者，其本身就是中毒者，大地对他们已经厌倦：所以让他们逝去吧！

亵渎上帝曾经是最大的亵渎，可是上帝死了，这些亵渎者也随之死亡。现在亵渎大地最为可怕，是将不可探究者的内脏看得比大地的意义还高！

灵魂曾经轻蔑地看待躯体：当时这种轻蔑是最高的轻蔑：——它要它消瘦，要它令人厌恶，要它饥饿。灵魂想要因此而逃避了身体和大地。

哦，这灵魂自己还很消瘦、令人厌恶、饥饿：而残忍便是这灵魂的淫欲！

但是我的弟兄们，请对我说：你们的躯体证明你们的灵魂为何物？你们的灵魂不是贫乏、污秽与可鄙的舒适吗？

真的，人是一条污水河。你必须是大海，才能接受一条污水河而不致自污。

瞧，我教你们超人：他便是这大海，你们的伟大轻蔑可以在其中下沉。

你们可能有的最伟大经历是什么？是伟大轻蔑的时刻。在那样的时刻，你们甚至你们的幸福，还有你们的理性和德性，都会使你们感到厌恶。

那时候你们说："我的幸福有何用！它是贫乏与肮脏，以及可鄙的舒适。但是我的幸福应该证明此在本身是合理的！"

那时候你们说："我的理性有何用！它渴望知识不就像狮子渴望食物一样吗？它是贫乏与肮脏，以及可鄙的舒适！"

那时候你们说："我的德性有何用！它还没有使我狂热起来。我多么厌倦我的善和我的恶。所有这一切都是贫乏与肮脏，以及可鄙的舒适！"

那时候你们说："我的正义有何用！我看不出我是炭火与煤炭。但是正义者正是炭火与煤炭！"

那时候你们说："我的同情有何用！同情不就是爱人类者被钉在上面的十字架吗？但

是我的同情不是一种钉死在十字架上的刑罚。”

你们已经这样说了吧？你们已经这样喊了吧？啊，我似乎已经听见你们如此喊叫！

不是你们的罪恶——而是你们的知足对天呼喊，甚至是你们罪恶中的吝啬对天呼喊！

用舌头舔你们的闪电何在？必须用来给你们注射的疯狂何在？

瞧，我教你们超人：他便是这闪电，他便是这疯狂！——

查拉图斯特拉这样说罢时，人群中一个人喊道：“关于那走钢丝演员，我们已经听得够多；现在让我们也看一看他！”所有人都朝查拉图斯特拉笑。可那个走钢丝演员，他相信那话是对他而发，便开始他的表演。

四

但是查拉图斯特拉看着那些人，很是惊奇。然后他如是说：

人是一根绳索，系在动物与超人之间，——一根悬于深渊之上的绳索。

一个危险的前瞻，一个危险的中途，一个危险的后顾，一个危险的战栗和停留。

人的伟大之处在于，他是一座桥梁而非目的：人的可爱之处在于，他是一个过渡，也是一个沉沦。

我爱那些不懂得生活的人，假如他们不是沉沦者，那他们就是超越者。

我爱那些伟大轻蔑者，因为他们是伟大的崇敬者，是指向彼岸的渴望之箭。

我爱这样的人：他们不是到星星背后去寻找沉沦和牺牲的理由，而是为大地而牺牲，使大地有一天成为超人的大地。

我爱那为认识而生活的人，他要求认识，为的是有一天会有超人生活。因此他也要求他自己的沉沦。

我爱那为了给超人建造房子，给超人准备好大地、动物和植物而工作，而发明的人：因为这样他也要求他自己的沉沦。

我爱那爱自己德性的人：因为德性是求沉沦的意志和一支渴望之箭。

我爱那不为自己保留一点精神，而要整个地成为自己德性之精神的人：因此他作为精神跨过了桥梁。

我爱那用自己的德性构成自己的嗜好和厄运的人：因此他要为了自己的德性而继续生活，或不再生活。

我爱那不想要有太多德性的人。一种德性比两种德性更是德性，因为它更是连接厄运的纽带。

我爱那种挥霍自己灵魂，不愿意接受感谢，也不回报的人：因为他始终赠予，不要保全。

我爱这样的人：当骰子落下，给他带来幸运时，他倒感到羞愧，然后他自问，我竟是一个作弊的赌徒吗？——因为他愿意毁灭。

我爱那先有金玉良言，后有行动，并且坚持做得比许诺更多的人：因为他想要的是他自己的沉沦。

我爱那为未来者辩解，并拯救过去者的人：因为他愿意作为现在者而毁灭。

我爱那因为爱自己的上帝而惩罚上帝的人：因为他必须在他的上帝发怒时毁灭。

我爱那灵魂即使在受伤害时仍然深沉，而且在一个很平凡的经历中就能毁灭的人：所以他愿意越过桥梁。

我爱那灵魂过于丰富，以致忘却自我，而且集万物于一身的人：所以万物变成了他的沉沦。

我爱那具有自由精神和自由心的人：所以他的脑袋只是他的心之内脏，但是他的心却驱使他走向沉沦。

我爱所有那些像沉重的雨点一样一滴滴从乌云中朝人类头顶上落下的人：它们宣告闪电将临，然后作为宣告者毁灭。

瞧，我是闪电的宣告者，是云中的一滴沉重的雨点：但是这闪电名叫超人。——

五

查拉图斯特拉说罢这些话时，重又看着人群，沉默不语。“他们站在那里，”他对自己的心说，“他们在那里发笑：他们不理解我，我无法让他们听我的话。

难道非得先撕去他们的耳朵，让他们学会用眼睛来听话？难道非得像敲鼓和听忏悔的牧师那样叮叮咚咚、絮絮叨叨吗？还是他们只相信口吃者呢？

他们有他们感到骄傲的东西。他们把使他们骄傲的东西叫做什么？他们称之为教养，这使他们显得比牧羊人突出。

所以他们不愿意听到用‘轻蔑’一词来说他们。那么我就诉诸他们的骄傲。

我要向他们说说最可轻蔑的东西：那就是最后的人。”

于是查拉图斯特拉对众人如是说：

是人类为自己确定目标的时候了。是人类种下他最高的希望之芽的时候了。

他的土壤对这样的种植还足够肥沃。但是这土壤有一天会变得贫瘠无力，从中再长不出参天大树。

哦！人类不再把他的渴望之箭抛出，使之越过人类而去，他的弓弦也不再发出呼呼之声，这样的时候正在来临！

我对你们说：你们得包含着混沌，才能生出一颗活蹦乱跳的星星。我对你们说：你们仍然包含着混沌。

哦！人类将不再生出星星的时候来临了。哦！不再能自我轻蔑的最可轻蔑者的时代来临了。

瞧！我让你们看看最后的人。

“什么是爱？什么是创造？什么是渴望？什么是星星？”——最后的人问，眼睛一眨一眨。

那时候大地变小了，最后的人在它上面跳跃，他把一切都变小了。他的族类像跳蚤一样消灭不尽；最后的人活得最长久。

“我们发明了幸福”——最后的人说，并眨巴着眼睛。

他们离开了生活艰难的地区：因为他们需要温暖。他们还爱邻人，并同邻人发生摩擦：因为他们需要温暖。

在他们看来，生病和不信任是有罪的：他们小心翼翼地走动。一个傻瓜，他绊上了石头或者人！

偶尔来一点毒品：这能使人做美梦。最后是许多毒品：在舒服中死去。

他们仍然工作，因为工作是一种消遣。但是他们留心不让消遣对他们有所损害。

他们变得不再贫穷和富有：两者都很辛苦。谁还想要统治呢？谁还想要服从呢？两者都太辛苦。

没有牧羊人，只有一群羊！每人都要平等，每人都平等：谁感觉不一样，谁就自愿到疯人院去。

“从前整个世界都疯了”——最聪明的人说，一边眨巴着眼睛。

他们很聪明，知道发生的一切：所以他们不断地嘲笑。他们仍然互相争执，但不久就言归于好——要不然会伤了肠胃。

他们白天有自己小小的快乐，夜间也有自己小小的快乐：但是他们很关注健康。

“我们发明了幸福”——最后的人说，一边眨巴着眼睛。——

人们称之为“开场白”的查拉图斯特拉的第一次发言到此结束：因为这时候人群的呼喊和欢乐打断了他。“给我们这最后的人吧，哦，查拉图斯特拉！”——他们这样喊——“把我们变成这最后的人吧！我们把超人送给你！”所有人都欢呼着，鼓舌作声。可查拉图斯特拉变得很伤心，他对自己的心说：

“他们不理解我：我无法让他们听我的话。

大概我在山上生活得太久，我倾听了太多的树木与溪流之声：现在我像牧羊人一样对他们说话。

我的灵魂平静，像早晨的山上一样豁亮。可是他们的想法是，我很冷漠，是一个说可怕笑话的讽刺家。

现在他们看着我笑：他们的笑里面带着怨恨。他们的笑寒若冰霜。”

六

但是，这时发生了一件事情，让每个人目瞪口呆。因为在这期间，走钢丝演员开始了他的工作：他从一扇小门里出来，走上绷紧在两个塔楼之间的钢丝，也就是说，钢丝悬在市场和大众头顶上。当他走到钢丝中间时，小门又一次打开，一个色彩斑斓的少年，犹如滑稽演员一般地跳了出来，快步跟在前一个人的后面。“往前去，瘸腿子，”他的可怕声音喊道，“往前去，懒鬼，投机分子，苍白面孔！别让我用脚后跟叫你痒痒吧！你在这两个塔楼之间干什么？你应该在塔里面，应该把你关进去，你挡住了比你更有本事者的去路！”——他每说一个词就走近一点，走近一点：但是当他在后面离前者只有一步之遥的时候，发生了令人吃惊的事情，让每个人目瞪口呆：——他突然像魔鬼一般发出一声喊叫，从挡着他的道的人头上跃过去。而被跃过的那个人看见他的对手如此获得胜利，便头晕目眩，从绳索上掉下来；他扔掉他的平衡杆，而比这更快的是，他像一个由胳膊和腿构成的旋涡一般往下面坠。市场和群众就像暴风雨来临时的大海一样：分崩离析，一浪高过一浪，尤其是那躯体将要坠落的地方。

但是查拉图斯特拉站着不动，躯体就落在他的旁边，面目模糊，肢体破碎，但是还没有死。一会儿以后，这位肢体破碎者苏醒过来，看见查拉图斯特拉跪在旁边。“你在这里干什么？”他终于说话了，“我早就知道魔鬼将对我使绊的。现在他把我拖向地狱：你要阻止他吗？”

“我以荣誉保证，朋友，”查拉图斯特拉回答，“你所说的一切都不存在：没有魔鬼，没有地狱。你的灵魂将比你的躯体死得更快：现在什么也不要再害怕了！”

那人不信任地抬起眼睛看他。“如果你说的是真理，”他然后说，“那么我即使失去生命的话，也是什么都没有失去喽！我不比一只人们又是揍又是用少量食物喂养来教它跳舞的动物高明多少。”

“可是并非如此，”查拉图斯特拉说，“你把危险作为你的职业，这没有什么好轻蔑的。现在你为了你的职业而毁灭：为此我要亲手将你埋葬。”

当查拉图斯特拉说罢这些话时，垂死者不再回答；但是他动了动手，好像他是在寻找查拉图斯特拉的手，以表示感谢。——

七

这时候天色已晚，市场淹没在黑暗中：人群各自散去，因为连好奇心和惊恐也有疲倦的时候。但是查拉图斯特拉坐在地上的死人旁边，陷入沉思：他因此而忘记了时间。但是最后夜深了，一阵寒风吹过这位孤独者。于是查拉图斯特拉站起来，对自己的心说：

“真的，查拉图斯特拉今天干了一次漂亮的捕鱼活！他没有捕到鱼，却捕到了一具尸体。

人的此在令人恐惧，而且毕竟毫无意义：一个滑稽演员就能够把它变成厄运。

我要教给人类他们存在的意义：这就是超人，从人这乌云中射出的闪电。

但是我仍然远离他们，我的意识不能诉诸他们的意识。在那些人看来我不过是介于疯子与尸体之间。

夜色幽暗，查拉图斯特拉的道路幽暗。来吧，你这冰冷僵硬的伙伴！我扛上你，到我亲手埋葬你的地方去。”

八

查拉图斯特拉对自己的心说罢这些话，便将尸体扛到背上，开始上路。他还没有走到一百步，就有一个人悄悄走上前来，对着他的耳朵小声说话——瞧！说话的正是那塔里出来的滑稽演员。“离开这个城市，哦，查拉图斯特拉，”他说，“在这里恨你的人太多了。善者和正直者都恨你，他们称你为他们的敌人和轻蔑者；有真正信仰的信徒都恨你，他们称你为害群之马。你的幸福是，人们朝你发笑：真的，你说话就像一个滑稽演员。你的幸福是，你和这死狗结伴；当你这样降低身份的时候，就今天而言，你倒是救了你自己。可是离开这个城市——要不然，明天我从你头顶上跳过去，一个生者跳过一个死者。”说罢这些话，此人便消失了；而查拉图斯特拉则继续走在黑暗的街道上。

在城门边，掘墓工人遇见了他：他们用火把照亮他的脸，认出了查拉图斯特拉，对他大加挖苦。“查拉图斯特拉背着这条死狗：了不得，查拉图斯特拉变成了掘墓者！因为我们的手太干净，沾不得这肉腥味。查拉图斯特拉想要偷走一口魔鬼的烤肉吗？那么去吧！祝你用餐有好运！但愿魔鬼不是一个比查拉图斯特拉更高明的小偷！——他可是两个人都偷，两个人都吃的！”他们互相嬉笑，把脑袋凑到一块儿。

查拉图斯特拉对此一言不发，只管走他的路。当他走了两个小时，经过森林和沼泽的时候，他听到了太多的狼群的饿嚎，他自己也饿了。所以他停在一所孤零零的房子前，那里亮着灯光。

“饥饿袭击我，”查拉图斯特拉说，“就像一个强盗。在森林和沼泽地里，我的饥饿袭击我，在深深的夜里。

我的饥饿有着怪脾气。经常在我吃过饭后它才来，今天它整天不来：它究竟曾滞留在什么地方？”

说着，查拉图斯特拉上前敲了房子的门。一位老人出现了；他举着灯火问：“谁来找我，弄得我睡不好觉？”

“一个活人和一个死人，”查拉图斯特拉说，“请给我吃的和喝的，我白天忘记了。格言说：招待饥饿者吃饭的人，也给自己的灵魂以活力。”

老人走开去，但是很快就回来，给查拉图斯特拉拿来了面包和酒。“这里对饥饿者来说是一个糟糕的地方，”他说，“因此我住在这里。动物和人都到我这个隐士这儿来。但是也让你的同伴吃喝吧，他比你还饿呢。”查拉图斯特拉回答：“我的同伴已经死去，我实在无法让他吃喝。”“这跟我无关，”老人阴郁地说，“谁敲我房子的门，谁就得接受我给他的东西。吃吧，祝你们顺利！”——

接下去，查拉图斯特拉又走了两个小时，顺着道路，凭着星光：因为他是一个走惯夜路的人，他喜欢直面熟睡的一切。但是，到天刚破晓时，他发现自己在一片森林的深处，他再看不到有任何道路。于是，他把死人放在一个有头部那么高的树洞里——因为他要防止狼来吃他——他自己就躺在地上的苔藓上。他马上就睡着了，疲倦的躯体，但是却有着一颗平静的灵魂。

九

查拉图斯特拉睡了很长时间，不仅曙光，而且上午，都已从他脸上爬过。可是最后，他的眼睛终于睁开了：查拉图斯特拉惊奇地往森林和寂静中看去，又惊奇地看到自己内心里。然后他像一个突然看到陆地的航海家一样，迅速站起身，欢呼起来：因为他看见一个新的真理。于是他对自己的心如是说：

“我明白了：我需要同伴，活的同伴——不是死的同伴和我想去哪里都随身背上的尸体。

我需要的是活的同伴，他们跟随我，因为他们要跟随自己——前往我要去的地方。

我明白了：查拉图斯特拉不应该对众人说话，而应该对同伴说话！查拉图斯特拉不应该成为一群羊群的牧羊人和牧犬！

诱惑许多羊离开羊群——我为此而来。众人和羊群会冲我发怒：查拉图斯特拉要把强盗称作牧羊人。

我说牧羊人：可他们却自称为善者与正义者。我说牧羊人，可他们却自称为有真正信仰的信徒。

瞧这些善者与正义者！他们最恨的是谁？是破坏他们的价值版的人，是破坏者，是罪犯——可那正是创造者。

瞧那些所有信仰的信徒！他们最恨的是谁？是破坏他们的价值版的人，是破坏者，是罪犯——可那正是创造者。

创造者寻找的是同伴而不是尸体，也不是羊群和信徒。创造者寻找的是共同创造者，他们把新的价值写在新的版上。

创造者寻找的是同伴和共同收获者：因为在他那里，一切都已成熟，等待收获。但是他还少一百把镰刀：所以他成把、成把地拔去麦穗，十分生气。

创造者寻找的是同伴和那些懂得磨快镰刀的人。人们将称他们为毁灭者和对善恶的轻蔑者。可他们却是收获者和欢庆者。

查拉图斯特拉寻找的是共同创造者，查拉图斯特拉寻找的是共同收获者和共同欢庆者：他和羊群、牧羊人和尸体有何关系！

而你，我的第一位同伴，安息吧！我把你妥善埋葬在这树洞里，我已把你藏得好好的，不会受到狼的侵害。

但是我要向你告别，时间到了。在曙光和曙光之间，我得到了一个新的真理。

我不应该做牧羊人，不应该做掘墓人。我一次也不愿再同众人说话；我同一个死人说话，这也是最后一次。

我要同创造者、收获者、欢庆者结伴：我要让他们看看彩虹和超人的全部阶梯。

我将向隐士和双重的隐士唱我的歌；谁还有耳朵听不曾听过的东西，我就要给他的心里沉甸甸地装上我的幸福。

我要达到我的目的，我走我的路；我将跃过犹豫者和迟疑者。那么但愿我的路成为他们的沉沦之路！”

十

查拉图斯特拉对自己的心说罢这些话，已是太阳高照的正午时分了：他探询似的向高处望去——因为他听到自己头顶上一只鸟的尖锐叫声。瞧！一只雄鹰在空中划着硕大的圈子翱翔，它身上悬着一条蛇，不像是捕获物，却像是一位女友，因为它用身子缠绕着它的脖子。

“这是我的动物！”查拉图斯特拉说，从心底里感到高兴。

太阳底下最高傲的动物和太阳底下最聪明的动物——它们是出来侦察的。

它们要想知道，查拉图斯特拉是否还活着。真的，我还活着吗？

我发现在人类中间比在动物中间更危险，查拉图斯特拉走着危险的道路。让我的动物给我引路吧！

当查拉图斯特拉说罢这些话时，他想起了森林里那位圣人的话，叹了口气，于是对自己的心如是说：

“我希望我更加聪明！我希望我从根本上就是聪明的，像我的蛇一样！

但是我要求了不可能的事情：所以我就要求我的高傲，让它始终和我的智慧同行！

如果有一天我的智慧离开了我：——啊，它喜欢离我而去！——那么就让我的高傲同我的愚蠢一起飞行！”

——查拉图斯特拉的沉沦就此开始。

［分析］

为何“查拉图斯特拉的沉沦就此开始”？

影的告别

鲁　迅

作者简介　鲁迅（1881—1936），原名周樟寿，后改名周树人；字豫山，后改豫才，浙江绍兴会稽县人，中国现代伟大的无产阶级文学家、思想家和革命家。1918 年发表的《狂人日记》是中国第一部现代白话文小说。1921 年发表中篇白话小说《阿 Q 正传》。1936 年 10 月 19 日因肺结核病逝于上海。用鲁迅先生自己的话说：“我好像一只牛，吃的是草，挤出的是牛奶和血。”他一生尽献于他的文学事业，直至多重疾病交加的生命晚期，他也没有放弃工作。数千人参加了他的葬仪，他的灵柩被写着“民族魂”的白布包裹着，由一群青年文学家亲手掩埋在上海万国公墓。

人睡到不知道时候的时候，就会有影来告别，说出那些话——

有我所不乐意的在天堂里，我不愿去；有我所不乐意的在地狱里，我不愿去；有我所不乐意的在你们将来的黄金世界里，我不愿去。

然而你就是我所不乐意的。

朋友，我不想跟随你了，我不愿住。

我不愿意！

呜乎呜乎，我不愿意，我不如彷徨于无地。

我不过一个影，要别你而沉没在黑暗里了。然而黑暗又会吞并我，然而光明又会使我消失。

然而我不愿彷徨于明暗之间，我不如在黑暗里沉没。

然而我终于彷徨于明暗之间，我不知道是黄昏还是黎明。我姑且举灰黑的手装作喝干一杯酒，我将在不知道时候的时候独自远行。

呜乎呜乎，倘若黄昏，黑夜自然会来沉没我，否则我要被白天消失，如果现是黎明。

朋友，时候近了。

我将向黑暗里彷徨于无地。

你还想我的赠品。我能献你甚么呢？无已，则仍是黑暗和虚空而已。但是，我愿意只是黑暗，或者会消失于你的白天；我愿意只是虚空，决不占你的心地。

我愿意这样，朋友——

我独自远行，不但没有你，并且再没有别的影在黑暗里。只有我被黑暗沉没，那世界全属于我自己。

一九二四年九月二十四日

［分析］

为何作者说“我愿意只是黑暗，或者会消失于你的白天；我愿意只是虚空，决不占你的心地”？

拓展阅读

查拉图斯特拉的言论

——关于三种变形

我向你们说出精神的三种变形：精神如何变骆驼，骆驼如何变狮子，最后狮子如何变小孩。

精神，忍辱负重的强健精神，有许多重负：其强健渴望重的和最重的负担。

何为重？负重的精神如是问，如骆驼一般跪下，要满载十足的重量。

何为最重，你们这些英雄们？负重的精神如是问：我承载得起，并为我的强健而高兴。

自贬以刺痛自己的高傲，显出愚钝以嘲弄自己的智慧，难道不是如此吗？

或者是：告退于我们的事业庆祝胜利之时？登上高山而给予诱惑者以诱惑？

或者是：以食知识之果、知识之草为生，为真理而遭受灵魂之饥饿。

或者是：生病却把安慰者打发回家，而结交永远听不见你想要什么的聋子？

或者是：假如脏水是真理之水，就跨入其中，而不拒绝冷冰冰的青蛙、热烘烘的蟾蜍？

或者是：爱那些轻蔑我们的人，向想要使我们敬畏的鬼魅伸出手去？

负重的精神将所有这些最重的东西担负于身：像满载的骆驼匆匆走入沙漠一样，它匆匆走入它的沙漠。

但是，在最寂寞的沙漠中，发生了第二次变形：精神在这里变成了狮子，它要争得自由，统治它自己的沙漠。

它在这里寻求最终的主人：它要敌对于他，敌对于它最终的神，它要与巨龙一争高低。

精神不再喜欢称之为主人和上帝的那条巨龙是什么呢？那条巨龙叫做“你应该”。然而狮子的精神说“我要”。

“你应该”，一条长着鳞甲的动物，金光闪闪，躺在它的路上，每一个鳞片上都闪烁着“你应该”的金色字样。

这些鳞片上闪烁着千年的价值，所有龙之中最强大者如是说：“万物的一切价值——在我身上闪烁。”

“一切价值都已创立，一切创立的价值——那便是我。真的不应该再有‘我要’了！”巨龙如是说。

我的兄弟们，需要精神的狮子来做什么呢？那忘我而忍辱负重的动物难道已不够用了吗？

创立新的价值——甚至连狮子也还做不到：但是为自己创立新的创立的自由——这却是狮子力所能及。

为自己创立自由，在义务面前说一个神圣的“不”字：我的兄弟们，需要狮子来做到这一点。

获取创立新价值的权利——这对于一个忍辱负重的精神来说是最可怕的行为。真的，这对它来说，是一种攫取和一种猛兽行为。

它曾经爱“你应该”为最神圣之物：现在它不得不在最神圣之物里找到疯狂和专横，从而它可以从它的爱中攫取自由：需要狮子来实现这种攫取。

可是，你们说啊，我的兄弟们，小孩还能不能做连狮子都不能做的事情呢？猛兽狮子为何还不得不变成小孩呢？

小孩是无辜与遗忘，一个新的开端，一场游戏，一个自转的轮子，一个最初的运动，一个神圣的肯定。

是的，我的兄弟们，做创造的游戏，需要一个神圣的肯定：精神现在要有它自己的意志，丧失世界者赢得了自己的世界。

我向你们说出了精神的三种变形：精神如何变骆驼，骆驼如何变狮子，最后狮子如何变小孩。

——查拉图斯特拉如是说。而当时，他停留在叫做彩牛的城里面。

查拉图斯特拉认为精神有哪三种变形？每种变形有何意蕴？

第五章　为有源头活水来——读书之法

与弟香亭书

袁　枚

作者简介　袁枚（1716—1798），汉族，字子才，号简斋，晚年自号仓山居士、随园主人、随园老人，清代诗人、散文家、文学评论家，钱塘（今浙江杭州）人。乾隆四年（1739）进士，授翰林院庶吉士。袁枚与纪晓岚素有“北纪南袁”之称，袁枚倡导“性灵说”，为乾隆、嘉庆时期代表诗人之一，与赵翼、蒋士铨合称为“乾隆三大家”。

袁枚在这篇文章中概括了自己对世事的观点：一是驳斥根深蒂固的“读书为功名”的急功近利的观点，认为子孙因其秉性才能各司其职，纵使无缘科举，亦可“安分守己，无险情赘行”。二是倘若具备才能而时运不济，袁枚也不以为然，因为“尝见天下多冤枉事”。三是对“不肖子孙”没有趋之若鹜地排斥，而是推崇颜真卿的观点，“子孙者，不过天地间一苍生耳，与我何与”？认为韩愈、柳宗元、欧阳修、苏轼这样的大家尚不考虑后代之事，自己更无须杞人忧天。这种阅尽世事而豁达的胸襟，值得后人效法和学习。

阿通年十七矣，饱食暖衣，读书懒惰。欲其知考试之难，故命考上元以劳苦之[1]，非望其入学也。如果入学，便入江宁籍贯。祖宗丘墓之乡一旦捐弃[2]，揆之齐太公五世葬周之义，于我心有戚戚焉！两儿俱不与金陵人联姻[3]，正为此也。

不料此地诸生，竟以冒籍控官，我不以为怨，而以为德。何也？以其“实获我心”故也。不料弟与纾亭大为不平，引成例千言，赴诉于县。我以为真客气也。夫才不才者，本也；考不考者，末也。儿果才，则试金陵可，试武林可，即不试亦可；儿果不才，则试金陵不可，试武林不可，必不试废业而后可。为父兄者，不教以读书学文，而徒与他人争闲气，何不揣其本而齐其末哉？“知子莫若父”，阿通文理粗浮，与“秀才”二字，相离尚远。若以为此地文风不如杭州容易入学，此之谓不与齐楚争强，而甘与江黄竞伯[4]，何其薄待儿孙，贻谋之可鄙哉！子路曰[5]：“君子之仕也，行其义也。”非贪爵禄荣耀也。李鹤峰中丞之女叶夫人《慰儿落第》诗云：“当年蓬矢桑弧意[6]，岂为科名始读书？”大哉言乎！闺阁中有此见解，今之士大夫都应羞死。要知此理不明，虽得科名作高官，必至误国误民，并误其身而后已。无基而厚墉[7]，虽高必颠，非所以爱之，实所以害之也。然而人所处之境，亦复不同，有不得不求科名者，如我与弟是也。家无立锥，不得科名，则此身衣食无着。陶渊明云：“聊欲弦歌以为三径之资[8]”，非得已也。有可以不求科名者，如阿通、阿长是也。我弟兄遭逢盛世，清俸之余，薄有田产，儿辈可以度日，倘能安分守己，无险情赘行[9]，如马少游所云：“骑款段马[10]，作乡党之善人。”是即吾家之佳子弟，老夫死亦瞑目矣，尚何敢妄有所希冀哉？不特此也。我阅历人世七十年，尝见天下多冤枉事：有刚悍之才，不为丈夫而偏作妇人者；有柔懦之性，不为女子而偏作丈夫者；有其才不过工匠、农夫，而枉作士大夫者；有其才可以为士大夫，而屈作工匠、村农者。偶然遭际，遂戕贼杞柳以为桮棬[11]，殊可浩叹！《中庸》先言“率性之谓道[12]”，再言“修道之谓教”，盖言性之所无，虽教亦无益也。孔、孟深明此理，故孔教伯鱼[13]，不过学《诗》学礼，义方之训[14]，轻描淡写，流水行云，绝无督责。倘使当时不趋庭[15]，不独立，或伯鱼谬对以《诗》礼之已学，或貌应父命，退而不学《诗》，不学礼，夫人竟听其言而信其行耶？不视其所以察其所安耶，何严于他人而宽于儿子耶？至孟子则云“父子之间不责善”，且以责善为不祥。似乎孟子之子尚不如伯鱼，故不屑教诲，致伤和气，被公孙丑一问[16]，不得不权词相答；而至今卒不知孟子之子为何人，岂非圣贤不甚望子之明效大验哉？善乎北齐颜之推曰[17]：“子孙者，不过天地间一苍生耳，与我何与？而世人过于宝惜爱护之。”此真达人之见，不可不知。

有门下士，因阿通不考，为我怏怏者[18]，又有为我再三画策者，余笑而应之曰：“许由能让天下[19]，而其家人犹爱惜其皮冠；鷦鹩愁凤凰无处栖宿[20]，为谋一瓦缝以居之。诸公爱我，何以异兹？韩、柳、欧、苏[21]，谁是靠儿孙俎豆者[22]？箕畴五福[23]，儿孙不与焉。”附及之，以解弟与纾亭之惑。

[注释]

1. 上元：旧县名。

2. 丘墓：坟墓。丘，也指坟墓（冢大者为丘）；墓，坟墓。

3. 金陵：南京。

4. 不与齐楚争强，而甘与江黄竞伯：不与强大的去争，反而与弱小的去争。齐、楚指战国时的两大强国；江、黄，指战国时的两个小国。

5. 子路：孔子的学生，仲氏，名由，字季路。

6. 蓬矢桑弧：《礼记·内则》：“国君世子生，告于君，……射人以桑弧蓬矢，六射天地四方。”象征男子应有志于四方，后用以勉励人应胸怀大志。蓬矢，用蓬草做的箭；桑弧，用桑木做的弓。

7. 墉（yōng）：指城墙。

8. 聊欲弦歌以为三径之资：在百无聊赖时想弹琴唱歌，但连修理花园的钱都没有，哪有心思去弹琴唱歌呢。三径，指花园；资，指钱。

9. 赘行：指丑恶的行为。

10. 骑款段马：即“御款段马”。《后汉书·马援传》：“乘下泽车，御款段马。”比喻才能低劣。

11. 戕：杀害，残害。桮棬：指不曾雕饰的粗糙的杯子。桮，杯的异体字。

12. 率性：儒家的伦理思想。《礼记·中庸》：“天命之谓性，率性之谓道。”指依循本性而行。

13. 伯鱼：孔子的儿子，名鲤，字伯鱼。

14. 义方：指做事应该遵守的规则法度。《左传·隐公三年》：“石碏谏曰：臣闻爱子，教之以义方，弗纳于邪。”后多用来指家教。

15. 趋庭：指儿子承受父亲教导的代称。

16. 公孙丑：孟子的弟子，姓公孙，名丑。

17. 颜之推：北宋文学家，字介，琅琊临沂（山东）人，有《颜氏家训》传世，以儒家传统思想为立身治家之道。

18. 怏怏：因不满而不乐。

19. 许由：也叫许繇。相传尧要让君位给他，他逃至箕山下，农耕而食，尧又请其为九州长官，他到颍水边洗耳，表示不愿听。

20. 鹪鹩：一种棕色带黑斑的小鸟。因筑窠很精巧，故又称“巧妇鸟”。

21. 韩：指唐代文学家韩愈。柳：指唐代文学家柳宗元。欧：指唐代书法家欧阳询。苏：指宋代文学家苏轼。

22. 俎豆：祭祀；崇奉。

23. 箕畴：即《洪范九畴》，相传为箕子所述，故曰箕畴。

[分析]

1. 作者引用“颜之推曰：‘子孙者，不过天地间一苍生耳，与我何与？而世人过于宝惜爱护之。’”有什么意义？你怎样看待作者的人生观？

2. 作者持怎样的一种先进教育观？

潍县署中寄舍弟墨第一书

郑燮

作者简介 郑燮（1693—1765），字克柔，号板桥、板桥道人，江苏兴化大垛人，祖籍苏州，清朝官员、学者、书法家。“扬州八怪”之一。其诗、书、画均旷世独立，世称“三绝”，擅画兰、竹、石、松、菊等植物，其中画竹五十余年，成就最为突出。著有《板桥全集》。

本文是郑板桥教导其弟如何读书的一封家书。信中主要谈了两点意见：一是读书需刻苦用功，文中以孔子韦编三绝、东坡读《阿房宫赋》至四鼓为例，说明读书不能满足于“过目成诵”，更不应“以过目成诵为能”而不再虚心学习，深入研究。二是读书的技巧，即分清精读和泛读，以读《史记》为例，《项羽本纪》是最为重要的，而在这个篇目中又有一些部分是相对更加重要的。

读书以过目成诵为能，最是不济事。

眼中了了[1]，心下匆匆，方寸无多，往来应接不暇，如看场中美色，一眼即过，与我何与也？千古过目成诵，孰有如孔子者乎？读《易》至韦编三绝[2]，不知翻阅过几千百遍来，微言精义，愈探愈出，愈研愈入，愈往而不知其所穷，虽生知安行之圣，不废困勉下学之功也。东坡读书不用两遍，然其在翰林读《阿房宫赋》至四鼓，老吏苦之，坡洒然不倦[3]。岂以一过即记，遂了其事乎！……

且过辄成诵，又有无所不诵之陋。即如《史记》百三十篇中，以《项羽本纪》为最，而《项羽本纪》中，又以巨鹿之战、鸿门之宴、垓下之会为最。反覆诵观，可欣可泣，在此数段耳。若一部《史记》，篇篇都读，字字都记，岂非没分晓的钝汉！更有小说家言，各种传奇恶曲，及打油诗词，亦复寓目不忘，如破烂厨柜，臭油坏酱悉贮其中，其龌龊亦耐不得[4]！

[注释]

1. 了了：指清清楚楚；通达。语出晋·袁宏《后汉纪·献帝纪》：“小时了了者，至大亦未能奇也。”

2. 韦编三绝：古代用竹简写字，用熟牛皮绳把书写的竹简连接起来，称为“韦编”。韦，熟牛皮；三，概数，指多次；绝，断。意思是孔子翻来覆去地读《周易》，竟使连接《周易》的皮绳断了好几次。

3. 洒然：肃敬的样子。

4. 龌龊：恶浊、肮脏。

［分析］

为何作者说，如果读书无的放矢、一视同仁，就是“没分晓的钝汉”，充其量只是一个“破烂厨柜”？

拓展阅读

精　读

清朝有个善于写文章又擅长论辩的饱学夫子，家门口贴出了这样一副对联：“门对三竿竹，家藏两部书。”门人不解其意，便问道：“明朝翰林学士解缙曾自撰一副对联——‘门对千竿竹，家藏万卷书’，夸耀自己家贫而读书多。老夫子博闻强识，胸藏万卷，哪里只是两部？是自谦吧！”老夫子摇摇头说：“我把实情告诉你们吧。我的文章语言得力于《史记》，论辩得力于《战国策》。几十年来，我读过很多书，但是，下功夫最多的还是这两部……”一个人做学问，当然要读很多书，但别忘了“啃”几部经典著作或名作。譬如做豆腐，一个博览群书的人恰似装了一锅豆浆，反复“啃”过的几部经典著作或名作就好比卤汁。别看卤汁少，作用可不小。任你满锅豆浆，盈盈欲溢，没有那一勺卤汁，就不可能凝成豆腐。

调查表明，一个人一生一般也不过阅读几千册书籍而已。“吾生有涯，知无涯。”以有涯之生去求无涯之知，必须掌握择优汰劣的读书艺术。我们无须一切都从“三皇五帝”读起，也无须“竭泽而渔”地读。全部读尽某一领域的书籍既无必要也不可能。各个领域内的书籍，其中第一流水平的犹如凤毛麟角，大量的是二三流水平的。据说读二三流的书，一生耗费大量精力，学到手也只是三四流的水平。只有第一流水平的书，才值得专攻精读。正如苏联作家车尔尼雪夫斯基说的：“每种学科的主要著作是很少的，其余一切著作，不过是把少数著作里说得更充分更清楚的话加以重复、冲淡和损害罢了。”可见，专，并不是要穷尽一个学科的书籍，统统读之无遗；博，也不是无限度地愈广愈好，碰到什么看什么。博学，要懂得什么知识对自己的专业目标和整体知识结构最有用，有个择需弃废的问题；专攻，又要知道哪些是自己所攻专业的“主要著作”，也有个择优汰劣的问题。俗话说的“《文选》烂，秀才半”，正是讲的择优读书的重要。

1. 你平时喜欢读哪类书？列举一部你精读过的书，并介绍其内容。
2. 你有哪些读书方法值得大家借鉴？

第六章　最是人间留不住——小说

追忆似水年华（节选）

马赛尔·普鲁斯特

简介　《追忆似水年华》这部长篇巨著被誉为二十世纪最重要的文学作品之一，以其出色的对心灵追索的描写和卓越的意识流技巧而风靡世界。全书以叙述者“我”为主体，将其所见所闻所思所感融合一体，既有对社会生活、人情世态的真实描写，又是一份作者自我追求、自我认识的内心经历的记录。除叙事以外，还包含有大量的感想和议论。整部作品没有中心人物，没有完整的故事，没有波澜起伏，贯穿始终的情节线索。它大体以叙述者的生活经历和内心活动为轴心，穿插描写了大量的人物事件，犹如一棵枝丫交错的大树，可以说是在一部主要小说上派生着许多独立成篇的其他小说，也可以说是一部交织着好几个主题曲的巨大交响乐。

对于1900—1950年这一历史时期而言，没有比《追忆似水年华》更值得纪念的长篇小说杰作了。这不仅仅因为普鲁斯特的作品像巴尔扎克的著作一样规模宏大。别的人写过十五部或二十部小说，有时还颇具才气，但是总不能让人得到一种启示，读到一个总结的印象。这些作者满足于开发众所周知的“矿脉”；马塞尔·普鲁斯特却发现新的“矿藏”。《人间喜剧》把外部世界作为自己的领地；它囊括金融界、编辑部、法官、公证人、医生、商人、农民；巴尔扎克旨在描绘，他也确实描绘了整整一个社会。相反，普鲁斯特的一个独到之处是他对材料的选择并不在意。他更感兴趣的不是观察行动本身，而是某种观察任何行动的方式。从而他像同时代的几位哲学家一样，实现了一场“逆向的哥白尼式革命”。人的精神重又被安置在天地的中心；小说的目标变成描写为精神反映和歪曲的世界。

用普鲁斯特书里的事件和人物来说明这位作家的特点，其荒谬程度将不亚于把雷诺阿说成是一个画过妇女、儿童、花卉的人。雷诺阿之所以成为雷诺阿，并非因为他画了这些模特儿，而是因为他把任何模特儿都摆在某种虹彩一般绚丽的光线之中。

贡布雷

一

在很长一段时期里，我都是早早就躺下了。有时候，蜡烛才灭，我的眼皮儿随即合上，都来不及咕哝一句：“我要睡着了。”半小时之后，我才想到应该睡觉；这一想，我反倒清醒过来。我打算把自以为还捏在手里的书放好，吹灭灯火。睡着的那会儿，我一直在思考刚才读的那本书，只是思路有点特别；我总觉得书里说的事儿，什么教堂呀，四重奏呀，弗朗索瓦一世和查理五世争强斗胜呀，全都同我直接有关。这种念头直到我醒来之后还延续了好几秒钟；它倒与我的理性不很相悖，只是像眼罩似的蒙住我的眼睛，使我一时觉察不到烛火早已熄灭。后来，它开始变得令人费解，好像是上一辈子的思想，经过还魂转世来到我的面前，于是书里的内容同我脱节，愿不愿意再挂上钩，全凭我自己决定；这一来，我的视力得到恢复，我惊讶地发现周围原来漆黑一片，这黑暗固然使我的眼睛十分受用，但也许更使我的心情感到亲切而安详；它简直像是没有来由、莫名其妙的东西，名副其实地让人摸不到头脑。我不知道那时几点钟了；我听到火车鸣笛的声音，忽远忽近，就像林中鸟儿的啭鸣，标明距离的远近。汽笛声中，我仿佛看到一片空旷的田野，匆匆的旅人赶往附近的车站；他走过的小路将在他的心头留下难以磨灭的回忆，因为陌生的环境，不寻常的行止，不久前的交谈，以及在这静谧之夜仍萦绕在他耳畔的异乡灯下的话别，还有回家后即将享受到的温暖，这一切使他心绪激荡。

我情意绵绵地把腮帮贴在枕头的鼓溜溜的面颊上，它像我们童年的脸庞，那么饱满、娇嫩、清新。我划亮一根火柴看了看表。时近子夜，这正是病羁异乡的游子独宿在陌生的客舍，被一阵疼痛惊醒的时刻。看到门下透进一丝光芒，他感到宽慰。谢天谢地，总算天亮了！旅馆的听差就要起床了；待一会儿，他只要拉铃，就有人会来支应。偏偏这时他还仿佛听到了脚步声，自远而近，旋而又渐渐远去。门下的那一线光亮也随之又消失。正是午夜时分。来人把煤气灯捻灭了；最后值班的听差都走了。他只得独自煎熬整整一宿，别无他法。

我又睡着了，有时偶尔醒来片刻，听到木器家具的纤维格格地开裂，睁眼凝望黑暗中光影的变幻，凭着一闪而过的意识的微光，我消受着笼罩在家具、卧室，乃至于一切之上的朦胧睡意，我只是这一切之中的小小的一部分，很快又重新同这一切融合在一起，同它们一样变得昏昏无觉。还有的时候，我在梦中毫不费力地又回到了我生命之初的往昔，重新体验到我幼时的恐惧，例如我最怕我的姨公拽我的鬈曲的头发。有一天，我的头发全都给剃掉了，那一天简直成了我的新纪元。可是梦里的我居然忘记了这样一件大事，直到为了躲开姨公的手，我一偏脑袋，醒了过来，才又想起这件往事。不过，为谨慎起见，我用枕头严严实实地捂住了自己的脑袋，然后才安心地返回梦乡。

有几次，就像从亚当的肋叉里生出夏娃似的，有一个女人趁我熟睡之际从我摆错了位置的大腿里钻了出来。其实，她是我即将品尝到的快感的产物，但是，我偏偏想象是她给我送来了快感。我在她的怀抱中感到自己的体温，我正打算同她肌肤相亲，正巧这时我醒了。同我刚才分手的那位女子相比，普天之下无论是谁都似乎不及她更可亲，我的脸上还感到她的热吻的余温，我的身子还感到她的肢体的重量。假如有时候也确有这种情况，梦里的女子赶巧同我在生活中认识的哪位女士相貌一样，那么我必全力以赴地达到目的：非同她梦里再聚不可，就像有些人那样，走遍天下也要亲眼见见他们心目里的洞天仙府，总以为现实生活中能消受到梦境里的迷人景象。她的音容笑貌在我的记忆中逐渐淡漠；我已忘却梦中人的倩影。

一个人睡着时，周围萦绕着时间的游丝，岁岁年年，日月星辰，有序地排列在他的身边。醒来时他本能地从中寻问，须臾间便能得知他在地球上占据了什么地点，醒来前流逝过多长的时间；但是时空的序列也可能发生混乱，甚至断裂，例如他失眠之后天亮前忽然睡意袭来，偏偏那时他正在看书，身体的姿势同平日的睡态大相径庭，他一抬手便能让太阳停止运行，甚至后退，那么，待他再醒时，他就会不知道什么钟点，只以为自己刚躺下不久。倘若他打瞌睡，例如饭后靠在扶手椅上打盹儿，那姿势同睡眠时的姿势相去更远。日月星辰的序列便完全乱了套，那把椅子就成了魔椅，带他在时空中飞速地遨游，待他睁开眼睛，会以为自己躺在别处，躺在他几个月前去过的地方。但是，我只要躺在自己的床上，又睡得很踏实，精神处于完全松弛的状态，我就会忘记自己身在何处，等我半夜梦回，我不仅忘记是在哪里睡着的，甚至在乍醒过来的那一瞬间，连自己是谁都弄不清了；当时只有最原始的一种存在感，可能一切生灵在冥冥中都萌动着这种感觉；我比穴居时代的人类更无牵挂。可是，随后，记忆像从天而降的救星，把我从虚空中解救出来：起先我倒还没有想起自己身在何处，只忆及我以前住过的地方，或是我可能在什么地方；如没有记忆助我一臂之力，我独自万万不能从冥冥中脱身；在一秒钟之间，我飞越过人类文明的十几个世纪，首先是煤油灯的模糊形象，然后是翻领衬衫的隐约的轮廓，它们逐渐一点一划地重新勾绘出我的五官特征。

也许，我们周围事物的静止状态，是我们的信念强加给它们的，因为我们相信这些事物就是甲乙丙丁这几样东西，而不是别的玩意儿；也许，由于我们的思想面对着事物，本身静止不动，才强行把事物也看作静止不动。然而，当我醒来的时候，我的思想拼命地活动，徒劳地企图弄清楚我睡在什么地方，那时沉沉的黑暗中，岁月、地域，以及一切、一切，都会在我的周围旋转起来。我的身子麻木得无法动弹，只能根据疲劳的情状来确定四肢的位置，从而推算出墙的方位，家具的地点，进一步了解房屋的结构，说出这皮囊安息处的名称。躯壳的记忆，两肋、膝盖和肩膀的记忆，走马灯似的在我的眼前呈现出一连串我曾经居住过的房间。肉眼看不见的四壁，随着想象中不同房间的形状，在我的周围变换着位置，像漩涡一样在黑暗中，转动不止。我的思想往往在时间和形式的门槛前犹豫，还没有来得及根据各种情况核实某房的特征，我的身体却抢先回忆起每个房里的床是什么式样的，门是在哪个方向，窗户的采光情况如何，门外有没有楼道，以及我入睡时和醒来时都在想些什么。我的压麻了的半边身子，想知道自己面对什么方向，譬如说，想象自己躺在有顶的一张大床上，面向墙壁侧卧。这时我马上就会想道："唷！我总算睡着了，尽管妈妈并没有来同我道晚安。"我是睡在已经死去多年的外祖父的乡间住宅里；我的身躯，以及我赖以侧卧的那半边身子，忠实地保存了我的思想所不应忘怀的那一段往事，并让我重又回想起那盏用链子悬在天花板下的照明灯——一盏用波希米亚出产的玻璃制成的瓮形吊灯，以及那座用西埃纳的大理石砌成的壁炉。那是在贡布雷，在我外祖父母的家里，我居住过的那个房间；离现在已经很久很久了，如今我却犹如身临其境，虽然我的睡意蒙眬，不能把故物的情境想得清清楚楚；待我完全清醒之后，我能回忆得更细致些。

后来，新的姿势又产生新的回忆；墙壁迅速地滑到另一边去：我睡在德·圣卢夫人家的乡间住宅里。天哪！至少十点钟了吧。他们一定都吃过晚饭了！我这个盹儿打得也太久了。每天晚上，更衣用餐前，我总要陪德·圣卢夫人外出散步，回来后先上楼打个盹儿。自从离开贡布雷，好多年过去了。住在贡布雷的日子，每当我们散步回来得比较晚，我总能在我住的那间房间的窗户玻璃上，看到落日的艳红的反照。如今在当松维尔，在德·圣卢夫人的家里，过的却是另一种生活。而且我只在晚间出去，沿着我从前在阳光下玩耍过的小路，踏着婆娑的月影散步，我感受到另一种愉快。归来时，远望我住的那个房间，只见里面灯火明亮，简直像黑夜中独有的一座灯塔。回去后我并不急于更衣用餐，而是先睡上一觉。

这些旋转不已、模糊一片的回忆，向来都转瞬即逝；不知身在何处的短促的回忆，掠过种种不同的假设，而往往又分辨不清假设与假设之间的界限，正等于我们在电影镜[1]中看到一匹奔驰的马，我们无法把奔马的连续动作一个个单独分开。但是我毕竟时而看到这一间，时而又看到另一间我生平住过的房间，而且待我清醒之后，在联翩的遐想中，我终于把每一个房间全都想遍：

我想起了冬天的房间。睡觉时人缩成一团，脑袋埋进由一堆毫不相干的东西编搭成的安乐窝里：枕头的一角，被窝的口子，半截披肩，一边床沿，外加一期《玫瑰花坛》杂志，统统成了建窝的材料，凭人以参照飞禽筑窝学来的技巧，把它们拼凑到一块，供人将就着栖宿进这样的窝里。遇到冰霜凛冽的大寒天气，最惬意不过的是感到与外界隔绝（等于海燕索居在得到地温保暖的深土层窝里）。况且那时节壁炉里整夜燃着熊熊的火，像一件热气腾腾的大衣，裹住了睡眠中的人；没有燃尽的木柴毕毕剥剥，才灭又旺，摇曳的火光忽闪忽闪地扫遍全屋，形成一个无形的暖阁，又像在房间中央挖出了一个热烘烘的窑洞；热气所到之处构成一条范围时有变动的温暖地带。从房间的旮旮旯旯，从窗户附近，换句话说，从离壁炉稍远、早已变得冷飕飕的地方，吹来一股股沁人心脾的凉风，调节室内的空气。

我想起了夏天的房间。那时人们喜欢同凉爽的夜打成一片。半开的百叶窗上的明媚的月亮，把一道道梯架般的窈窕的投影，抛到床前。人就像曙色初开时在轻风中摇摆的山雀，几乎同睡在露天一样。

有时候，我想起了那间路易十六时代风格的房间。它的格调那样明快，我甚至头一回睡在里面都没有感到不适应。细巧的柱子支撑住天花板，彼此间的距离相隔得楚楚有致，显然给床留出了地盘；有时候正相反，我想到了那间天花板又高又小的房间。它简直像是从两层楼的高处挖出来的一座金字塔，一部分墙面覆盖着坚硬的红木护墙板，我一进去就被一股从未闻到过的香根草的气味熏得昏头涨脑，而且我认定紫红色的窗帘充满敌意，大声喧哗的座钟厚颜无耻，居然不把我放在眼里。一面怪模怪样、架势不善的穿衣镜，由四角形的镜腿架着，斜置在房间的一角。那地方，据我惯常所见，应该让人感到亲切、丰硕；空洞的镜子偏偏挖走了地盘。我一连几小时竭力想把自己的思想岔开，让它伸展到高处，精确地测出房间的外形，直达倒挂漏斗状的房顶，结果我白白煎熬了好几个夜晚，只是直挺挺地躺在床上，忧心忡忡地竖起耳朵谛听周围的动静，鼻翼发僵，心头乱跳，直到习惯改变了窗帘的颜色，遏止了座钟的絮叨，教会了斜置着的那面残忍的镜子学得忠厚些。固然，香根草的气味尚未完全消散，但毕竟有所收敛，尤其要紧的是天花板的表面高度被降低了。习惯呀！你真称得上是一位改造能手，只是行动迟缓，害得我们不免要在临时的格局中让精神忍受几个星期的委屈。不管怎么说吧，总算从困境中，得救了，值得额手称庆，因为倘若没有习惯助这一臂之力，单靠我们自己，恐怕是束手无策的，岂能把房子改造得可以住人？

当然，我现在很清醒，刚才还又翻了一回身，信念的天使已经遏止住我周围一切的转动，让我安心地躺进被窝，安睡在自己的房内，而且使得我的柜子、书桌、壁炉、临街的窗户和两边的房门，大致不差地在黑暗中各就其位。半夜梦回，在片刻的朦胧中我虽不能说已纤毫不爽地看到了昔日住过的房间，但至少当时认为眼前所见可能就是这一间或那一间。如今我固然总算弄清我并没有处身其间，我的回忆却经受了一场震动。通常我并不急于入睡；一夜之中大部分时间我都用来追忆往昔生活，追忆我们在贡布雷的外祖父母家、在巴尔贝克、在巴黎、在董西埃尔、在威尼斯以及在其他地方度过的岁月，追忆我所到过的地方，我所认识的人，以及我所见所闻的有关他们的一些往事。

在贡布雷，每当白日已尽黄昏将临，我就愁从中来，我的卧室那时成为我百结愁肠的一个固定的痛点，虽然还不到该我上楼睡觉的钟点，离开我同妈妈和外祖母分手、即使不睡也得回房去独自待着的时间还差一大截。家里的人发觉我一到晚上就愁眉苦脸，便挖空心思设法让我开心。他们居然别出心裁地给我弄来一盏幻灯，趁着我们等待开晚饭的当口，把幻灯在我的房内的吊灯上套好，这东西跟哥特时代初期的建筑师和彩画玻璃匠那样，也是用捉摸不定的色光变幻和瑰丽多彩的神奇形象来取代不透光的四壁。绘上了传奇故事的灯片，就等于一面面彩画玻璃窗，只是它们光彩不定，忽隐忽现。可是我的悲愁却有增无减。因为我对房内的一切早已习惯，一旦照明发生变化，习惯也就受到破坏。过去除了睡觉使我苦不堪言之外，其他一切倒还过得去，因为我已经习惯。如今房内被照得面目全非，我一进去，就像刚下火车第一次走进山区“客栈”或者异乡旅馆的房间一样，感到忐忑不安。

心怀叵测的戈洛从覆盖着小山坡的绿荫团团的三角形的森林中，一蹦一跳地骑马走来，又朝着苦命的热纳维耶夫·德·希拉特居住的宫堡，一蹿一跃地走去[2]。椭圆形的灯片镶嵌在框架中，幻灯四角有细槽供灯片不时地插换。弧形的边线把灯片上的宫堡的其余部分切出画外，只留下宫堡的一角；楼前是一片荒野，热纳维耶夫站着发愣。她系着蓝色的腰带，宫堡和荒野则是黄澄澄的。我不看便知它们必定是黄颜色，因为幻灯尚未打出之前，单凭布拉邦特这一字字铿锵的大名，就已经预示了这种颜色。戈洛驻马片刻，愁眉苦脸地谛听我的姨祖母夸张其词地大声解说。他看来都听懂了，他的举止神情完全符合姨祖母的指点：既恭顺又不失庄重。听罢，他又蹦跳着继续赶路，没有任何东西能阻挡他不慌不忙地策马前行。即使幻灯晃动，我照样能在窗帘上分辨出戈洛继续赶路的情状：在褶凸处，戈洛的坐骑鼓圆了身体；遇到褶缝，它又收紧肚子。戈洛的身体也像他的坐骑一样，具有神奇的魔力，能对付一切物质的障碍，遇到阻挡，他都能用来作为赖以附体的依凭，即使遇到门上的把手，他的那身大红袍，甚至他的那副苍白的尊容，便立刻俯就，而且堂而皇之地飘然而过；他的神情总是那么高贵，那么忧伤，但是对于这类拦腰切断的境遇，他却面无难色，临危不乱。

当然，我从这些光彩夺目的幻灯画面中，感受到迷人的魅力，它们像是从遥远的中世纪反射过来的昔日景象，让一幕幕如此古老的历史场面，在我的周围转悠着重现。但是，这种神秘、这种美，闯进了我的卧室，究竟引起我什么样的不安，我却说不清楚。我已经慢慢地把自我充实了这间卧室，以至于对房间本身早已置诸脑后，我总先想到自我，然后才会念及房间。如今习惯的麻醉作用既然停止生效，我于是动起脑筋来，开始有所感触，真要命！我的房门的把手，同天下其他房门把手不同之处，仿佛就在于它看来不需要我去转动便能自行开启，因为对我说来，把手的运行已经成为无意识的举动，它现在不是在权充戈洛的星体吗？晚饭的铃声一响，我赶紧跑进饭厅；饭厅里的大吊灯既不知有戈洛其人，也从未结识过蓝胡子[3]，它只认得我的父母和列位长辈，以及桌上的罐焖牛肉；它每天晚上大放光芒，把光芒投入我妈妈的怀抱。热纳维耶夫·德·希拉特的不幸遭遇，更使我感到妈妈怀抱的温暖；而戈洛造下的种种罪孽，则触动我更诚惶诚恐地检查自己的意识。

用罢晚饭，唉！我得马上同妈妈分手了；她要留下陪大家聊天。遇到好天气，他们在花园里闲谈；若天公不作美，大家也只好待在小客厅里了。我说的大家，其实不包括外祖母。她认为："人在乡下，居然闭门不出，简直是罪过。"每逢大雨滂沱的日子，她都要同我的父亲争论，因为父亲不让我出门，偏要把我关在屋里读书。"你这种做法，"她说，"没法让他长得身体结实，精力充沛；而这小家伙尤其需要增强体力和锻炼意志。"我的父亲耸耸肩膀，聚精会神地审视晴雨表，因为他爱研究气象。而我的母亲呢，这时尽量蹑手蹑脚地少出声响，唯恐打扰了我的父亲。她温柔而恭敬地看着他，但并不盯住看，并不想看破他自命清高的秘密。我的外祖母却不然，无论什么天气，她都爱去室外，即使风雨大作，即使弗朗索瓦丝生怕名贵的柳条椅被淋湿，匆忙地把它们往屋里搬，外祖母也会独自在花园里，听凭风吹雨淋，而且还撩起额前凌乱的灰白头发，好让头部更加领受到风雨的保健功用。她说："总算痛痛快快透一口气！"她还沿着花园里的小路，兴致勃勃地踩着小步，连蹦带跳地跑起来。那些小路新近由一位才来不久的园丁按照自己的设想拾掇得过分规整对称，足见他毫无自然感；我的父亲今天居然一早就请教此人，问会不会变天。外祖母的跑步动作，轻重缓急自有调节，这得看暴风雨癫狂的程度、养生学保健的威力、我所受的教育的愚昧性以及花园内对称的布局等因素在她心中所激起的各不相同的反应来决定。她倒根本不在乎身上那条紫酱色的长裙会不会溅上泥水，她从来没有这样的顾虑，结果她身上泥点的高度，总让她的贴身女仆感到绝望，不知如何才好。

倘若我外祖母的这类园内跑步发生在晚饭之后，那么只有一件事能让她像飞蛾扑火一样立刻回来。小客厅里亮灯的时候，准是牌桌上已经有饮料侍候，这时姨祖母大叫一声："巴蒂尔德！快来，别让你的丈夫喝白兰地！"在园内转圈儿跑步的外祖母就会争分夺秒地赶回来。为了故意逗她着急（外祖母把一种完全不同的精神带进了我们的家庭中来，所以大伙儿都跟她逗乐，存心作弄她），我的姨祖母还当真让我的外祖父喝了几口他不该喝的酒。可怜的外祖母走进小客厅，苦口婆心地求他放下酒杯；外祖父一赌气，索性仰脖喝了个涓滴不剩。外祖母碰了一鼻子灰，伤心地走开了，不过她脸上依然带着微笑，因为她待人向来宽厚，从不计较面子得失，这种对人对己的胸怀在她的目光中化为微笑，同我们在别人脸上见到的微笑决然相反，它除了自我解嘲之外毫无嘲讽的意味。这一笑对我们大家来说，等于是用目光代替亲吻；她的那双眼睛，见到她所疼爱的亲人，从来都只以目光传递她怀中热切的爱怜。姨祖母狠心作弄她，她苦口婆心劝说外祖父不要贪杯，偏偏她又心肠仁慈，落得自讨没趣。这种场面我后来是习以为常了，甚至还当作笑柄，嘻嘻哈哈地、毫不犹豫地同作弄她的人沆瀣一气笑话她，还硬让自己相信这不算作弄。可是，当初我是气得要命的，恨不能去打姨祖母。然而那时我已经学得像个小大人，跟怯懦的大人一样，听到"巴蒂尔德！快来，别让你的丈夫喝白兰地"这样的叫声，我采取了我们长大成人后的惯常态度，也就是见到苦难和不平，扭过脸去以求得眼不见为净。我爬上书房隔壁紧挨着屋顶的那个小房间，躲在那里抽抽搭搭地哭起来。房间里有一股菖蒲花的香味，窗外还传来墙根下那株野生的醋栗树的芳香，有一枝开满鲜花的树梢居然伸进了半开半掩的窗户。凭窗远望，能一直望到鲁森维尔宫堡的塔楼；这间小屋原来派的用场更特殊也更平常，可是那些年里长期成为我的避难所，大概是因为它地处偏僻，我又可以把自己反锁在里面，所以一旦需要孤身独处，不容他人打扰的事要做时，我就躲到这里来，有时读书，有时胡思乱想，有时偷偷哭泣，有时自寻欢乐。唉！我当时哪里知道，我的外祖父在忌口方面往往不拘小节地出点差错，我又偏偏缺乏意志，身体娇弱，以至于一家人对于我的前途都感到渺茫，这些事儿着实让我的外祖母操了多少心。她在下午或者晚上没完没了地跑个不停，我们只见她跑来跑去，偏着脑袋仰望苍天，她那清秀的脸庞，鬓角下肤色焦黄，皱纹密布，年复一年地变得像秋后翻耕过的土地泛出紫色。她出门时，半遮的面纱挡住了她的腮帮，上面总挂着几滴由于寒风或忧思的刺激而不自觉地流下的眼泪，又渐渐让风吹干。

我上楼去睡，唯一的安慰是等我上床之后妈妈会来吻我。可是她来说声晚安的时间过于短促，很快就返身走了，所以当我听到她上楼来的脚步声，当我听到她的那身挂着几条草编装饰带的蓝色细麻布的裙子窸窸窣窣走过有两道门的走廊，朝我的房间走来的时候，我只感到阵阵的痛苦。这一时刻预告着下一个时刻妈妈就会离开我，返身下楼，其结果弄得我竟然盼望我满心喜欢的那声晚安来得越晚越好，但愿妈妈即将上来而还没有上来的那段空白的时间越长越好。有几次，妈妈吻过我之后，开门要走，我居然想叫她回来，对她说："再吻我一次吧。"可是，我知道，这样一来她马上会一脸不高兴，因为她上楼来亲我，给我平静的一吻，是对我的忧伤、我的不安所作出的让步，已经惹得我的父亲不高兴了。父亲认为这类道晚安的仪式纯属荒唐。妈妈也恨不能让我早日放弃这种需要，这种习惯。她决不会让我滋生新的毛病，也不会允许我等她走到门口之后再请她回来亲亲我，况且，只要见到她面有愠色，她在片刻前给我带来的宁静也就受到彻底破坏。她刚才像在领圣体仪式上递给我圣饼似的，把她的温馨的脸庞俯向我的床前。我的嘴唇感受到她的存在，并且吸取了安然入睡的力量。总的说来，比起客人太多，妈妈不能上来同我说声晚安的那些晚上，她能在我房内待上一会儿，哪怕时间很短，也总算不错了。所谓客人，平时只限于斯万先生。除了几位顺路来访的外地客人之外，他几乎是贡布雷屈趾舍间的唯一的客人。有时候，他以邻居的身份与我们同进晚餐（自从他同门户不相当的女子结婚之后，他很难得来了，因为我的长辈们不愿意接待他的妻子），有时候，他在晚饭之后不请自来。晚上，我们在房前那棵高大的板栗树下，围坐在铁桌的四周纳凉，忽听得花园的那一头传来声响，倒不是不打铃就进门的自家人弄响的那门铃声，叮叮当当地闹个不休，像劈头倒下的一盆雪水，弄得你晕头转向；这回我们听到的是专为来客设置的那种椭圆形的镀金的门铃声，它怯怯地叮咚两响。于是大家面面相觑："有客人？会是谁呀?"其实大家心里明白，除了斯万先生，没有别人；我的姨祖母以身作则地大声数落开了，她力求说得自然：她教诲我们不该窃窃私语；让来人以为我们在议论他不该听到的事，是最不礼貌的行为。接着，我们看到，最爱找碴儿到花园里去走走的外祖母，已经走上前去侦察。她总乘机悄悄地把沿路的玫瑰花树的支架拔掉，让枝头的花朵显得更自然些，就像当妈妈的用手拨弄拨弄孩子的头发，把被理发师梳理得过于服帖的头发弄得蓬松自然些。

我们全都屏息静气，等待外祖母回来报告侦察到的"敌情"，好似我们身陷敌众我寡的包围，一时进退不定，难下对策。接着外祖父开口说话了："我听得出，是斯万的声音。"确实，只有他的声音最好辨认，他那张脸却难以看清；因为怕招蚊子，我们在花园纳凉时尽量少点灯。斯万长着鹰钩鼻，绿眼珠，脑门儿很高，头发黄得发红，剪成勃莱桑那样的发式[4]。这时，我正要不动声色地吩咐仆人拿果子露来；我的外祖母认为用果子露招待客人最相宜，因为它不显得那么特殊，才更显得得体。期万先生虽说比我的外祖父年轻得多，却同他关系密切。我的外祖父是他的父亲的好朋友；他的父亲为人善良，就是古怪，据说，有时候一点儿小事就能使他的感情的冲动中断，思路改变。我在饭桌上每年都要听我外祖父提到好几次有关他的轶事，而且每次都一样，都是说斯万爷爷对他的妻子的死所采取的态度。他妻子病重时，他曾日夜在病榻前侍候。那时，我的外祖父已经好久没有同他见面了；听到斯万夫人的死讯他连忙赶到斯万家在贡布雷附近的庄园。为了不让他见到妻子入殓的场面，我的外祖父好不容易才把哭成泪人儿的他从灵房劝走。他们俩在阳光惨淡的花园里走了几步。斯万先生忽然拉住我的外祖父的胳膊，大声说道："啊！老兄，这样好的天气，咱俩一块儿散步，有多好呀！你不觉得美吗？这些树，这些山楂花，还有你从来也没有对我夸过的那片池塘。你干吗愁眉苦脸？你没有感到这微风吹得人多舒服？啊！我说归说，总还是活着有意思呀，我亲爱的朋友阿梅代！"突然间，他又想起了死去的妻子。他怎么能在这种时候听任愉快的心情涌现出来？其中的原因若加以深究或许过于费事，所以他只拍拍自己的脑门儿，揉揉眼睛，擦擦夹鼻眼镜的镜片。每当遇到挠头的难题，他经常以此打发。然而，他并不能忘怀丧偶的痛苦，他在妻子死后又活了两年，他常对我的外祖父说："也真怪，我常常想起可怜的妻子，只是不能一次想许多。"于是，"像可怜的斯万老爹那样细水长流"，成了我的外祖父爱说的一句口头禅，即使提到毫不相干的事儿，他也总把这句话挂在嘴边。我的外祖父是我心目中最公道的法官，他的判决对我来说等于量刑的准则，有些过错我本来倾向于严加谴责的，后来根据他的意见改为从宽发落。倘若外祖父不接着说："怎么？他心眼儿好！"那我简直要把斯万爷爷看成混世魔王了。

他的儿子小斯万先生一连好几年——尤其在结婚以前——常来贡布雷看望我的姨祖母和外祖父、外祖母。他们根本没有想到小斯万已经不再同父辈的故旧世交们来往了，而且我们并不觉得斯万这个姓有多显赫，所以我的长辈们接待他简直像接待微服察访的贵人，完全不知道这位客人的真实地位，等于老实正派的旅店老板，无意中留宿了大名鼎鼎的江洋大盗，应该说不知者不罪。我的长辈们哪里想得到他们接待的这位斯万先生其实是跑马总会里数一数二的阔绰的会员，巴黎伯爵和高卢公爵所宠信的密友，圣日耳曼区上流社会中的一位大红人呢？

我们对斯万在交际场中的豪华生涯一无所知，显然部分原因是他本人守口如瓶、性格矜持，但还有部分原因是由于当时的布尔乔亚对整个社会抱有一种印度种姓式的观念，总以为社会是由封闭的种姓阶层组成的，一个人自呱呱坠地那天起，就永远属于他父母所在的阶层，除掉某些偶然情况外——譬如在某个行业中出人头地，或者同门第不相当的家庭联姻，此外再没有别的途径能跻身到高一等的阶层中去。斯万老先生是证券经纪人，小斯万注定一辈子属于那个贫富由收入决定的阶层，丁是丁卯是卯，就跟划分纳税等级一样分明。只要知道他父亲跟什么人交往，就可判断他同什么人交往，以及跟什么人交往才算地位相当。倘若他自己另结新交，那只能算作少不更事，他们家的老世交们，例如我的外祖父、外祖母，对此都能宽宏地视而不见，尤其是他在父亲死后，仍忠心耿耿地来看望我们，我们更应不予计较。但是，有充分理由肯定，他若在大街上遇到那些我们不认识的人，他决不会当着我们的面同他们打招呼的。如果有人硬要给他一个同他的个人情况相符的社会商数，那么，在地位同他父亲相当的其他经纪人的子弟当中，他的这个商数肯定是偏低的，因为他不讲排场，而且对古董和油画“着迷”之极。他如今住在一幢老房子里，家里堆满他收藏的宝贝。我的外祖母总想去参观参观，不过那座房子位于奥尔良滨河街，我的姨祖母认为住在那个地段有失身份。“您是行家吗？我这么问是为您好，因为您有可能弄到些商人转手的次货。”姨祖母曾这么对他说过；她也确实认为斯万是个草包，没有什么高明之处，甚至在智力方面也平平庸庸，这种人在交谈中往往对正经的话题避而不谈，却在琐细的小枝小节上精确到令人乏味的程度，不仅提到菜谱时他不厌其详，而且同我外祖母的两位妹妹议论艺术问题时，他也同样不知趣。她们要他谈谈见解，讲讲他认为某一幅画好在哪里，他居然闭口不谈，简直不顾礼节。要么——如果可能的话——他就提供一大堆具体细节，诸如这幅画由哪家博物馆收藏的，作于哪一年，等等。通常，他只是每次不重复地说段故事，来给我们解闷；不外乎他最近又跟谁遇到了什么事儿，他倒是总选择我们认识的有关人物，比如，贡布雷的药房老板，我们家的厨娘或车夫。不用说，那些故事逗得我的姨祖母笑出声来，但是，她弄不清是什么引她发笑的，是因为斯万总在那些故事中当尴尬角色呢，还是他的故事讲得俏皮：“您真算得上一位典型人物了，斯万先生！”我们家唯独姨祖母有点俗气，所以每当有人提到斯万，她都不惮费神地要提醒不谙内情的人，说斯万本来可以在奥斯曼大街或者歌剧院大街弄到一套住宅的，他是斯万老先生的儿子，父亲起码给他留下四五百万的家当，可是他偏偏乖张任性。我的姨祖母认为，一个人乖张任性，在别人眼里一定显得非常滑稽，所以有一回——那是正月初一，在巴黎，斯万先生送她一包冰糖栗子，当时不少人在场，姨祖母不失时机地问斯万道：“哎！斯万先生，您还住在酒库附近吗？您就是为了一旦去里昂不至于误了火车钟点吗？”说着，她从夹鼻眼镜的上面，用眼角扫了一眼在场的其他客人。

但是，倘若有人把下面的实情告诉我的姨祖母，她会更感到出奇的：这位斯万先生，作为斯万老先生的儿子，完全“有资格”受到“上层资产阶级的淑女名媛们”的款待（这类特权斯万似乎有意让女士们做主），巴黎最德高望重的公证人或法律事务代理人都可以出具担保，但是他却悄悄地过着另外的生活。在巴黎的时候，他说是要回家睡觉去，但一旦离开了我们的家，出门之后才走几步，便折到另外的方向，上别的经纪人或者合股人所不能光顾的沙龙里去玩。这种事情，我的姨祖母倘若知道，准会觉得非同小可，异乎寻常的程度相当于一位学识渊博的妇女同阿里斯泰[5]交情颇深，后来听说这位阿里斯泰同她促膝谈心之后，接着就钻进了忒提斯[6]管辖的汪洋王国，深入到凡人的肉眼所无法看透的海中洞府，而且据维吉尔[7]描述，他在那里受到了热烈的欢迎；或者，简单点说，像一幅异乎寻常的画，这倒更容易使我的姨祖母产生联想，因为，在贡布雷，我们的点心盘子上就有那样的画，阿里巴巴出现在我们的餐桌上，当阿里巴巴一旦发觉周围已无人在场时，他会钻进珠宝辉映的山洞里去，谁也想不到洞里竟有那么多耀眼的宝贝。

有一天——那时我们住在巴黎——他在晚饭后来看我们，他为自己穿了一身晚礼服而连连致歉。他走了之后，弗朗索瓦丝说，据车夫透露，他方才是同一位王妃“共进晚餐”的。“对，”我的姨祖母继续织着毛线，连眼皮都没有抬，只是耸耸肩膀，不动声色地挖苦说，“同一位身份不明的王妃。”

所以，我的姨祖母对他相当不客气。她认为，我们请他来做客，是给他面子；夏天，他每回来我们家，总提着一筐自己园子里出产的桃子和覆盆子，而且他每次从意大利旅行回来，总要送给我好几张美术名作的照片；这些，我的姨祖母认为都是理所当然的。

遇到要大摆筵席的日子，偏偏手头又没有制作风味酱汁或凤梨色拉的配方，我的姨祖母就托他想办法弄，但又不请他来赴宴；她居然不觉得这么做有什么不妥，反而认为他还不够体面，不宜请他在招待首次光临的贵客的席面上作陪。如果谈话的内容涉及法兰西王室的几位亲王，我的姨祖母就对斯万说："这几位大贵人，您跟我一样，咱们都永远高攀不上，还是不谈算了，您说是不是?"她哪里知道，也许当时斯万的口袋里偏巧正装着一封从特威克汉姆[8]寄来的信呢。赶上哪天晚上，我外祖母的妹妹表演唱歌，我的姨祖母就吩咐斯万推钢琴、翻琴谱，把这么一位斯斯文文的人支使得团团转，她那种不知深浅的粗放做法，就像是不识货的孩子，拿着古董当不值钱的东西玩，根本不知道爱惜。当时在俱乐部会员中那样赫赫有名的斯万，同我的姨祖母心目中所创造出来的斯万，说不定有天壤之别。晚上，在贡布雷的小花园中，铃铛怯怯地响过叮咚两声之后，我的姨祖母便用她所知道的有关斯万家的一切陈年掌故，来充实她所创造的那个默默无闻、毫无主见的人物，并使他生动起来，于是他在黑暗的背影中清晰地显现，我的外祖母则紧跟在他的后面。他只要一开口，我们就认出他是谁。但是，即使从我们日常生活中最微不足道的小事来看，我们谁都不能构成在人人眼中都一样的物质的整体，总是仁者见仁，智者见智；我们的社会人格，其实是别人的思想创造出来的。甚至例如被我们称之为"看望熟人"。那样简单的行为，就部分而言，也具有智力的性质。我们用我们所掌握的有关他的一切概念，来充实我们所见到的这个人的音容笑貌。我们的心目中有关他的全貌，不用说大部分包含了上述的概念。最终，那些概念使他的面颊丰满起来，而且贴切地勾画出他鼻梁的轮廓，进而把音量区分得那样纤毫不差，好似音量只是一层透明的外罩，我们每次看到这张脸庞，听到这种声音，我们就又遇上那些概念，并听从那些概念。也许，我的姨祖母、外祖父、外祖母们在勾画斯万的形象时，由于无知而删略了他在社交场中所具备的许多特点，而在别人看来，他的眉宇间充满了一股风流倜傥的英俊气息，只是这股潇洒之气，遇到他的鹰钩鼻，就像遇到了天然屏障那样驻足流连；但是，他们也能在斯万那张失去了魅力的脸盘上，在那片空荡荡的、开阔的眉宇间，在那双已经贬值的眼睛的深处，堆积起半是记忆半是遗忘、模糊而亲切的残迹，那是我们在乡居期间与芳邻每周一次共进晚餐之后，在牌桌边或花园里一起度过的闲暇时光所留下的残迹。我们的朋友的体态外貌，于是像有关他的父母的记忆一样，变得十分充实，当年的斯万成了一位完整的、生动的人。今天，当我在回忆中由我后来认识得相当准确的斯万，进而联想到早年的斯万，我简直好像是离开了一个人，去接近另一个完全不同的人。在那早年的斯万的身上，我发现了我少年时代的可爱的错误，而且早年的斯万同后来的斯万相似之处很少，倒是更像我当年所认识的其他人，似乎人的一生无非同博物馆一样，其中同一个时代的肖像都具有一种家庭特征，一种相同的色调——早年的斯万，整日闲暇，散发出大栗树、覆盆果和蒿草叶的芳香。

然而，有一天我的外祖母有事去求一位她以前在圣心教堂认识的太太帮忙（由于我们的门第观念，我的外祖母后来不愿意再同她来往了，尽管她们彼此都觉得很相投），出名的望族布永伯爵家的女儿维尔巴里西斯侯爵夫人对我的外祖母说："我想您同斯万先生很熟吧？他是我的侄儿洛姆亲王家的好朋友。"

那天我的外祖母回家时心情很兴奋。她对维尔巴里西斯侯爵夫人劝她租一套房间住住的那幢门前有悦目园景的大楼赞不绝口，对在大楼院子里开铺子揽活儿的织补匠父女俩尤其满意。她有一条裙子在楼梯上挂破了，求织补匠修补。她说织补匠的女儿简直像颗珍珠，而那位父亲则是她生平所见到的最高雅、最无可挑剔的人，在我的外祖母的心目中，高雅同社会地位绝对无关。她最赏识织补匠的答话，她跟我的妈妈说："塞维尼都说不到那样高雅得体[9]！"相反，当她说到她在维尔巴里西斯夫人家遇到的那位侯爵夫人的侄子时，她的评语却是："啊，我的孩子，那人太平庸了！"

至于侯爵夫人关于斯万的那席话，其效果非但不能抬高斯万在我的外祖母的心目中的身价，反倒使侯爵夫人降低了身份。我们根据外祖母的信仰，在给予维尔巴里西斯夫人的评价中，为她定下一项义务：她不得做出违背身份的事情；而她居然认识斯万其人，甚至允许自己的侄子同他交往，这是有失体统的行为。"什么！她认识斯万？你不是说她同麦克马洪元帅还沾点亲吗，她怎么能这样？"我的长辈们对于斯万的社交活动抱有的这种看法，后来更因他同声名狼藉的社交圈内的一位女子结婚而得到进一步的确定。那女子差不多是交际花一类的人物，斯万倒从没有打算把她介绍给我们认识。结婚之后他依然单独来我们家做客，只是来得不那么勤了。我的长辈们认为，仅就那位女子的地位而论，便足以推想斯万通常在什么圈子里鬼混；他们对那个圈子的内情并不知晓，但估计斯万是在那里遇到她的，后来又同她结婚。

但是，有一次我的外祖父从报上得知斯万先生是某某公爵家星期午餐席上忠实的常客。那位公爵的父亲和叔叔都是路易·菲利浦当政时显赫的国务要员。外祖父一向对小道消息很有兴趣，因为那些细枝末节能使他的思想潜入莫莱、巴斯基埃公爵和布洛伊公爵等人的私生活中去。他得知斯万同那些国务要员的熟人经常来往，不免喜出望外。我的姨祖母却相反，她对那条新闻的解释于斯万极为不利；凡是在自己出身的"种姓"之外，在自己的社会"阶层"之外另行选择交往对象的人，在她的心目中都等于乱了尊卑的名分，是很讨厌的。她认为，这是贸然放弃长辈们辛苦建立的实惠；有远见的家长们总为自己的儿孙体面地奠定下亲朋关系的基石，让他们日后坐享同牢靠的人亲密交往的成果，岂可轻率地置之不顾（我的姨祖母甚至不再接见我们家的一位公证人朋友的儿子，因为他同一位亲王家的小姐结了婚，我的姨祖母认为，等于就此由受人尊敬的公证人儿子的身份，下降到据说有时会受到后妃们青睐的冒险家、贴身侍从或马夫之流的卑贱地位）。我的外祖父本打算在第二天晚上乘斯万来吃晚饭的时候，向他打听那几位要人的情况，因为我们新近发现原来他们都是他的朋友。姨祖母狠狠地批评了他的这种打算。另外，外祖母的两位妹妹——这是两位虽具备外祖母的高尚品性却不具备她那份聪明才智的老小姐——也毫不含糊地宣称，姐夫居然有兴致涉及这类无聊的话题，她们万万不能苟同。她们都是洁身自好的人，而且正因为如此，所以决不能对飞短流长的闲话感兴趣；即使具有历史意义的传闻，她们也从不过问；一般地说，凡是同审美与操行无直接关系的话题，她们从不搭腔。对于直接或间接涉及世俗生活的一切谈论，她们打心眼儿里不感兴趣。只要饭桌上出现轻薄的谈吐，或者仅仅是实惠的话题，而两位老小姐又无法把话题引回到她们所热衷的内容上来，她们就干脆暂停听觉器官的接受功能，让它处于开始衰竭的境地。那时，如果我的外祖父必须引起两位小姨的注意，就得求助精神病医生对付精神分散的患者所采用的物理刺激法：用刀刃连击玻璃杯的同时，大喝一声并狠狠瞪上一眼。精神病大夫往往在日常交往中也使用这类粗暴的方法来对付身心完全健康的人，也许是由于职业养成的习惯，也许他们把人们都看作有点疯病。

老太太们也有兴高采烈的时候，譬如说，斯万来我们家吃晚饭的前一天，亲自给她们送来一箱阿斯蒂出产的葡萄酒。我的姨祖母拿着一份登有“柯罗画展”消息的《费加罗报》，在一件展品名字的旁边，注上了“夏尔·斯万先生所藏”这几个字样。姨祖母说：“你们看到没有？斯万居然露脸，名字登在《费加罗报》上！”

“我早就跟你说过，他是很有鉴赏力的。”外祖母说。

“你当然了，”姨祖母接过话来说，“你的看法总跟我们不一样。”她知道我的外祖母的看法从来跟她不一致，至于我们会不会赞成她，她并没有十分把握，所以她有意硬拉上我们一起来反对外祖母。她竭力想用自己的见解把我们统统纳入反对外祖母的阵营。但是我们偏偏谁都不接话，我的外祖母的两位妹妹表示要跟斯万提到《费加罗报》上刊登的那句小注，姨祖母劝她们千万免开尊口。每当她发现别人身上有个她所缺少的长处，哪怕微不足道，她也要坚决否定，认为不是长处，而是一个缺点；她不仅不会羡慕人家，反而觉得人家可怜。

“我认为你们这样做并不会使他高兴；我很清楚，我要是看到自己的名字这样显眼地登在报上，会觉得很扫兴的，倘若有人跟我提到这种事，我决不会沾沾自喜。”

不过她倒没有硬要说服我的两位姨祖母，因为她们俩最怕俗气，所以她们在影射到谁的时候，总能把话说得婉转曲折，达到不露痕迹的地步，甚至连当事人都察觉不到。至于我的母亲，她力求我的父亲答应不跟斯万提到他的妻子，而只跟他提到他所钟爱的女儿，因为据说斯万是为了女儿才同他的妻子结婚的。

“你可以只问一句‘她好不好’就行了，他的生活一定过得很不痛快。”

可是我的父亲不乐意：“我才不呢！你尽胡思乱想。这么说不招人笑话吗？”

我们当中只有一个人把斯万的来访当作痛苦的心事，那就是我。因为每当有外人来访，或者只有斯万一人做客，晚上妈妈就不到楼上我的卧室里来同我道晚安了。我总比别人先吃晚饭，然后坐在桌子旁边；一到八点钟，我就该上楼了。我只能把妈妈通常在我入睡时到我床前来给我的那既可贵又纤弱的一吻，从餐厅一直带进卧室；我脱衣裳的时候，还得格外小心，免得破坏那一吻的柔情，免得它稍纵即逝的功效轻易消散化为乌有。所以，越是遇到那样的晚上，我受妈妈一吻时就越有必要小心翼翼。但是，我又得当着众人的面，匆匆忙忙地接过那一吻，抢走那一吻，甚至没有足够的时间和必要的空闲对我的举止给以专心致志的关注：好比头脑不健全的人在关门的时候尽量不去想别的事情，以便疑惑袭来时用关门时留下的回忆来战胜它。

门铃怯怯地响起叮咚两声，那时我们都在花园里休息。我们知道是斯万来访；但是人人都带着疑问的表情面面相觑，并派遣我的外祖母前去侦察。

“别忘了，用明确的话感谢他送了酒来。你们也都知道，酒味很醇正，而且有一大箱。”外祖父叮嘱两位姨祖母说。

“你们又说悄悄话了，”姨祖母训斥道，“要是上谁家去，听到人家在窃窃私语，多不自在！”

“啊！敢情是斯万先生吧！咱们待会儿问问他，明天是不是大晴天。”我的父亲说。

我的母亲认为，她若一开口就会把我们全家自从斯万结婚以来可能在态度上使他感到的难堪统统消除。她找了一个空档，乘机把斯万领到一边。但是我跟在她后面，我舍不得离开她一步，心里想，待会儿我要把她留在饭厅里了，我上楼去睡觉不能像每天晚上那样得到她亲一亲的慰藉了。

“哎，斯万先生，”母亲说，“您女儿好吗？我相信她一定像她爸爸那样，已经能鉴赏出色的艺术作品了。”

这时我的外祖父走过来，说：“快来呀，同我们一起坐到游廊里来。”

母亲只得把话打住，但是她从无可奈何中又萌生一个微妙的念头，好比优秀的诗人让蛮横的韵律逼出最美的诗句，“待会儿咱们俩单独说说您女儿的近况吧，”我的母亲悄声对斯万说，“只有当母亲的才体会得到您的苦心。我相信她妈妈也一定会同意我的看法的。”

我们全都围坐在铁桌的四周。我真不愿意想到今天晚上我将无法入睡，独自熬过苦闷的长夜；我尽量说服自己，那些失眠的时刻没有什么了不起，因为明天一早我就会忘记得干干净净；我尽量让自己想到未来，这样，我就能像踏上桥梁似的越过令人心寒的深渊。但是我的思想跟集中了焦点的目光那样被心事绷得很紧，我全神贯注在母亲的身上，容不得半点无关的印象钻进我的心房。各种思想确实都能闯进我的脑海，但是，一切有可能扣动我心扉的美，或者干脆只是可能转移我的注意力的怪念头，统统都被我排斥在我的心扉之外，就像上了麻药的病人，医生给他动手术时他心里一清二楚，只是不感到疼；我也照样能背诵我喜爱的诗，照样能观察到我的外祖父为了诱导斯万谈及奥迪弗雷·巴斯基埃公爵而作出的种种努力，但是背诵的诗句并不能激起我的感情，观察外祖父的举止也不能使我开心。外祖父的努力终于毫无成效。他刚向斯万提到一个与他有关的问题，我的一位姨祖母马上觉得提得不合时宜，等于造成冷场，而她认为只有打破冷场的尴尬局面才是符合礼貌的行为，于是就对另一位姨祖母说：

“你倒是想想看，弗洛拉[10]，我认识一位瑞典女教师，她把有关斯堪的纳维亚国家合作社的最最有趣的细节，向我作了详细的介绍。咱们应该请她哪天来吃顿晚饭。”

“对了！”她的姐姐弗洛拉回答说，“不过我也没有白浪费时间。我在凡德伊先生家遇到了一位德高望重的学者，他跟莫邦很熟，莫邦向他详谈了创造角色的过程。这多有意思。他是凡德伊先生的邻居，我本来不知道！他非常彬彬有礼。”

“只有凡德伊先生才有彬彬有礼的芳邻。”我的姨祖母赛莉纳高声接口道。由于她胆小怕羞，所以声音特别尖；更由于她深思熟虑，语气显得很不自然。她一面说，一面——用她自己的话说——有意朝斯万那边望了一眼，与此同时，我的姨祖母弗洛拉听出赛莉纳的弦外之音是对斯万送来阿斯蒂葡萄酒表示感谢，所以也望了斯万一眼，那神情既有感谢之意，又带点挖苦，也许她不过是想强调她的妹妹的措辞巧妙，也许她嫉妒斯万居然使她的妹妹如此开窍，善于辞令，更也许她情不自禁地要挖苦斯万几句，因为在她看来斯万已穷于对答了。

“我看，咱们可以请那位先生屈趾光临，来用晚餐的，”弗洛拉接下去说，“只要一提到莫邦或者马特纳夫人，他准能一气儿连谈几个钟头。”

“那才动人呐。”我的外祖父叹了一口气说；他心想，大自然已经不幸地、彻底地排除了人们对瑞典合作社或者莫邦创造角色之类的问题产生浓厚兴趣的可能性，因为它忘了为我的两位姨祖母的才情增添一点佐料；若要把莫莱或者巴黎伯爵的私生活讲得有滋有味，就得添油加醋。

“既然说到这里，”斯万对我的外祖父说，“我下面要说的倒跟您问我的问题很有关系，虽然表面上看并不相干，但从某些方面看，其实并无太大的不同。今天上午，我重读了圣西门[11]的著作，其中有几句话您或许会觉得有点意思。那是有关他出使西班牙的那一卷；

在他的全集中，那一卷写得并不出色，只是一本日记罢了，但作为日记，至少写得非常生动；仅就这一点而论，就同我们认为每天非看不可的乏味的报纸有所区别。”

“我不同意您的看法，有时候我觉得看报令人非常高兴。”我的姨祖母弗洛拉打断了斯万的话，以此来表示她已经在《费加罗报》上看到了那句注解，说明柯罗的哪幅油画是由斯万所收藏的。

姨祖母赛莉纳连忙补充道：“就是说，当报纸上提到我们所关心的人和事的时候。”

“倒也是，”斯万不免感到意外，答道，“我之所以说报纸不好，是因为报上天天让咱们去注意那些无聊的小事，而咱们一生中难得三四回读到含英咀华的好书，既然咱们天天早晨要急于看报，那么他们就应当把报纸办得好一些，增加一些内容，我不知道怎么说才好……比如说，来一点帕斯卡尔[12]《思想集》之类的文章！（他故意调侃似的把《思想集》三字说得夸张其词，以免显得学究气）那种切口烫金的精装书，咱们每隔十年不过翻上一回，”他补充一句，像有些社交界人士装得愤世嫉俗，对富丽堂皇的东西不屑一顾似的，“书里咱们又读到些什么？无非是希腊王后幸驾戛纳，莱昂公主举办化装舞会，好像只有这样才合乎规矩。”说到这里，他又后悔失言，把正经事说得过于轻佻。他解嘲似的接着说道：“咱们的话题太高雅了，我不明白为什么咱们要谈论这样‘高深的尖端’。”这时，他转身对我的外祖父说：“还是说圣西门吧。书里说莫莱夫里埃居然有胆量向他的儿子们伸手。您知道，关于这位莫莱夫里埃，圣西门是这么说的：‘他简直像只厚壁酒瓶，里面只有起码的水分，粗俗而愚蠢。’”

弗洛拉赶紧插话道：“酒瓶有薄有厚，我倒是知道有些瓶子里装着完全不同的东西。”她想乘机谢谢斯万，因为那箱阿斯蒂葡萄酒，斯万是送给她们姐妹俩的。

斯万一时十分尴尬，硬着头皮往下说：“圣西门是这样写的：‘我不知道他是无知呢还是存心犯傻，他居然想伸过手去，同我的孩子们握手，我幸亏及时发觉，没有让他得逞。’”

我的外祖父对于“无知呢还是存心犯傻”这种说法佩服得五体投地，可是赛莉纳小姐，由于圣西门这么一位文学家的大名没有让她的听觉功能完全沉入麻痹状态，听到这话顿时义愤填膺：

“什么？您居然钦佩这样的描写？好！不过，这能说明什么问题？难道同样是人，这个人就不如那个人吗？人只要聪明、勇敢、善良，公爵也罢，马夫也罢，有什么关系？您的圣西门倒好，居然教他的儿子们不理睬正派人的友好表示，这也算教子有方？简直恶心！您居然敢引为经典！”

我的外祖父眼看谈话遇到这么多的障碍，非常扫兴，感到已不可能诱导斯万讲点他爱听的故事了，于是悄声对我的妈妈说：

“上次你告诉我的那句诗是怎么说来着？碰到眼前这种情况，倒可以让我舒一口气。你提个头吧，啊，想起来了：‘主啊，有多少美德您教我们憎恨！[13]’唉，说得真好啊！”

我两眼盯住了妈妈，我知道，只得一开晚饭，他们就不会让我待到晚饭结束，为了不使我的父亲扫兴，妈妈不会让我当着大家的面像我在卧室里那样地亲她好几遍的。所以，在餐厅里，在就要开晚饭的时候，在我感到那时间即将来临的当口，我就先为那短促而悄然的一吻，从我力所能及的方面，做好一切准备：我用眼睛选定妈妈脸上的某一个部位，作为我的吻的落点；由于我在精神上已经有了吻的开端，所以我做好思想准备，以便在妈妈把脸凑过来的刹那间，我能充分地感受到我嘴唇贴着的她那部分的肌肤的温存；我好比一个画家要画幅肖像，但是描绘对象只能短暂地出现几次，画家在准备调色板之前，早已根据自己所作的笔记做好细致的回忆，即使描绘对象不在场，他也能画得惟妙惟肖。然而，晚饭的铃声还没有打响，我的外祖父却残忍地说（虽然他并没有意识到自己的残忍）：“这孩子看样子很累，该上楼睡觉去了，再说，咱们今天晚饭吃得晚。”我的父亲本来就不如我的母亲和外祖母那样一丝不苟地信守协议，这时说道：“是啊，快，睡觉去。”我想过去亲亲妈妈，就在这一刹那，晚饭的铃声响了。

“不必了，别麻烦你的妈妈了。这也就等于道过晚安了，这种表示本来就多余可笑。快点，上楼去！”

我等于连盘缠费都没有领到就得上路；我必须像俗话所说“戗着心眼儿”登一级的楼梯，我的心只想回转到母亲身边去，因为母亲还没有吻我，还没有以此来给我的心灵发放许可证，让她的吻陪我回房。但是，我不得不违心上楼。这可恨的楼梯呀，每当我踏上梯级，总不免凄然若失，那股油漆味可以说已经吸收了、凝聚了我天天晚上都要感到的那种特殊的悲哀，也许正因为如此，一闻到它我才更感到痛心；我的智慧在这种嗅觉的形式下变得木然而丧失了功能。当我们沉入梦乡时，我们不会感到牙疼，只觉得仿佛有一位姑娘掉进水里。我们拼命把她从水里打捞起来，捞起又掉下，掉下又捞起，一连二百次；或者，好比有那么一句莫里哀的诗，我们不停地背诵。处于这种情况，我们只有醒来才能舒口气，我们的智慧才能使牙疼摆脱掉见义勇为的伪装和吟诵诗句的假象。当登楼时的悲哀以迅雷般的速度侵入我内心时，我所感到的却是舒心的反面。这种侵入几乎是顿时发生的，悲哀通过我嗅到的楼梯的特殊的油漆味，突然不知不觉地钻进我的心扉，这比通过精神的渗透更具有毒害心灵的功效。我一进卧室，就得把一切出入口全部堵死，把百叶窗合上，抖开被窝，为我自己挖好墓坑，然后像裹尸一样换上睡衣。那时正当夏令，由于我睡在罩着厚布床幔的大床上太热，他们就为我在房内另外放了一张铁床。我在尚未葬身铁床之前忽然萌生了反抗的念头，我要施个囚犯惯施的诡计，我给母亲写了一封信，说有要紧事要当面禀告，信上不便说，只求她上楼来见我。我只怕弗朗索瓦丝不肯为我送信。她是我的姨祖母家的厨娘，我住在贡布雷的时候，起居由她负责照料。我想，家里有客时要她给我的母亲递信，其难度之大正等于求剧院门房给正在台上演出的女演员送便条，几乎是办不到的。不过，能办不能办，弗朗索瓦丝自有一部严峻专横、条目繁多、档次细密、不得通融的法典，其间的区别一般人分辨不清，也就是琐细至极（所以她那套法典大有古代法律的风貌，那些古代法律残忍处可下令大批杀戮嗷嗷待哺的婴儿，可是有些条文却慈悲得连山羊羔的肉都禁止用母山羊的奶来炖，还禁止啃食动物大腿上的筋）。有时候，弗朗索瓦丝顽固地拒绝为我们干托她办的事；由此而论，似乎她的“法典”对于上流社会的复杂规矩和交际场合的种种讲究都有所估计，而这些，单凭她这样一个农村女仆的所见所闻，是得不到任何暗示的。我们只能说，她身上有一身非常古老、高尚，但又不为人们所理解的法兰西传统陈迹，好比我们在那些手工业城市中所见到的那样，陈旧的华屋证明往昔曾是王公幸驾之地，化工厂的工人们从事劳动的场地周围，有古老的雕塑珍品，主题有泰奥菲尔遇到圣母显灵，或者埃蒙四兄弟乘坐神马逞威[14]。

至于我当时的那个特殊情况该如何发落，弗朗索瓦丝的“法典”自有毫不含糊的规定：尊长敬客。所以除非发生火灾，她多半不可能为我这区区小儿去惊扰正陪着斯万先生说话的母亲大人。弗朗索瓦丝经常教训说：不仅对父母长辈要孝敬，对亡人、僧侣和王上要恭敬，还应该尊敬受到款待的宾客；这一套敬人之言倘若出自某部著作，我或许会深受感动，偏偏出自她的口中，我听了不免又气又恼，尤其是因为她说得那么一本正经，细声细气；尤其是今天晚上，她把请客吃晚饭看成神圣的礼仪，结果她必定拒绝惊扰宴会的礼仪。不过我还是要试试运气，于是我毫不迟疑地撒谎说，这封信并非我自己要写，我上楼时妈妈吩咐过，看看有没有她要找的东西，务必给她一个答复；要是不给妈妈捎句话去，她会生气的。我明明知道弗朗索瓦丝根本不信，她跟原始人一样，感觉比咱们灵敏得多，能从一般人觉察不到的征兆中一眼看透咱们企图掩饰的真相。她把信封足足端详了五分钟，好似单凭审查纸质和笔迹便可知道信封里的内容，换句话说，便可确定应按她那部“法典”中的哪一项“条款”来处置。随后，她无可奈何地走出房间，那表情等于说：“唉！有那样一个孩子，做父母的也真算倒霉！”转眼间她又回来了，说现在席上正在用冰冻甜食，大师傅无法当着众人的面把信递给我妈妈，得等到上漱口盅的当口才有法子送去。我的焦虑顿时得到冰释，顷刻间乾坤扭转，方才我离开母亲还意味着得等到明天才能重聚，可是待会儿我的便条至少会把无影无踪的我，喜滋滋地带进妈妈所在的那间厅堂，而且会在我妈妈的耳畔悄悄地谈论我；虽然母亲看到便条肯定会不高兴（而且由于我的拙劣手段将使我在斯万的眼中显得十分可笑，她更会加倍地生气）。一秒钟之前，我还觉得餐桌上的冰冻甜食——“核桃冰激凌”以及漱口盅之类的享受无聊透顶，邋遢可憎，因为我的妈妈是在我不在场时独自享受的。可现在，那间原来对我极不友好、禁止入内的餐厅，忽然向我敞开大门，就像一只熟得裂开了表皮的水果，马上就要让妈妈读到我便条时所给予我的亲切关注，像蜜汁一般从那里流出来，滋润我陶醉的心房。我与母亲已经不再相隔异处；屏障倒塌了，柔情的丝丝缕缕重又把我和她系到一起。而且，还不止如此，妈妈还一定会上来看我！

我方才苦恼地想：斯万如果看到我给母亲的信，并且猜出我的用心，一定会瞧不起我；然而我后来才知道，他一生之中对类似的苦恼有过长期的体会，谁也比不上他更了解我。自己所爱的人在自己不在场或不能去的地方消受快乐，对他来说，是一件烦恼苦闷的事，是爱情教他尝到的滋味。那样的烦恼苦闷，从某种意义上说，本来就注定属于爱情，而且一旦落入爱情之手它就变得具有专门的含义；但是它钻进像我这样生活中还没有出现过爱情的人的心中，它实际上是对爱情的期待；它漫无目的、自由自在地游动着，并无一定的钟情对象，只为某一天出现的某种感情效劳，这种感情有时是对父母的依恋，有时是对同伴的友谊。

弗朗索瓦丝回来告诉我说，我的信即将交给母亲。那时我感到无比的喜悦。我在感情见习期所领受到的这种喜悦，斯万也早就体会过：这其实不过是哪位好心的朋友，或者我们心爱的女子的哪位亲戚，让我们空欢喜一场罢了。比如说，我们来到哪家公馆或者哪家剧院，知道我们的心上人也来这里参加舞会或者观看首场演出，这时有位朋友先是发现我们在门外踯躅，几近绝望地等待着同心上人接近的机会。那位朋友认出我们是谁，热心地过来招呼，问我们来这里有何贵干。我们就胡乱编套谎话，声称有要紧事必须告诉他的某位女亲戚或者某位女朋友。他连忙请我们放心，说这事再好办不过；他把我们领进门厅，答应五分钟之内一定送她下楼。我们多感激他呀——正等于这时我多感激弗朗索瓦丝！这样与人为善的中间人，仅凭一句话就改变了我们的心境：刚才我们还认为里面的灯红酒绿一定乌七八糟到不堪设想的地步，而且其中必有几股同我们作对的、邪恶的、蛊惑人心的旋风把我们的心上人裹胁而去，让她嘲笑我们；可是顷刻之间，我们觉得这样的晚会还过得去，有人情味，甚至大有好处！若以那位向我们打招呼的朋友的态度来看（因为他也是晚会中的一员），我们可以推断其他宾客不至于会有多坏。原先我们不知道她在里面会享受到什么样的乐趣，那漫长的时辰可望而不可即，残酷地折磨人的感情，如今却出现了一个供我们潜入其间的缺口；在构成那些时间的序列中有那样一个时刻，同其他时刻一样真实，却又更为重要，因为它同我们的心上人关系更为密切，它活灵活现地出现在我们的眼前，我们占有它，参与其间，它几乎是我们自己创造出来的，这就是有人要去告诉她，我们就在楼下的那个时刻。也许，晚会的其他时刻同那个时刻并无本质的差别，并不更令人心醉而使我们痛苦万分，因为好心的朋友已经明白告诉我们："她肯定会非常高兴下来的！跟您谈谈总比在楼上百无聊赖要好得多。"唉！斯万有过这方面的经验：感到她所不爱的人处处跟踪，甚至一直盯到晚会的门口，她岂能不生气？而第三者的好心并不能打消她的气恼，结果经常是只有那位好心的朋友一人下楼。

我的母亲没有来，甚至连一点面子（也就是不拆穿我编的那套找东西的瞎话）都不肯给，反倒让弗朗索瓦丝对我说："不理！"后来我经常听到大旅社的门房或者游乐场的听差对可怜巴巴的姑娘说过同样的话。那姑娘惊讶地反问道："什么？他不理？怎么可能呢？您确实把我的信交到他手里了么？那好！我再等等。"而且，这样的姑娘无一例外，都不需要门房给她另点一盏小煤气灯；她只在黑角落里静候，偶尔能听到门卫同跑堂嘀咕几句天气好坏之类的话，接着门卫就发觉时间不早，打发跑堂赶紧把某位顾客吩咐的酒拿去冰镇。——我当时谢绝了弗朗索瓦丝的好意（她自告奋勇要给我泡杯药茶），我也不要她留下陪我，只让她回配膳室去。我钻进被窝，合上眼睛，尽量不去听他们在花园里喝咖啡时的聊天声。这样过了几秒钟，我感到其实早在我给妈妈写信的那会儿，早在我不顾她会生气向她靠拢甚至以为马上就要同她聚首的那会儿，我已经把见不到妈妈我照常睡觉的路子给堵塞了。我的心突突乱跳，阵阵发痛，本指望以逆来顺受求得安宁，结果反而增添心中的骚乱。突然间，我的烦恼烟消云散，像服了一剂强烈的镇静药，到这时才开始见药效；痛苦消释，周身舒坦：因为我下了决心，不再勉强自己在见到妈妈前就入睡，我要等妈妈上楼睡觉时，不顾一切地去同她亲一亲，虽然这事肯定会惹得她接连几天同我生气。烦恼既消，平静使我感到异常的喜悦，那种异样的感觉，不亚于期待、饥渴和如临深渊的恐惧。我轻轻推开窗户，坐到床前，几乎一动不动，生怕楼下的人听到我的动静。窗外万籁也仿佛凝固在静寂的期待中，唯恐扰乱明净的月色；月亮把自己反射的光辉，延伸到面前的万物之上，勾画出它们的轮廓，又使它们显得格外悠远；风景像一幅一直卷着的画轴被徐徐展开，既细致入微，又恢宏壮观。需要颤动的东西，如栗树枝头的叶片，在轻轻颤动。但它颤动得小心翼翼、不折不扣，动作那样细密而有致，却并不涉及其他部分，同其他部分判然有别；它独行其是。远处的嗡嗡声扩散在不吸音的寂静之中，听来像是从市区那一边的花园中传来的，那么微弱又那么清晰，好比是轻声的演奏，像音乐学院的乐队十分高明地演奏轻音的乐段，每一个音符都像是从离音乐厅很远的地方传来的，但又都清晰可辨。音乐会上的常客侧耳倾听——倘若斯万请客，我的两位姨祖母也能有幸在座——他们似乎在一支军队还没有拐进特雷维斯街之前就已经能听到远处前进的脚步声了。

我心中有数，我当时把自己置于最不利的境地，最终会从我的长辈们那里得到最为严厉的处罚，其严厉的程度，外人实际上是估计不到的。他们或许以为，充其量是犯了真正丢脸的过错所造成的那种后果吧。但是，在我所受到的教育中，错误的轻重次序，同其他孩子所受的教育很不一样。大人们早已使我习惯于把一些错误看得比另一些错误严重（否则我或许没有必要受到那样细心的管教了）。我现在才明白，凡属严重错误都有一个共同的性质，那就是没有克制感情的冲动。不过当时谁都没有这么说罢了。谁都没有指出错误的根源，因为倘若说穿，我或许会认为自己情有可原，或者甚至认为自己本来就没有能力克制。不过对于错误的来龙去脉我并不陌生：在犯错误前，我必定先感到极其苦恼；犯错误后，我又必定受到严厉的处罚。我知道，我刚才的错误，与我过去因而受到重罚的错误属于同一性质，虽然程度上这次要严重得多。倘若等我母亲上楼睡觉时，我迎上前去，她见我为了同她说声晚安居然等候在过道里而一直没有睡觉，那么，她就会再不让我住在家里了。等天一亮，她会把我送去住校，这是一定的。唉！难道五分钟之后我只有跳楼吗？我倒宁可跳楼的。现在我的全部愿望是见到妈妈，同她说声晚安。为了实现这一愿望，我已经走得太远，再想回头已不可能。

我听到大人们送斯万出门的声音；门铃告诉我斯万已经走远。我伏到窗前，听妈妈问父亲：龙虾的滋味是否可口？斯万先生是否又添了一次咖啡腰果冰激凌？妈妈还说：“我觉得龙虾味道一般，下次我要用别的香料来做。”

“我都不知道怎么说才好，总觉得斯万的模样变多了，”我的姨祖母说，“他都成老头儿了！”

姨祖母一向惯于把斯万看作一成不变的小伙子，一旦发觉斯万比她想象中的年纪要显老些，她就大惊小怪。而其他人则开始议论说斯万的这种老相不正常，太过分，有失面子，只有单身汉才这么老气横秋呢；对于那些单身汉来说，不是觉得大白天得过且过，没什么盼头，就是觉得大白天长得要命，因为他们心目中白天是空洞的永昼，没完没了的钟点自天亮之后就开始增多，他们却没有子女来共同分享这些时间。

“我相信，他那位爱卖俏的妻子够他操心的。在贡布雷谁不知道她跟一位夏吕斯先生同居呀？传得满城风雨。”

我的母亲倒发觉斯万先生近来脸色开朗多了：“他一不顺心，就跟他父亲当年一样，揉眼睛、摸脑袋。不过他近来这种动作少多了。照我看，他其实已经不爱他的妻子了。”

“那是自然的，他已经不爱她了，”外祖父说，“我收到过他的一封信，这是很久以前的事了，信上说到这件事。我尽量不把它当真，不过他在信里倒把自己的感情表白得很清楚，至少说明他对妻子的爱情已经淡漠下来，哎！你们俩呀你们俩！怎么不谢谢他送来的阿斯蒂麝香葡萄酒呢？”外祖父转身问他的两位小姨子。

“怎么？我没有道谢吗？说句良心话，我还以为自己转着圈儿已经对他委婉地表达了谢意呢。”姨祖母弗洛拉回答说。

“不错，你转弯抹角地说得很得体，我真钦佩你。”姨祖母赛莉纳说。

“你也一样，说得很有分寸。”

“是的，我提到芳邻的那段话，连我自己都深感得意。”

“什么？你们这也算感谢人家！”外祖父失声叫道，“这些话我倒都听到了，不过我怎么也想不到你们是说给斯万听的。你们不必怀疑，我认为他根本没有听出你们的弦外之音。”

“看你说的，斯万可不是笨人，我肯定他领会到了。我总不能跟他提到几瓶酒、多少钱吧？”

我的父亲和母亲在花园里单独地坐了一会儿，后来父亲说：“咱们上楼睡去吧，好吗？”

“你愿意上楼咱们就上楼吧，亲爱的，虽然我现在一点都不困；倒不是冰激凌里的那点儿咖啡弄得我这样精神，我发觉佣人的房间里灯还没灭，可怜弗朗索瓦丝一直在等我呢。我要去请她帮我解开紧身上衣后面的搭扣，你先更衣去吧。”

母亲打开了安着铁花条的门，走进正对着楼梯的门厅。我很快就听到她上楼关窗的声音。我蹑手蹑脚走进过道，心怦怦乱跳，激动得几乎寸步难移，不过这至少不是难过的心跳，而是提心吊胆，是过分兴奋。我看到楼梯井下烛光摇曳，那是我母亲秉烛上楼，接着我看到了妈妈，我扑上前去。她先是一愣，不知道是怎么一回事。随后她显出怒容，一声不吭，事实上过去为了更微不足道的过错她都能一连几天不理我。如果那时妈妈对我说一句话，这虽然意味着她不会不理我，但对我来说也许是更可怕的征兆，因为比起严厉的惩罚来，不理我、生气毕竟只能算不足挂齿的小事。她若开口，那就像辞退佣人似的，虽说得平心静气，但是下了决心的；送儿子出门的母亲，给儿子一吻是为了告别；而只想跟儿子生几天气就了事的母亲是不肯吻儿子的。然而这时妈妈听到已经换好衣裳的父亲走出更衣室上楼来了，为了避免父亲训我一顿，她急得呼哧呼哧对我说道：“快跑，快跑，别让你爸爸看到你像个疯子似的等在这儿！”

可是我还是反复地说：“来跟我说声晚安！”我一面说，一面提心吊胆地看着父亲的烛光已经照到楼梯边的大墙上。不过父亲越来越近倒正好可以被我用来作为一种讹诈的手段，我希望妈妈为了避免父亲见到我，对我说：“先回到房里去，我待会儿来看你。”

来不及了，父亲这时已经出现在我们的跟前，我不觉念念有词地说了句谁也没有听到的话：“完了！”

然而我并没有遭殃。父亲向来不像妈妈和外祖母那样对我宽容，允许我这样那样；凡她们允许的，父亲总不允许。他根本不顾什么“原则”，也谈不上什么“人权”。譬如例行的散步，别人是不会不让我去的，即使不让，起码也得给我许个愿。父亲却随口说个理由，或者干脆毫无理由，就在将要出发之前突然取消我去的权利。要么就像今天晚上那样，明明离开晚饭的时间还早，偏打发我快走：“上楼睡觉去，不必多说！”但是，也正由于他如外祖母所说没有原则，也就无所谓坚持了。

他绷着脸奇怪地看我一眼。后来妈妈尴尬地解释几句。他说：“那你去陪陪他吧。你不是说还没有睡意吗？你就待在他房里好了，反正我不需要你照应。”

“可是，亲爱的，”母亲不好意思，回答说，“这跟有无睡意无关，总不能惯孩子……”

“谈不上惯，”父亲耸耸肩膀，“事情明摆着，这孩子心里不痛快，脸色那么难看，做父母的总不能存心折磨他吧！等他真弄出病来，你更要迁就他了。他的房里不是有两张床吗？吩咐弗朗索瓦丝为你收拾一下大床，你今晚就陪他睡吧。好，晚安，我不像你们那么好激动，我可要睡了。”

我还不能够感谢父亲；他凡是听到他称之为感情用事的话，只会恼怒。我不敢有所表示；他还没有走开，已经在我们跟前显得那么高大，他穿着一身白色睡袍，头上缠着淡紫和粉红两色的印度开司米头巾；自从得了头痛病之后，他睡觉总以此缠头。他的动作就像斯万先生送给我的那幅版画中的亚伯拉罕，那幅版画是根据伯诺索·戈索里的原作复制的，画中亚伯拉罕要萨拉狠心舍弃伊萨克[15]。这已经是多年前的事了。当年烛光渐升的那面楼梯旁的大墙早已荡然无存。有许多当年我以为能在心中长存不衰的东西也都残破不堪，而新的事物继而兴起，衍生出我当年意料不到的新的悲欢；同样，旧的事物都变得难以理解了。我的父亲也早已不会再对我的母亲说："陪他去吧。"出现这种时刻的可能性对于我来说已一去不复返。但是，不久前，每当我侧耳倾听，我居然还能听到我当年的哭泣声。当着父亲的面我总竭力忍着，等到与母亲单独在一起时我才忍不住地哭出声来。事实上这种哭泣始终没有停止过；只因为现在我周围的生活比较沉寂，才使我又听到了它，好比修道院的钟声白天被市井的嘈杂所掩盖，人们误以为钟声已停，直到晚上万籁俱寂时才又遐迩可闻。

那天晚上我的母亲就在我的卧室里过夜；我犯了这样严重的错误，准备受到让我离家住校的惩罚，不料父母却对我倍加恩宠，过去我做了好事都从来没有得到这样的奖赏。我的父亲即使对我倍加恩宠，他的举止言谈仍具有专制武断、奖罚不当的成分，这已成为他行为的特征；在一般情况下，他办事多凭兴之所至，难得深思熟虑。他打发我睡觉去的时候，那种态度我称之为严厉恐怕太过分，其实赶不上妈妈和外祖母严厉。他的天性在许多方面虽说同我很不一样，但同妈妈和外祖母就更有天壤之别。他八成直到现在都没有猜到我每天晚上有多伤心，而这一点妈妈和外祖母却了如指掌，只是她们太疼我了，不忍心让我尝到痛苦的滋味，她们要我自己学会克服痛苦，以此来减轻我多愁善感的毛病和磨炼我的意志。至于父亲对我的疼爱，那是另一种类型的，我不知道他有没有她们那样的勇气：他只要一发现我心里不痛快，就对我的母亲说："去安慰安慰他。"

妈妈那天晚上就待在我的房里了。弗朗索瓦丝看到妈妈坐在我的身边，握住了我的手，任我哭个不停也不训斥我，她看出必定发生了什么非同小可的事，便问妈妈："夫人，少爷怎么啦，哭成那样？"我本来是有权盼望妈妈来同我道晚安的，可是眼下的情况那样不同，妈妈看来不想以任何懊恼之情来损害这不同寻常的时刻，便这样回答说："他自己也弄不明白，弗朗索瓦丝，他神经太紧张；快给我铺好大床，然后上楼睡去吧。"就这样，破天荒头一回，我的忧伤没有被看作应该受罚的过错，而是一种身不由己的病症。方才妈妈正式承认了，这是一种精神状态，我是没有责任的；我松了一口气，我不必在苦涩的眼泪中搀进什么顾忌了，我可以痛哭而不至于犯下过失。在弗朗索瓦丝面前，我深为这种人情的复归而自豪。一小时前，妈妈拒绝上楼到我的房间里来，还不屑一答地吩咐我快睡；如今她那番通情达理的话，把我抬到了大人的高度，使我的痛苦一下子脱离了幼稚的境界，达到成熟，我的眼泪由此获得解放。我应该感到高兴，然而我不高兴。我觉得母亲刚才对我作出的第一次让步，她一定很为之痛心，她第一次在她为我所设想的理想面前退缩；她那么勇敢的人，第一次承认失败。我觉得，我取得胜利是跟她作对；我使她的意志松懈、理性屈服，不过是因为她怜恤我有病，怕我伤心过度，顾念我年幼。我觉得那天晚上开始了一个新纪元，而且将成为一个不光彩的日子留传下来。倘若当时我有勇气开口，我就会对妈妈说："不，我不要，你别睡我这儿。"但是，我深知妈妈有审时度势之明，用现在的说法，就是很现实主义。这种明哲的态度，使她的理想主义天性有所收敛，不像外祖母那样热得像团火。我心里有数，现在既然毛病发作，妈妈宁可让我起码得到些慰藉，免得惊动父亲。当然，在妈妈那样温柔地握着我的手，想方设法止住我眼泪的那天晚上，她的俊俏的脸庞还闪耀着青春的光彩；

但是，我偏偏认为不该这样。她若怒容满面，我或许还好受些；我童年时代从来没有见到过她这样温情脉脉，这反倒使我感到悲哀。我仿佛觉得自己忤逆不孝，偷偷地在她的灵魂中画下第一道皱纹，让她的心灵长出第一根白发。想到这里，我就哭得更凶了。这时候，我看到了从来没有依我亲昵撒娇的妈妈，突然受到我情绪的感染，在竭力忍住自己的眼泪。她感到我看出她想哭，便笑着对我说："瞧，我的小宝贝，我的小傻瓜，再这么下去，弄得妈妈也要像你一样犯傻劲儿了。好了好了，既然你不想睡，妈妈也不困，咱们别这么哭哭啼啼地待着，倒不如干些有意思的事，拿出一本书看看吧。"可是偏偏房间里没有书。

"要是我把你外祖母准备在你生日那天送给你的书先拿给你，你不会不高兴吧？想好了，等到后天你什么礼物也没有，你不会失望吧?"

正相反，我高兴极了。妈妈去拿了一包书来，从包装纸看，那些书又短又宽，仅凭这初步印象（虽然是笼统的，而且还隔着一层纸），它们的吸引力就已经大大超过新年颜料盒和去年的蚕宝宝了。那几本书是《魔沼》《弃儿弗朗沙》《小法岱特》和《笛师》。后来我才知道，外祖母起先挑选的是缪塞的诗，卢梭的一本著作，还有《印第安娜》[16]；因为，外祖母固然认为无聊的书同糖果点心一样对健康有害，但她却并不否认天才的恢宏气魄甚至对一个孩子的思想都能产生影响，这种影响不见得比旷野的空气和海面吹来的风更有害于健康，更缺乏振作活力的功效。但是当我的父亲得知她送我那几本书时，几乎把她看成疯子，因而她只好再次亲自出马，光顾舒子爵市的书店，免得我不能及时拿到礼物（那天的天气热得灼人，外祖母回家时难受极了，医生警告我母亲说：以后切不可再让她累成那样）。外祖母一下就选中了乔治·桑的这四本田园小说，"我的女儿，"她对我妈妈说，"我总不能存心给孩子买几本文字拙劣的书看呀。"

确实，我的外祖母从不凑合买那些智力方面得不到补益的东西，她尤其看重能教我们在物质享受和虚荣满足之外寻求愉快的优美的作品。即使她有必要送人一件实用的礼物，譬如一把交椅，一套餐具，一根拐杖，她也要去找"古色古香的"，似乎式样既然过时，实用性也就随之消失，它们的功用也就与其说供我们生活所需，倒不如说在向我们讲解古人的生活。她希望我的卧室里挂几张古建筑的照片，或者很美的风景图片。可是当她去选购时，虽然照片上的内容不乏审美价值，她总觉得照相这种机械复制方式，让平庸和实用过于迅速地得其所在了。她要想办法做点手脚，虽说无法完全排除商业性的俗气，但至少要削弱它，在大的方面仍用艺术来取代它，给它引进一些艺术的"厚度"：譬如说，不要实景照片。她问斯万：有哪位大画家画过夏尔德尔大教堂、圣克鲁大喷泉和维苏威火山？她宁可送我油画照片：柯罗的《夏尔德尔大教堂》，于贝尔·罗贝的《圣克鲁大喷泉》和透纳的《维苏威火山》；虽说仍是照片，艺术档次毕竟高了一级。但是，倘若摄影师不拍古建筑，不拍自然风景，这些都由大艺术家去描绘，摄影师只拍艺术家画下来的景物，那么，他倒算做得更名正言顺了。一触及流传甚广的作品，我的外祖母就千方百计稽古溯源，她请教斯万，某某作品有没有版画复制品？倘若有，她倒更看重一些旧版画，因为在版画本身之外另有一种价值，例如那些临摹杰作原貌的版画，而杰作原貌今天我们已经无幸拜识了（就像莫冈在达·芬奇的《最后的晚餐》原作变样以前临摹刻制的那幅版画）。

[注释]

1. 电影镜：美国发明家爱迪生和他的助手狄克逊于1891年发明的一种放映影片的设备，状如柜，供一人观看。

2. 戈洛、热纳维耶夫·德·希拉特：中世纪欧洲传说中的人物。戈洛是传奇英雄齐戈弗里特的宫廷总管，热纳维耶夫是齐戈弗里特的妻子。齐戈弗里特听信谣传，冤枉其妻与戈洛通奸，戈洛便乘机诱使热纳维耶夫充当他实现野心的工具。但热纳维耶夫忠于齐戈弗里特；可惜冤情大白时她因悲痛过度而死。

3. 蓝胡子：民间传说中的人物。他杀死了六位妻子，第七位妻子在他尚未下手前发现了他前面六位妻子的尸体，骇极；后来幸亏她的两位兄弟及时赶到，杀死蓝胡子，救了她的性命。

4. 勃莱桑那样的发式：一种把头发剪成刷子一样长短的发式，类似我国的“小平头”，因著名演员勃莱桑留这种发型而得名。

5. 阿里斯泰：希腊神话中的人物，是教会人们养蜂的神仙。

6. 忒提斯：希腊神话中的人物，海神。

7. 维吉尔（公元前70年—公元19年）：拉丁诗人。有关阿里斯泰的描述，见于他的诗作《农事诗》。

8. 特威克汉姆：伦敦西南郊的一个住宅区，法国资产阶级大革命后，不少流亡英国的法王室贵族侨居在那里。

9. 塞维尼（1626—1696）：法国女作家，有《书简集》传世，文笔清丽，感情细腻，措辞委婉典雅。

10. 弗洛拉：此处原文为“赛里娜”，似有误，应为“弗洛拉”，故从英译本改为“弗洛拉”。

11. 圣西门（1675—1755）：法国作家，公爵，政治活动家，所著《回忆录》是路易十四当政后期以及摄政王时期的重要的历史见证。

12. 帕斯卡尔（1623—1662）：法国数学家、物理学家、哲学家和作家，对现代实证主义、直觉主义哲学很有影响。

13. “主啊”二句：原诗应为：“天哪，有多少美德您教我们憎恨。”引自高乃依的悲剧《庞贝之死》。

14. 泰奥菲尔、埃蒙四兄弟：均为传说中的人物，相传公元6世纪时僧侣泰奥菲尔曾把灵魂卖给了魔鬼，后追悔莫及，遂祈求圣母救助，终以诚心感动圣母，圣母显灵勾销了卖魂契。13世纪时游吟诗人吕特贝夫曾把这一传说编成诗体说唱，广为流传，后来壁画和浮雕等美术形式也采用这一主题。埃蒙四兄弟的故事见诸12世纪法国英雄史诗《勒诺埃德·蒙多邦》。相传埃美公爵有四子：勒诺、阿拉尔、吉夏尔和里查，统称“埃蒙四子”（“埃蒙”为“埃美”的昵称），他们在同查理大帝作战时勇武异常，有坐骑名巴雅尔，一跃千尺。

15. 亚伯拉罕：《圣经》中的人物，据说是希伯来人的祖先。上帝为了考验他，要他献出自己的儿子伊萨克祭神，他同意了。萨拉是他的妻子。伯诺索·戈索里（1420—1497）：意大利画家。上面说到的那幅画系他所作的二十三幅《旧约故事》中的一幅，作于 1468—1484 年，原存比萨“康波·圣托”教堂，第二次世界大战时毁于兵燹。

16.《印第安娜》：乔治·桑所著的小说。

［分析］

1. 普鲁斯特本人在写到贝戈特的时候曾经指出：作品的取材与天才的形成无关，天才能使任何材料增辉生色。贝戈特成长的家庭环境从表面上看是索然寡味的，但是贝戈特却用这个素材写出一部杰作。这是因为，借助他的大脑这部小机器，他能高翥远翔，从而像飞越沙漠的飞行员隐约看到在地面上看不出来的、埋在沙子底下的城郭一样，看到事物蕴藏的秘密。普鲁斯特为什么比任何人更善于“飞离”这个他似乎十分眷恋的世界？

2. 作者笔下的外祖母、母亲等人物给作者带来什么感受？

我是猫

夏目漱石

作者简介 夏目漱石（1867—1916），日本作家、评论家、英文学者。生于江户的牛迂马场下横町（今东京都新宿区喜久井町）一个小吏家庭，是家中幼子。23岁进入东京大学英文系，就学期间受好友正冈子规等人影响而开始写作。代表作品有《我是猫》《明暗》《过了春分时节》等，他的作品风格朴实、幽默，结构巧妙、多样，描写生动、感人，语言朴素、细腻，达到了相当高的艺术水平。夏目漱石的创作倾向是复杂的，但基本倾向是现实主义的。在艺术上，夏目漱石的作品继承了日本“徘谐”文学的传统，吸取了民间文学“落语”的有益成分，具有幽默、风趣的特点。在创作风格上，他是“余裕派”的代表人物，主张以旁观者的余裕心情来品味人生，从中产生回味绵长的趣味。夏目漱石在日本近代文学史上享有很高的地位，被称为“国民大作家”。

咱家是猫。名字嘛……还没有。

哪里出生？压根儿就搞不清！只恍惚记得好像在一个阴湿的地方咪咪叫。在那儿，咱家第一次看见了人。而且后来听说，他是一名寄人篱下的穷学生，属于人类中最残暴的一伙。相传这名学生常常逮住我们炖肉吃。不过当时，咱家还不懂事，倒也没觉得怎么可怕。只是被他嗖的一下子高高举起，总觉得有点六神无主。

咱家在学生的手心稍微稳住神儿，瞧了一眼学生的脸，这大约便是咱家平生第一次和所谓的“人”打个照面了。当时觉得这家伙可真是个怪物，其印象至今也还记忆犹新。单说那张脸，本应用毫毛来妆点，却油光锃亮，活像个茶壶。其后咱家碰上的猫不算少，但是，像他这么不周正的脸，一次也未曾见过。况且，脸心儿鼓得太高，还不时地从一对黑窟窿里咕嘟嘟地喷出烟来。太呛得慌，可真折服了。如今总算明白：原来这是人在吸烟哩。

咱家在这名学生的掌心暂且舒适地趴着。可是，不大工夫，咱家竟以异常的快速旋转起来，弄不清是学生在动，还是咱家自己在动，反正迷糊得要命，直恶心。心想：这下子可完蛋喽！又咕咚一声，咱家被摔得两眼直冒金花。

只记得这些。至于后事如何，怎么也想不起来了。

蓦地定睛一看，学生不在，众多的猫哥们儿也一个不见，连咱家的命根子——妈妈也不知去向。并且，这儿和咱家过去待过的地方不同，贼拉拉地亮，几乎不敢睁眼睛。哎哟哟，一切都那么稀奇古怪。咱家试着慢慢往外爬，浑身疼得厉害，原来咱家被一下子从稻草堆上摔到竹林里了。

好不容易爬出竹林，一瞧，对面有个大池塘。咱家蹲在池畔，思量着如何是好，却想不出个好主意。忽然想起：“若是再哭一鼻子，那名学生会不会再来迎接？”于是，咱家咪咪地叫几声试试看，却没有一个人来。转眼间，寒风呼呼地掠过池面，眼看日落西山。肚子饿极了，哭都哭不出声来。没办法，只要能吃，什么都行，咱家决心到有食物的地方走走。

咱家神不知鬼不晓地绕到池塘的右侧。实在太艰苦，咬牙坚持，硬是往外爬。真是大喜，不知不觉已经爬到有人烟的地方。心想，若是爬进去，总会有点办法的。于是，咱家从篱笆墙的窟窿穿过，窜到一户人家的院内。缘分这东西，真是不可思议。假如不是这道篱笆墙出了个洞，说不定咱家早已饿死在路旁了。常言说得好：“前世修来的福”嘛！这墙根上的破洞，至今仍是咱家拜访邻猫小花妹的交通要道。

且说，咱家虽然钻进了院内，却不知下一步该怎么办才好。眨眼工夫，天黑了。肚子饿，身上冷，又下起雨来，情况十万火急。没法子，只得朝着亮堂些、暖和些的地方走去。走啊，走啊……今天回想起来，当时咱家已经钻进那户人家的宅子里了。

在这儿，咱家又有机会与学生以外的人们谋面。首先碰上的是女仆。这位，比刚才见到的那名学生更蛮横。一见面就突然掐住咱家的脖子，将咱家摔出门外。咳，这下子没命喽！两眼一闭，一命交天吧！

然而，饥寒交迫，万般难耐；乘女仆不备，溜进厨房。不大工夫，咱家又被摔了出去。摔出去，就再爬进来；爬进来，又被摔出去。记得周而复始，大约四五个回合。当时咱家恨透了这个丫头。前几天偷了她的秋刀鱼，报了仇，才算出了这口闷气。

当咱家最后一次眼看就要被她摔出手时，“何事吵嚷？”这家主人边说边走上前来。女仆倒提着咱家冲着主人说：“这只野猫崽子，三番五次摔它出去，可它还是爬进厨房，烦死人啦！”主人捋着鼻下那两撇黑胡，将咱家这副尊容端详了一会儿说：“那就把它收留下。”说罢，回房去了。

主人似乎是个言谈不多的人，女仆气哼哼地将咱家扔进厨房。于是，咱家便决定以主人之家为己家了。

主人很少和咱家见上一面。职业嘛，据说是教师。他一从学校回来，就一头钻进书房里，几乎从不跨出门槛一步。家人都认为他是个了不起的读书郎。他自己也装得很像刻苦读书的样儿。然而实际上，他并不像家人称道的那么好学。咱家常常蹑手蹑脚溜进他的书房偷偷瞧看，才知道他很贪睡午觉，不时地往刚刚翻过的书面上流口水。他由于害胃病，皮肤有点发黄，呈现出死挺挺的缺乏弹性的病态。可他偏偏又是个饕餮客，撑饱肚子就吃胃肠消化药，吃完药就翻书，读两三页就打盹儿，口水流到书本上，这便是他夜夜雷同的课程表。

咱家虽说是猫，却也经常思考问题。

当教师的真够逍遥自在。咱家若生而为人，非当教师不可。如此昏睡便是工作，猫也干得来的。尽管如此，若叫主人说，似乎再也没有比教师更辛苦的了。每当朋友来访，他总要怨天尤人地牢骚一通。

咱家在此刚刚落脚时，除了主人，都非常讨厌咱家。他们不论去哪儿，总是把咱家一脚踢开，不予理睬。他们是何等地不把咱家放在眼里！只要想想他们至今连个名字都不给起，便可见一斑了。

万般无奈，咱家只好尽量争取陪伴在收留我的主人身旁。清晨主人读报时，定要趴在他的后背。这倒不是由于咱家对主人格外钟情，而是因为没人理睬，迫不得已嘛！

其后几经阅历，咱家决定早晨睡在饭桶盖上，夜里睡在暖炉上，晴朗的中午睡在檐廊中。不过，最开心的是夜里钻进这家孩子们的被窝里，和他们一同入梦。所谓“孩子们”，一个五岁，一个三岁。到了晚上，他们俩就住在一个屋，睡在一个铺。咱家总是在他们俩之间找个容身之地，千方百计地挤进去。若是倒霉，碰醒一个孩子，就要惹下一场大祸。两个孩子，尤其那个小的，体性最坏，哪怕是深更半夜，也高声号叫：“猫来啦，猫来啦！”于是，患神经性消化不良的主人一定会被吵醒，从隔壁跑来。真的，前几天他还用格尺狠狠地抽了咱家一顿屁股板子哪！

咱家和人类同居，越观察越不得不断定：他们都是些任性的家伙。尤其和他们同床共枕的孩提之辈，更是岂有此理！他们一高兴，就将咱家倒提起来，或是将布袋套在咱家的头上，时而抛出，时而塞进灶膛。而且，咱家若是稍一还手，他们就全家出动，四处追击，进行迫害。就拿最近来说吧，只要咱家在床席上一磨爪，主人的老婆便大发雷霆，从此，轻易不准进屋。即使咱家在厨房那间只铺地板的屋子里冻得浑身发抖，他们也全然无动于衷。

咱家十分尊敬斜对过的白猫大嫂。她每次见面都说：“再也没有比人类更不通情达理的喽！”白嫂不久前生了四个白玉似的猫崽儿。听说就在第三天，那家寄居的学生竟把四只猫崽儿拎到房后的池塘，一股脑儿扔进池水之中。白嫂流着泪一五一十地倾诉，然后说：“我们猫族为了捍卫亲子之爱、过上美满的家庭生活，非对人类宣战不可。把他们统统消灭掉！”这番话句句在理。

还有邻家猫杂毛哥说：“人类不懂什么叫所有权。”它越说越气愤。本来，在我们猫类当中，不管是干鱼头还是鲻鱼肚脐，一向是最先发现者享有取而食之的权力。然而，人类却似乎毫无这种观念。我们发现的美味，定要遭到他们的掠夺。他们仗着胳膊粗、力气大，把该由我们享用的食物大模大样地抢走，脸儿不红不白的。白嫂住在一个军人家里，杂毛哥的主人是个律师。正因为我住在教师家，关于这类事，比起他俩来还算是个乐天派。只要一天天马马虎虎地打发日子就行。人类再怎么有能耐，也不会永远那么红火。唉！还是耐着性子等待猫天下的到来最为上策吧！

既然是任情而思，那就讲讲我家主人由于任情而动的惨败故事吧。原来，我家主人没有一点比别人高明的地方，但他却凡事都爱插手。例如写俳句往《杜鹃》投稿啦，写新诗寄给《明星》啦，写错乱不堪的英语文章啦；有时醉心于弓箭，学唱谣曲，有时还吱吱嘎嘎地拉小提琴。然而遗憾的是，样样都稀松平常。偏偏他一干起这些事来，尽管害胃病，却也格外着迷，竟然在茅房里唱谣曲，因而邻里们给他起了个绰号——“茅先生”。可他满不介意，一向我行我素，依然反复吟道：“吾乃平家将宗盛是也。”人们几乎笑出声来，说：“瞧呀，原来是宗盛将军驾到！”

这位主人不知打的什么主意，咱家定居一个月后，正是他发薪水那天，他拎着个大包，慌慌张张地回到家来。你猜他买了些什么？水彩画具、毛笔和图画纸，似乎自今日起，放弃了谣曲和俳句，决心要学绘画了。果然从第二天起，他好长时间都在书房里不睡觉，只顾画画。然而，看他画出的那些玩意儿，谁也鉴别不出究竟画的是些什么。说不定他本人也觉得画得太不成样子，因此有一天，一位搞什么美学的朋友来访，只听他有过下述一番谈吐。

“我怎么也画不好。看别人作画，好像没什么了不起，可是自己一动笔，才痛感此道甚难哪！”这便是主人的感慨。的确，此话不假。主人的朋友透过金边眼镜瞧着他的脸说：“是呀，不可能一开始就画得好嘛。首先，不可能单凭坐在屋子里空想就能够画出画来，从前意大利画家安德利亚曾说：‘欲作画者，莫过于描绘大自然。天有星辰，地有露华；飞者为禽，奔者为兽；池塘金鱼，枯木寒鸦。大自然乃一巨幅画册也。’怎么样？假如你也想画出像样的画来，画点写生画如何？”

“咦？安德利亚说过这样的话？我还一点都不知道哩！不错，说得对，的确如此。”主人佩服得五体投地。而他朋友的金边眼镜里，却流露出嘲弄的微笑。

翌日，咱家照例去檐廊美美地睡个午觉。不料，主人破例踱出书房，在咱家身后不知干什么，没完没了。咱家蓦地醒了。为了查清主人在搞什么名堂，眼睛张开一分宽的细缝。嗬！原来他一丝不苟地采纳了安德利亚的建议。见他这般模样，咱家不禁失声大笑。

他被朋友奚落一番之后，竟然拿咱家开刀，画起咱家来了。咱家已经睡足，要打呵欠，忍也忍不住。不过，姑念难得主人潜心于握管挥毫，怎能忍心动身？于是，强忍住呵欠，一动不动。眼下他刚刚画出咱家的轮廓，正给面部着色。坦率地说，身为一只猫，咱家并非仪表非凡，不论脊背、毛碴还是脸型，绝不敢奢望压倒群猫。然而，长相再怎么丑陋，也不至于像主人笔下的那副德行。不说别的，颜色就不对。咱家的毛是像波斯猫，浅灰色带点黄，有一身斑纹似漆的皮肤。这一点，我想，任凭谁看，也是不容置疑的事实。然而，且看主人涂抹的颜色，既不黄，也不黑；不是灰色，也不是褐色。照此说来，该是综合色吧？也不。这种颜色，只能说不得不算是一种颜色罢了。

除此之外，无法评说。更离奇的是竟然没有眼睛。不错，这是一幅睡态写生画嘛，倒也没的可说。然而，连眼睛应该拥有的部位都没有，可就弄不清是睡猫还是瞎猫了。咱家暗自思忖：再怎么学安德利亚，就凭这一手，也是个臭笔！然而，对主人的那股子热忱劲儿，却不能不佩服。咱家本想尽量纹丝不动，可是有尿，早就憋不住了。全身筋肉胀乎乎的，已经到了刻不容缓的地步。不得已，只好失陪。咱家双腿用力朝前一伸，把脖子低低一抻，“啊”的打了一个好大的呵欠。且说这么一来，想文静些也没用了。反正已经打乱主人的构思，索性趁机到房后去方便一下吧！于是，咱家慢条斯理地爬了出去。

这时，主人失望夹杂着愤怒，在屋里骂道：“混账东西！”主人有个习惯，骂人时肯定要骂声“混账东西”，因为除此之外他再也不知道还有些什么骂人的脏话，有什么办法！不过，他丝毫也不理解人家一直克制自己的心情，竟然信口骂声“混账东西”，这太不像话。假如平时咱家爬上他的后背，他能有一副好脸子，倒也甘愿忍受这番辱骂。可是，对咱家方便的事，没有一次他能痛痛快快地去做。人家撒尿，也骂声混蛋，嘴有多损！原来人哪，对于自己的能量过于自信，无不妄自尊大。如果没有比人类更强大的动物出现，来收拾他们一通，真不知今后他们的嚣张气焰将发展到何等地步！

假如人类的恣意妄为不过如此，也就忍了吧！然而，关于人类的缺德事，咱家还听到不少不知比这更凄惨多少倍的传闻哪。这家房后，有个一丈见方的茶园，虽然不大，却是个幽静宜人的向阳之地。每当这家孩子吵得太凶、难以美美地睡个午觉，或是百无聊赖、心绪不宁时，咱家总是去那里，养吾浩然之气，这已成为惯例！那是个十月小阳春的晴和之日，下午两点钟左右，咱家用罢午餐，美美地睡了一觉，然后做室外运动，顺脚来到茶园。咱家在树根上一棵棵地嗅着，来到西侧的杉树篱笆墙时，只见一只大黑猫，硬是压到枯菊上酣然沉睡。它似乎一直没有察觉咱家已经走近；又仿佛已经察觉却满不在乎，依然响着浓重的鼾声，长拖拖地安然入梦。有猫擅自闯进院落，居然还能睡得那么安闲，这不能不使咱家对它的非凡胆量暗暗吃惊。它是一只纯种黑猫。刚刚过午的阳光，将透明的光线洒在它的身上，那晶莹的茸毛之中，仿佛燃起了肉眼看不见的火焰。他有一副魁伟的体魄，块头足足大我一倍，堪称猫中大王。咱家出于赞赏之意、好奇之心，竟然忘乎所以，站在它面前，凝神将它打量。不料，十月静悄悄的风，将从杉树篱笆探出头来的梧桐枝轻轻摇动，两三片叶儿纷纷飘落在枯菊的花丛上。猫大王忽地圆眼怒睁。至今也还记得，它那双眼睛远比世人所珍爱的琥珀更加绚丽多彩。它身不动、膀不摇，发自双眸深处的炯炯目光，全部集中在咱家这窄小的脑门上，说："你是什么东西！"身为猫中大王，嘴里还不干不净的！怎奈它语声里充满着力量，狗也会吓破胆的。咱家很有点战战兢兢。如不赔礼，可就小命难保，因而尽力故作镇静，冷冷地回答说："咱家是猫。名字嘛……还没有。"不过此刻，咱家的心房确实比平时跳动得剧烈。猫大王以极端蔑视的腔调说："什么？你是猫？听说你是猫，可真吃惊。你究竟住在哪儿？"他说话简直旁若无人。"咱家住在这里一位教师的家中。""料你也不过如此！有点太瘦了吧！"大王嘛，说话总要盛气凌人的。听口气，它不像个良家之猫。不过，看它那一身肥膘，倒像吃的是珍馐美味，过的是优裕生活。咱家不得不反问一句："请问，你发此狂言，究竟是干什么的？"它竟傲慢地说："俺是车夫家的大黑！"车夫家的大黑，在这一带是家喻户晓的凶猫。不过，正因为它住在车夫家，才光有力气而毫无教养，因此，谁都不和它交往，并且还连成一气对它敬而远之。咱家一听它的名字，真有点替它脸红，并且萌发几丝轻蔑之意。首先要测验一下它何等无知，对话如下：

"车夫和教师，到底谁了不起？"

"肯定是车夫了不起呀！瞧你家主人，简直瘦得皮包骨啦。"

"大概就因为你是车夫家的猫，才这么健壮哪。看样子，在车夫家口福不浅吧？"

"什么？俺大黑不论到哪个地面上，吃吃喝喝是不犯愁的。尔等之辈也不要只在茶园里转来转去。何不跟上俺大黑？用不上一个月，保你肥嘟噜的，叫人认不出。"

"这个嘛，以后全靠您成全啦！不过，论房子，住在教师家可比住在车夫家宽敞哟！"

"混账！房子再大，能填饱肚子吗？"他十分恼火，两只像紫竹削成的耳朵不住地扇动着，大摇大摆地走了。

咱家和车夫家的大黑成为知己，就是从这时开始的。

其后，咱家常常和大黑邂逅相逢。每次见面，他都替车夫大肆吹捧。前文提到的"人类的缺德事"，老实说，就是听大黑讲的。

一天，咱家和大黑照例躺在茶园里天南海北地闲聊。他又把自己老掉牙的"光荣史"当成新闻，翻来覆去地大吹大擂。然后，对咱家提出如下质问："你小子至今捉了几只老鼠？"论知识，咱家不是吹，远比大黑开化得多。至于动力气、比胆量，毕竟不是他的对手。咱家虽然心里明白，可叫他这么一问，还真有点臊得慌呢。不过，事实毕竟是事实，不该说谎，咱家便回答说："说真的，一直想抓，可还没有动手哩！"

大黑那从鼻尖上兀自翘起的长须哗啦啦地乱颤，哈哈笑起来。原来大黑由于傲慢，难免有些弱点。只要在它的威风面前表示心悦诚服，喉咙里呼噜噜地打响，表示洗耳恭听，它就成了个最好摆弄的猫。自从和它混熟以来，咱家立刻掌握了这个诀窍。像现在这种场合，倘若硬是为自己辩护，形势将越弄越僵，那可太蠢。莫如索性任它大说而特讲自己的光荣史，暂且敷衍它几句。就是这个主意！于是，咱家用软话挑逗它说："老兄德高望重，一定捉过很多老鼠吧？"果然，他在墙洞中呐喊道："不算多，总有三四十只吧！"这便是他得意忘形的回答。他还继续宣称："有那么一二百只老鼠，俺大黑单枪匹马，保证随时将它消灭光！不过，黄鼠狼那玩意儿，可不好对付哟！我曾一度和黄鼠狼较量，倒血霉啦！""咦？是吗？"咱家只好顺风打旗。而大黑却瞪起眼睛说："那是去年大扫除的时候，我家主人搬起一袋子石灰，一跨进廊下仓库，好家伙，一只大个的黄鼠狼吓得窜了出来。""哦？"咱家装出一副吃惊的样子。

"黄鼠狼这东西，其实只比耗子大不丁点儿。俺断喝一声：你这个畜生！乘胜追击，终于把它赶到脏水沟里去了。""干得漂亮！"咱家为它喝彩。

"可是，你听呀！到了紧急关头，那家伙放毒烟屁！臭不臭？这么说吧，从此以后觅食的时候，一见黄鼠狼就恶心哟！"说到这里，它仿佛又闻到了去年的狐臊味。伸长前爪，将鼻尖擦了两三下。咱家也多少感到它怪可怜的，想给它打打气。"不过，老鼠嘛，只要仁兄瞪它一眼，它就小命玩完。您捕鼠可是个大大的名家，就因为净吃老鼠，才胖得那么满面红光的吧？"这本是奉承大黑，不料效果却适得其反。大黑喟然叹曰："唉，思量起来，怪没趣的。再怎么卖力气捉老鼠，能像人那样吃得肥嘟噜的猫，毕竟是举世罕见哟！人们把猫捉的老鼠都抢了去送给警察。警察哪里知道是谁抓的？不是说送一只老鼠五分钱吗？多亏我，我家主人已经赚了差不多一元五角钱呢。可他轻易不给我改善伙食。哎呀呀，人哪，全是些体面的小偷哟！"

咱家一听，就连一向不学无术的大黑都懂得这么高深的哲理，不禁满面愠色，脊毛倒竖。由于心头不快，便见机行事，应酬几句，回家去了。从此，咱家决心不捉老鼠，但也不当大黑的爪牙，未曾为猎取老鼠以外的食物而奔波。与其吃得香，莫如睡得甜。由于住在教师家，猫也似乎沾染了教师的习气，不当心点儿，说不定早早晚晚也要害胃病的。

提起教师，我家主人直到最近，似乎终于醒悟，自己在水彩画方面也没有希望。十二月一日的日记中写了这么一段话：今天开会，才第一次遇见了××。都说此公放荡不羁，果然一副风月老手风度。与其说此公招女人喜欢才放荡，莫如说他非放荡不可更确切。听说他老婆是个艺妓，叫人羡慕。原来，谩骂风流鬼的人，大多没有风流的资格；自命风流的人，也大多没有资格风流。这号人，本来不是非风流不可，却硬要走这条路，宛如我画水彩画，终于没有希望毕业，却又不顾一切地硬是装作唯我精通的架势。喝喝饭店的酒，或是逛逛艺妓茶馆，就能够成为花柳行家吗？假如这个理论站得住，那么，我也有理由说我能够成为一名出人头地的画家喽！我的水彩画莫如干脆弃笔的好。同样，与其做个糊涂的行家，远不如当一名刚进城的乡巴佬。

这番"行家论"，咱家有点不敢苟同。并且羡慕别人的老婆是艺妓云云，作为一名教师来说，也是碍难出口的卑劣念头。但唯独他对自己水彩画的批判，却很准确。主人尽管有如此自知之明，而孤芳自赏的心理却仍难除却。隔了两天，到了十二月四日，日记中又叙述了如下情节：

昨夜做了个梦：我觉得画水彩画毕竟不成器，便将画弃了。但不知是谁把那幅画镶在漂亮的匾额里，挂在横楣。这一来，连我自己都觉得那幅画变成了佳作。我万分高兴，这太棒了。我呆呆地欣赏，不觉天已破晓。睁眼一看，那幅画粗劣如旧，简直像旭日昭昭，一切都那么明明白白。

主人连在梦中漫步，似乎都对水彩画情意依依，自命不凡。看来，不要说水彩画家，按其气质，就连他所谓的风月老手，也是当不成的。

主人梦见水彩画的第二天，常来的那位戴金边眼镜的美学家，久别之后，又来造访。他刚一落座，劈头便问："绘画怎么样？"

主人神色自若地说："听从您的忠告，正在努力画写生画。的确，一画写生，从前未曾留心的物体形状及其色彩的精微变化，似乎都能辨认得清晰。这令人想到，西方画就因为自古强调写生，才有今日的发展。好一个了不起的安德利亚！"

他若无其事地说着，只字不提日记里的话，却再一次赞叹安德利亚。美学家边笑边搔头："老实说，我那是胡说八道。"

"什么？"主人还没有醒悟到他正在受人捉弄。"什么？就是你一再推崇的安德利亚的那番话，是我一时胡诌的。不曾想，你竟然那么信以为真。哈哈哈……"

美学家笑得前仰后合。咱家在檐廊下听了这段对话，不能不设想主人今天的日记又将写些什么。

这位美学家竟把信口开河捉弄人当成唯一的乐趣。他丝毫不顾及安德利亚事件会给主人的情绪带来什么样的影响。得意忘形之余，又讲了下述一段故事："噢，常常是几句玩笑人们就当真，这能极大地激发起滑稽的美感，很有意思。不久前我对学生说：尼古拉斯·尼克尔贝忠告吉本不要用法语写他毕生的巨著《法国革命》，要用英文出版。那个学生记忆力又非常好，竟在日本文学讨论会上认真地原原本本复述了我的这一段话，多么滑稽。然而，当时的听众大约一百人，竟然无不凝神倾听。

"接下来，还有更逗趣的故事哪。不久前，在一个有某某文学家莅席的会议上，谈起了哈里森的历史小说《塞奥伐洛》，我评论说：'这部作品是历史小说中的白眉，尤其女主人公临死那一段，写得真是鬼气森森。'坐在我对面的那位'万事通'先生说：'是呀！是呀！那一段的确是妙笔生花。'于是，我知道，那位先生和我一样，还未曾读过这篇小说哩！"

这番感慨仿佛在说：骗人倒也无妨，只是一旦被剥掉画皮，岂不糟糕？

那位美学家不动声色地说："咳，到时候一口咬定，是和别的书弄混啦，或是胡扯一通，也就完事嘛！"说着，他哈哈大笑。这位美学家别看戴着一副金边眼镜，但其性情，与车夫家的大黑颇有相似之处。

主人吸着"日出"牌香烟，喷吐着烟圈，嘴不说心想："我可没有那么大的胆量。"而美学家那副眼神，似乎在说："所以嘛，你即使画画，也照例完蛋。"他说："不过，笑话归笑话。画画的确不是件容易事。据说，达·芬奇曾经叫他的弟子画寺庙墙上的污痕。真的，假如走进茅房，专心致志地观察漏雨的墙壁，不难画出绝妙的图案画哟！你不妨留点心，画它一幅试试，一定会画出妙趣横生的好画来。""又是骗人吧？""哪里，这可是千真万确哟！难道这不是精辟的名言吗？达·芬奇会这么说呢。""不错，的确很精辟。"

主人已经大半服输。但他似乎还不肯在茅房里画写生画！

车夫家的大黑，后来变成了瘸猫。它那油光锃亮的绒毛也逐渐地褪色，脱落。咱家曾经夸奖过的那一对比琥珀还美的眼睛，已经堆满了眼屎。尤其引人注目的是，它意气消沉，体质羸弱。咱家和它在常去的那个茶园最后见面那天，问它一向可好，它说："黄鼠狼的勾魂屁和鱼贩子的大扁担，可把俺坑苦喽。"

枫叶曾为松林妆点过二三朱红，如今已经谢了，宛如一支古老的梦；在"洗指钵"旁落英缤纷的红白二色山茶花，也已飘零殆尽。两丈多长的檐廊虽然朝南，但冬日的阳光转眼西斜。寒风不起的日子已经不多，而咱家昼寝的时光料也无几了。

主人天天去学校，归来便闷坐书房；一有人来，却依然唠叨："教师当够了，够了……"水彩画已经不大画了，胃药也不见功效，已经不再吃。孩子们还好，天天上幼儿园，一回到家里就唱歌，不时地揪住咱家的尾巴，将咱家倒提起来。

咱家因吃不到美味，没有怎么发胖。不过，还算健康，没有变成瘸猫，一天天地虚掷韶光。咱家决不捉老鼠。女仆还是那么烦人。依然没有给咱家起上名字。但是，那又何妨。欲望无止境嘛！但愿住在这位教师的家，以无名一猫而了此平生！

[分析]

1. 文中的猫，是一只怎样的猫？
2. "大黑"是只怎样的猫？为何后来成了瘸猫？
3. 猫的主人——这位教师，是什么性格？
4. 为何猫说"人哪，全是些体面的小偷哟"？
5. 以猫的视角看待万物，与以人的视角看待万物有何不同？

伤逝

——涓生的手记

鲁 迅

简介 本文是现代文学家鲁迅创作的一部以爱情为题材、反映五四时期知识分子命运的短篇小说。小说以主人公涓生哀婉悲愤的内心独白的方式，讲述了他和爱人子君冲破封建势力的重重阻碍，追求婚姻自主，建立起了一个温馨的家庭，但不久爱情归于失败，最终一“伤”一“逝”的故事。小说反映了个人和社会的冲突：离开整个社会的解放，个性的解放和婚姻自主是无法实现的。

如果我能够，我要写下我的悔恨和悲哀，为子君，为自己。

会馆里的被遗忘在偏僻里的破屋是这样地寂静和空虚。时光过得真快，我爱子君，仗着她逃出这寂静和空虚，已经满一年了。事情又这么不凑巧，我重来时，偏偏空着的又只有这一间屋。依然是这样的破窗，这样的窗外的半枯的槐树和老紫藤，这样的窗前的方桌，这样的败壁，这样的靠壁的板床。深夜中独自躺在床上，就如我未曾和子君同居以前一般，过去一年中的时光全被消灭，全未有过，我并没有曾经从这破屋子搬出，在吉兆胡同创立了满怀希望的小小的家庭。

不但如此。在一年之前，这寂静和空虚是并不这样的，常常含着期待；期待子君的到来。在久待的焦躁中，一听到皮鞋的高底尖触着砖路的清响，是怎样地使我骤然生动起来呵！于是就看见带着笑涡的苍白的圆脸，苍白的瘦的臂膊，布的有条纹的衫子，玄色的裙。她又带了窗外的半枯的槐树的新叶来，使我看见，还有挂在铁似的老干上的一房一房的紫白的藤花。

然而现在呢，只有寂静和空虚依旧，子君却决不再来了，而且永远，永远地！……

子君不在我这破屋里时，我什么也看不见。在百无聊赖中，随手抓过一本书来，科学也好，文学也好，横竖什么都一样；看下去，看下去，忽而自己觉得，已经翻了十多页了，但是毫不记得书上所说的事。只是耳朵却分外地灵，仿佛听到大门外一切往来的履声，从中便有子君的，而且橐橐地逐渐临近，——但是，往往又逐渐渺茫，终于消失在别的步声的杂沓中了。我憎恶那不像子君鞋声的穿布底鞋的长班的儿子，我憎恶那太像子君鞋声的常常穿着新皮鞋的邻院的搽雪花膏的小东西！

莫非她翻了车么？莫非她被电车撞伤了么？……

我便要取了帽子去看她，然而她的胞叔就曾经当面骂过我。

蓦然，她的鞋声近来了，一步响于一步，迎出去时，却已经走过紫藤棚下，脸上带着微笑的酒窝。她在她叔子的家里大约并未受气；我的心宁帖了，默默地相视片时之后，破屋里便渐渐充满了我的语声，谈家庭专制，谈打破旧习惯，谈男女平等，谈伊孛生，谈泰戈尔，谈雪莱……她总是微笑点头，两眼里弥漫着稚气的好奇的光泽。壁上就钉着一张铜板的雪莱半身像，是从杂志上裁下来的，是他的最美的一张像。当我指给她看时，她却只草草一看，便低了头，似乎不好意思了。这些地方，子君就大概还未脱尽旧思想的束缚，——我后来也想，倒不如换一张雪莱淹死在海里的记念像或是伊孛生的罢；但也终于没有换，现在是连这一张也不知那里去了。

“我是我自己的，他们谁也没有干涉我的权利!”

这是我们交际了半年，又谈起她在这里的胞叔和在家的父亲时，她默想了一会之后，分明地，坚决地，沉静地说了出来的话。其时是我已经说尽了我的意见，我的身世，我的缺点，很少隐瞒；她也完全了解的了。这几句话很震动了我的灵魂，此后许多天还在耳中发响，而且说不出的狂喜，知道中国女性，并不如厌世家所说那样的无法可施，在不远的将来，便要看见辉煌的曙色的。

送她出门，照例是相离十多步远；照例是那鲇鱼须的老东西的脸又紧帖在脏的窗玻璃上了，连鼻尖都挤成一个小平面；到外院，照例又是明晃晃的玻璃窗里的那小东西的脸，加厚的雪花膏。她目不邪视地骄傲地走了，没有看见；我骄傲地回来。

“我是我自己的，他们谁也没有干涉我的权利!”这彻底的思想就在她的脑里，比我还透澈，坚强得多。半瓶雪花膏和鼻尖的小平面，于她能算什么东西呢?

我已经记不清那时怎样地将我的纯真热烈的爱表示给她。岂但现在，那时的事后便已模胡，夜间回想，早只剩了一些断片了；同居以后一两月，便连这些断片也化作无可追踪的梦影。我只记得那时以前的十几天，曾经很仔细地研究过表示的态度，排列过措辞的先后，以及倘或遭了拒绝以后的情形。可是临时似乎都无用，在慌张中，身不由己地竟用了在电影上见过的方法了。后来一想到，就使我很愧恧，但在记忆上却偏只有这一点永远留遗，至今还如暗室的孤灯一般，照见我含泪握着她的手，一条腿跪了下去……

不但我自己的，便是子君的言语举动，我那时就没有看得分明；仅知道她已经允许我了。但也还仿佛记得她脸色变成青白，后来又渐渐转作绯红，——没有见过，也没有再见的绯红；孩子似的眼里射出悲喜，但是夹着惊疑的光，虽然力避我的视线，张皇地似乎要破窗飞去。然而我知道她已经允许我了，没有知道她怎样说或是没有说。

她却是什么都记得：我的言辞，竟至于读熟了的一般，能够滔滔背诵；我的举动，就如有一张我所看不见的影片挂在眼下，叙述得如生，很细微，自然连那使我不愿再想的浅薄的电影的一闪。夜阑人静，是相对温习的时候了，我常是被质问，被考验，并且被命复述当时的言语，然而常须由她补足，由她纠正，像一个丁等的学生。

这温习后来也渐渐稀疏起来。但我只要看见她两眼注视空中，出神似的凝想着，于是神色越加柔和，笑窝也深下去，便知道她又在自修旧课了，只是我很怕她看到我那可笑的电影的一闪。但我又知道，她一定要看见，而且也非看不可的。

然而她并不觉得可笑。即使我自己以为可笑，甚而至于可鄙的，她也毫不以为可笑。这事我知道得很清楚，因为她爱我，是这样地热烈，这样地纯真。

去年的暮春是最为幸福，也是最为忙碌的时光。我的心平静下去了，但又有别一部分和身体一同忙碌起来。我们这时才在路上同行，也到过几回公园，最多的是寻住所。我觉得在路上时时遇到探索，讥笑，猥亵和轻蔑的眼光，一不小心，便使我的全身有些瑟缩，只得即刻提起我的骄傲和反抗来支持。她却是大无畏的，对于这些全不关心，只是镇静地缓缓前行，坦然如入无人之境。

寻住所实在不是容易事，大半是被托辞拒绝，小半是我们以为不相宜。起先我们选择得很苛酷，——也非苛酷，因为看去大抵不像是我们的安身之所；后来，便只要他们能相容了。看了二十多处，这才得到可以暂且敷衍的处所，是吉兆胡同一所小屋里的两间南屋；主人是一个小官，然而倒是明白人，自住着正屋和厢房。他只有夫人和一个不到周岁的女孩子，雇一个乡下的女工，只要孩子不啼哭，是极其安闲幽静的。

我们的家具很简单，但已经用去了我的筹来的款子的大半；子君还卖掉了她唯一的金戒指和耳环。我拦阻她，还是定要卖，我也就不再坚持下去了；我知道不给她加入一点股分去，她是住不舒服的。

和她的叔子，她早经闹开，至于使他气愤到不再认她做侄女；我也陆续和几个自以为忠告，其实是替我胆怯，或者竟是嫉妒的朋友绝了交。然而这倒很清静。每日办公散后，虽然已近黄昏，车夫又一定走得这样慢，但究竟还有二人相对的时候。我们先是沉默的相视，接着是放怀而亲密的交谈，后来又是沉默。大家低头沉思着，却并未想着什么事。我也渐渐清醒地读遍了她的身体，她的灵魂，不过三星期，我似乎于她已经更加了解，揭去许多先前以为了解而现在看来却是隔膜，即所谓真的隔膜了。

子君也逐日活泼起来。但她并不爱花，我在庙会时买来的两盆小草花，四天不浇，枯死在壁角了，我又没有照顾一切的闲暇。然而她爱动物，也许是从官太太那里传染的罢，不一月，我们的眷属便骤然加得很多，四只小油鸡，在小院子里和房主人的十多只在一同走。但她们却认识鸡的相貌，各知道那一只是自家的。还有一只花白的叭儿狗，从庙会买来，记得似乎原有名字，子君却给它另起了一个，叫作阿随。我就叫它阿随，但我不喜欢这名字。

这是真的，爱情必须时时更新，生长，创造。我和子君说起这，她也领会地点点头。

唉唉，那是怎样的宁静而幸福的夜呵！

安宁和幸福是要凝固的，永久是这样的安宁和幸福。我们在会馆里时，还偶有议论的冲突和意思的误会，自从到吉兆胡同以来，连这一点也没有了；我们只在灯下对坐的怀旧谭中，回味那时冲突以后的和解的重生一般的乐趣。

子君竟胖了起来，脸色也红活了；可惜的是忙。管了家务便连谈天的工夫也没有，何况读书和散步。我们常说，我们总还得雇一个女工。

这就使我也一样地不快活，傍晚回来，常见她包藏着不快活的颜色，尤其使我不乐的是她要装作勉强的笑容。幸而探听出来了，也还是和那小官太太的暗斗，导火线便是两家的小油鸡。但又何必硬不告诉我呢？人总该有一个独立的家庭。这样的处所，是不能居住的。

我的路也铸定了，每星期中的六天，是由家到局，又由局到家。在局里便坐在办公桌前钞，钞，钞些公文和信件；在家里是和她相对或帮她生白炉子，煮饭，蒸馒头。我的学会了煮饭，就在这时候。

但我的食品却比在会馆里时好得多了。做菜虽不是子君的特长，然而她于此却倾注着全力；对于她的日夜的操心，使我也不能不一同操心，来算作分甘共苦。况且她又这样地终日汗流满面，短发都粘在脑额上；两只手又只是这样地粗糙起来。

况且还要饲阿随，饲油鸡，……都是非她不可的工作。

我曾经忠告她：我不吃，倒也罢了；却万不可这样地操劳。她只看了我一眼，不开口，神色却似乎有点凄然；我也只好不开口。然而她还是这样地操劳。

我所豫期的打击果然到来。双十节的前一晚，我呆坐着，她在洗碗。听到打门声，我去开门时，是局里的信差，交给我一张油印的纸条。我就有些料到了，到灯下去一看，果然，印着的就是：

> 奉
> 局长谕史涓生着毋庸到局办事
> 秘书处启　十月九号

这在会馆里时，我就早已料到了；那雪花膏便是局长的儿子的赌友，一定要去添些谣言，设法报告的。到现在才发生效验，已经要算是很晚的了。其实这在我不能算是一个打击，因为我早就决定，可以给别人去钞写，或者教读，或者虽然费力，也还可以译点书，况且《自由之友》的总编辑便是见过几次的熟人，两月前还通过信。但我的心却跳跃着。那么一个无畏的子君也变了色，尤其使我痛心；她近来似乎也较为怯弱了。

“那算什么。哼，我们干新的。我们……。”她说。

她的话没有说完；不知怎地，那声音在我听去却只是浮浮的；灯光也觉得格外黯淡。人们真是可笑的动物，一点极微末的小事情，便会受着很深的影响。我们先是默默地相视，逐渐商量起来，终于决定将现有的钱竭力节省，一面登“小广告”去寻求钞写和教读，一面写信给《自由之友》的总编辑，说明我目下的遭遇，请他收用我的译本，给我帮一点艰辛时候的忙。

“说做，就做罢！来开一条新的路！”

我立刻转身向了书案，推开盛香油的瓶子和醋碟，子君便送过那黯淡的灯来。我先拟广告；其次是选定可译的书，迁移以来未曾翻阅过，每本的头上都满漫着灰尘了；最后才写信。

我很费踌躇，不知道怎样措辞好，当停笔凝思的时候，转眼去一瞥她的脸，在昏暗的灯光下，又很见得凄然。我真不料这样微细的小事情，竟会给坚决的，无畏的子君以这么显著的变化。她近来实在变得很怯弱了，但也并不是今夜才开始的。我的心因此更缭乱，忽然有安宁的生活的影像——会馆里的破屋的寂静，在眼前一闪，刚刚想定睛凝视，却又看见了昏暗的灯光。

许久之后，信也写成了，是一封颇长的信；很觉得疲劳，仿佛近来自己也较为怯弱了。于是我们决定，广告和发信，就在明日一同实行。大家不约而同地伸直了腰肢，在无言中，似乎又都感到彼此的坚忍崛强的精神，还看见从新萌芽起来的将来的希望。

外来的打击其实倒是振作了我们的新精神。局里的生活，原如鸟贩子手里的禽鸟一般，仅有一点小米维系残生，决不会肥胖；日子一久，只落得麻痹了翅子，即使放出笼外，早已不能奋飞。现在总算脱出这牢笼了，我从此要在新的开阔的天空中翱翔，趁我还未忘却了我的翅子的扇动。

小广告是一时自然不会发生效力的；但译书也不是容易事，先前看过，以为已经懂得的，一动手，却疑难百出了，进行得很慢。然而我决计努力地做，一本半新的字典，不到半月，边上便有了一大片乌黑的指痕，这就证明着我的工作的切实。《自由之友》的总编辑曾经说过，他的刊物是决不会埋没好稿子的。

可惜的是我没有一间静室，子君又没有先前那么幽静，善于体帖了，屋子里总是散乱着碗碟，弥漫着煤烟，使人不能安心做事，但是这自然还只能怨我自己无力置一间书斋。然而又加以阿随，加以油鸡们。加以油鸡们又大起来了，更容易成为两家争吵的引线。

加以每日的“川流不息”的吃饭；子君的功业，仿佛就完全建立在这吃饭中。吃了筹钱，筹来吃饭，还要喂阿随，饲油鸡；她似乎将先前所知道的全都忘掉了，也不想到我的构思就常常为了这催促吃饭而打断。即使在坐中给看一点怒色，她总是不改变，仍然毫无感触似的大嚼起来。

使她明白了我的作工不能受规定的吃饭的束缚，就费去五星期。她明白之后，大约很不高兴罢，可是没有说。我的工作果然从此较为迅速地进行，不久就共译了五万言，只要润色一回，便可以和做好的两篇小品，一同寄给《自由之友》去。只是吃饭却依然给我苦恼。菜冷，是无妨的，然而竟不够；有时连饭也不够，虽然我因为终日坐在家里用脑，饭量已经比先前要减少得多。这是先去喂了阿随了，有时还并那近来连自己也轻易不吃的羊肉。她说，阿随实在瘦得太可怜，房东太太还因此嗤笑我们了，她受不住这样的奚落。

于是吃我残饭的便只有油鸡们。这是我积久才看出来的，但同时也如赫胥黎的论定“人类在宇宙间的位置”一般，自觉了我在这里的位置：不过是叭儿狗和油鸡之间。

后来，经多次的抗争和催逼，油鸡们也逐渐成为肴馔，我们和阿随都享用了十多日的鲜肥；可是其实都很瘦，因为它们早已每日只能得到几粒高粱了。从此便清静得多。只有子君很颓唐，似乎常觉得凄苦和无聊，至于不大愿意开口。我想，人是多么容易改变呵！

但是阿随也将留不住了。我们已经不能再希望从什么地方会有来信，子君也早没有一点食物可以引它打拱或直立起来。冬季又逼近得这么快，火炉就要成为很大的问题；它的食量，在我们其实早是一个极易觉得的很重的负担。于是连它也留不住了。

倘使插了草标到庙市去出卖，也许能得几文钱罢，然而我们都不能，也不愿这样做。终于是用包袱蒙着头，由我带到西郊去放掉了，还要追上来，便推在一个并不很深的土坑里。

我一回寓，觉得又清静得多多了；但子君的凄惨的神色，却使我很吃惊。那是没有见过的神色，自然是为阿随。但又何至于此呢？我还没有说起推在土坑里的事。

到夜间，在她的凄惨的神色中，加上冰冷的分子了。

“奇怪。——子君，你怎么今天这样儿了？”我忍不住问。

“什么？”她连看也不看我。

“你的脸色……。”

“没有什么，——什么也没有。”

我终于从她言动上看出，她大概已经认定我是一个忍心的人。其实，我一个人，是容易生活的，虽然因为骄傲，向来不与世交来往，迁居以后，也疏远了所有旧识的人，然而只要能远走高飞，生路还宽广得很。现在忍受着这生活压迫的苦痛，大半倒是为她，便是放掉阿随，也何尝不如此。但子君的识见却似乎只是浅薄起来，竟至于连这一点也想不到了。

我拣了一个机会，将这些道理暗示她；她领会似的点头。然而看她后来的情形，她是没有懂，或者是并不相信的。

天气的冷和神情的冷，逼迫我不能在家庭中安身。但是，往那里去呢？大道上，公园里，虽然没有冰冷的神情，冷风究竟也刺得人皮肤欲裂。我终于在通俗图书馆里觅得了我的天堂。

那里无须买票；阅书室里又装着两个铁火炉。纵使不过是烧着不死不活的煤的火炉，但单是看见装着它，精神上也就总觉得有些温暖。书却无可看：旧的陈腐，新的是几乎没有的。

好在我到那里去也并非为看书。另外时常还有几个人，多则十余人，都是单薄衣裳，正如我，各人看各人的书，作为取暖的口实。这于我尤为合式。道路上容易遇见熟人，得到轻蔑的一瞥，但此地却决无那样的横祸，因为他们是永远围在别的铁炉旁，或者靠在自家的白炉边的。

那里虽然没有书给我看，却还有安闲容得我想。待到孤身枯坐，回忆从前，这才觉得大半年来，只为了爱，——盲目的爱，——而将别的人生的要义全盘疏忽了。第一，便是生活。人必生活着，爱才有所附丽。世界上并非没有为了奋斗者而开的活路；我也还未忘却翅子的扇动，虽然比先前已经颓唐得多……

屋子和读者渐渐消失了，我看见怒涛中的渔夫，战壕中的兵士，摩托车中的贵人，洋场上的投机家，深山密林中的豪杰，讲台上的教授，昏夜的运动者和深夜的偷儿……子君，——不在近旁。她的勇气都失掉了，只为着阿随悲愤，为着做饭出神；然而奇怪的是倒也并不怎样瘦损……

冷了起来，火炉里的不死不活的几片硬煤，也终于烧尽了，已是闭馆的时候。又须回到吉兆胡同，领略冰冷的颜色去了。近来也间或遇到温暖的神情，但这却反而增加我的苦痛。记得有一夜，子君的眼里忽而又发出久已不见的稚气的光来，笑着和我谈到还在会馆时候的情形，时时又很带些恐怖的神色。我知道我近来的超过她的冷漠，已经引起她的忧疑来，只得也勉力谈笑，想给她一点慰藉。然而我的笑貌一上脸，我的话一出口，却即刻变为空虚，这空虚又即刻发生反响，回向我的耳目里，给我一个难堪的恶毒的冷嘲。子君似乎也觉得的，从此便失掉了她往常的麻木似的镇静，虽然竭力掩饰，总还是时时露出忧疑的神色来，但对我却温和得多了。

我要明告她，但我还没有敢，当决心要说的时候，看见她孩子一般的眼色，就使我只得暂且改作勉强的欢容。但是这又即刻来冷嘲我，并使我失却那冷漠的镇静。

她从此又开始了往事的温习和新的考验，逼我做出许多虚伪的温存的答案来，将温存示给她，虚伪的草稿便写在自己的心上。我的心渐被这些草稿填满了，常觉得难于呼吸。我在苦恼中常常想，说真实自然须有极大的勇气的；假如没有这勇气，而苟安于虚伪，那也便是不能开辟新的生路的人。不独不是这个，连这人也未尝有！

子君有怨色，在早晨，极冷的早晨，这是从未见过的，但也许是从我看来的怨色。我那时冷冷地气愤和暗笑了；她所磨练的思想和豁达无畏的言论，到底也还是一个空虚，而对于这空虚却并未自觉。她早已什么书也不看，已不知道人的生活的第一着是求生，向着这求生的道路，是必须携手同行，或奋身孤往的了，倘使只知道搥着一个人的衣角，那便是虽战士也难于战斗，只得一同灭亡。

我觉得新的希望就只在我们的分离；她应该决然舍去，——我也突然想到她的死，然而立刻自责，忏悔了。幸而是早晨，时间正多，我可以说我的真实。我们的新的道路的开辟，便在这一遭。

我和她闲谈，故意地引起我们的往事，提到文艺，于是涉及外国的文人，文人的作品：《诺拉》，《海的女人》。称扬诺拉的果决……也还是去年在会馆的破屋里讲过的那些话，但现在已经变成空虚，从我的嘴传入自己的耳中，时时疑心有一个隐形的坏孩子，在背后恶意地刻毒地学舌。

她还是点头答应着倾听，后来沉默了。我也就断续地说完了我的话，连余音都消失在虚空中了。

“是的。”她又沉默了一会，说，“但是，……涓生，我觉得你近来很两样了。可是的？你，——你老实告诉我。”

我觉得这似乎给了我当头一击，但也立即定了神，说出我的意见和主张来：新的路的开辟，新的生活的再造，为的是免得一同灭亡。

临末，我用了十分的决心，加上这几句话：

“……况且你已经可以无须顾虑，勇往直前了。你要我老实说；是的，人是不该虚伪的。我老实说罢：因为，因为我已经不爱你了！但这于你倒好得多，因为你更可以毫无挂念地做事……”

我同时豫期着大的变故的到来，然而只有沉默。她脸色陡然变成灰黄，死了似的；瞬间便又苏生，眼里也发了稚气的闪闪的光泽。这眼光射向四处，正如孩子在饥渴中寻求着慈爱的母亲，但只在空中寻求，恐怖地回避着我的眼。

我不能看下去了，幸而是早晨，我冒着寒风径奔通俗图书馆。

在那里看见《自由之友》，我的小品文都登出了。这使我一惊，仿佛得了一点生气。我想，生活的路还很多，——但是，现在这样也还是不行的。

我开始去访问久已不相闻问的熟人，但这也不过一两次；他们的屋子自然是暖和的，我在骨髓中却觉得寒冽。夜间，便蜷伏在比冰还冷的冷屋中。

冰的针刺着我的灵魂，使我永远苦于麻木的疼痛。生活的路还很多，我也还没有忘却翅子的扇动，我想。——我突然想到她的死，然而立刻自责，忏悔了。

在通俗图书馆里往往瞥见一闪的光明，新的生路横在前面。她勇猛地觉悟了，毅然走出这冰冷的家，而且，——毫无怨恨的神色。我便轻如行云，漂浮空际，上有蔚蓝的天，下是深山大海，广厦高楼，战场，摩托车，洋场，公馆，晴明的闹市，黑暗的夜……

而且，真的，我豫感得这新生面便要来到了。

我们总算度过了极难忍受的冬天，这北京的冬天；就如蜻蜓落在恶作剧的坏孩子的手里一般，被系着细线，尽情玩弄，虐待，虽然幸而没有送掉性命，结果也还是躺在地上，只争着一个迟早之间。

写给《自由之友》的总编辑已经有三封信，这才得到回信，信封里只有两张书券：两角的和三角的。我却单是催，就用了九分的邮票，一天的饥饿，又都白挨给于己一无所得的空虚了。

然而觉得要来的事，却终于来到了。

这是冬春之交的事，风已没有这么冷，我也更久地在外面徘徊；待到回家，大概已经昏黑。就在这样一个昏黑的晚上，我照常没精打采地回来，一看见寓所的门，也照常更加丧气，使脚步放得更缓。但终于走进自己的屋子里了，没有灯火；摸火柴点起来时，是异样的寂寞和空虚！

正在错愕中，官太太便到窗外来叫我出去。

“今天子君的父亲来到这里，将她接回去了。”她很简单地说。

这似乎又不是意料中的事，我便如脑后受了一击，无言地站着。

“她去了么？”过了些时，我只问出这样一句话。

“她去了。”

“她，——她可说什么？”

“没说什么。单是托我见你回来时告诉你，说她去了。”

我不信；但是屋子里是异样的寂寞和空虚。我遍看各处，寻觅子君；只见几件破旧而黯淡的家具，都显得极其清疏，在证明着它们毫无隐匿一人一物的能力。我转念寻信或她留下的字迹，也没有；只是盐和干辣椒，面粉，半株白菜，却聚集在一处了，旁边还有几十枚铜元。这是我们两人生活材料的全副，现在她就郑重地将这留给我一个人，在不言中，教我借此去维持较久的生活。

我似乎被周围所排挤，奔到院子中间，有昏黑在我的周围；正屋的纸窗上映出明亮的灯光，他们正在逗着孩子玩笑。我的心也沉静下来，觉得在沉重的迫压中，渐渐隐约地现出脱走的路径：深山大泽，洋场，电灯下的盛筵，壕沟，最黑最黑的深夜，利刃的一击，毫无声响的脚步……

心地有些轻松，舒展了，想到旅费，并且嘘一口气。

躺着，在合着的眼前经过的豫想的前途，不到半夜已经现尽；暗中忽然仿佛看见一堆食物，这之后，便浮出一个子君的灰黄的脸来，睁了孩子气的眼睛，恳托似的看着我。我一定神，什么也没有了。

但我的心却又觉得沉重。我为什么偏不忍耐几天，要这样急急地告诉她真话的呢？现在她知道，她以后所有的只是她父亲——儿女的债主——的烈日一般的严威和旁人的赛过冰霜的冷眼。此外便是虚空。负着虚空的重担，在严威和冷眼中走着所谓人生的路，这是怎么可怕的事呵！而况这路的尽头，又不过是——连墓碑也没有的坟墓。

我不应该将真实说给子君，我们相爱过，我应该永久奉献她我的说谎。如果真实可以宝贵，这在子君就不该是一个沉重的空虚。谎语当然也是一个空虚，然而临末，至多也不过这样地沉重。

我以为将真实说给子君，她便可以毫无顾虑，坚决地毅然前行，一如我们将要同居时那样。但这恐怕是我错误了。她当时的勇敢和无畏是因为爱。

我没有负着虚伪的重担的勇气，却将真实的重担卸给她了。她爱我之后，就要负了这重担，在严威和冷眼中走着所谓人生的路。

我想到她的死……我看见我是一个卑怯者，应该被摈于强有力的人们，无论是真实者，虚伪者。然而她却自始至终，还希望我维持较久的生活……

我要离开吉兆胡同，在这里是异样的空虚和寂寞。我想，只要离开这里，子君便如还在我的身边；至少，也如还在城中，有一天，将要出乎意表地访我，像住在会馆时候似的。

然而一切请托和书信，都是一无反响；我不得已，只好访问一个久不问候的世交去了。他是我伯父的幼年的同窗，以正经出名的拔贡，寓京很久，交游也广阔的。

大概因为衣服的破旧罢，一登门便很遭门房的白眼。好容易才相见，也还相识，但是很冷落。我们的往事，他全都知道了。

“自然，你也不能在这里了，”他听了我托他在别处觅事之后，冷冷地说，“但那里去呢？很难。——你那，什么呢，你的朋友罢，子君，你可知道，她死了。”

我惊得没有话。

“真的？”我终于不自觉地问。

“哈哈。自然真的。我家的王升的家，就和她家同村。”

“但是，——不知道是怎么死的？”

“谁知道呢。总之是死了就是了。”

我已经忘却了怎样辞别他，回到自己的寓所。我知道他是不说谎话的；子君总不会再来的了，像去年那样。她虽是想在严威和冷眼中负着虚空的重担来走所谓人生的路，也已经不能。她的命运，已经决定她在我所给与的真实——无爱的人间死灭了！

自然，我不能在这里了；但是，“那里去呢？”

四围是广大的空虚，还有死的寂静。死于无爱的人们的眼前的黑暗，我仿佛一一看见，还听得一切苦闷和绝望的挣扎的声音。

我还期待着新的东西到来，无名的，意外的。但一天一天，无非是死的寂静。

我比先前已经不大出门，只坐卧在广大的空虚里，一任这死的寂静侵蚀着我的灵魂。死的寂静有时也自己战栗，自己退藏，于是在这绝续之交，便闪出无名的，意外的，新的期待。

一天是阴沉的上午，太阳还不能从云里面挣扎出来，连空气都疲乏着。耳中听到细碎的步声和咻咻的鼻息，使我睁开眼。大致一看，屋子里还是空虚；但偶然看到地面，却盘旋着一匹小小的动物，瘦弱的，半死的，满身灰土的……

我一细看，我的心就一停，接着便直跳起来。

那是阿随。它回来了。

我的离开吉兆胡同，也不单是为了房主人们和他家女工的冷眼，大半就为着这阿随。但是，“那里去呢?”新的生路自然还很多，我约略知道，也间或依稀看见，觉得就在我面前，然而我还没有知道跨进那里去的第一步的方法。

经过许多回的思量和比较，也还只有会馆是还能相容的地方。依然是这样的破屋，这样的板床，这样的半枯的槐树和紫藤，但那时使我希望，欢欣，爱，生活的，却全都逝去了，只有一个虚空，我用真实去换来的虚空存在。

新的生路还很多，我必须跨进去，因为我还活着。但我还不知道怎样跨出那第一步。有时，仿佛看见那生路就像一条灰白的长蛇，自己蜿蜒地向我奔来，我等着，等着，看看临近，但忽然便消失在黑暗里了。

初春的夜，还是那么长。长久的枯坐中记起上午在街头所见的葬式，前面是纸人纸马，后面是唱歌一般的哭声。我现在已经知道他们的聪明了，这是多么轻松简截的事。

然而子君的葬式却又在我的眼前，是独自负着虚空的重担，在灰白的长路上前行，而又即刻消失在周围的严威和冷眼里了。

我愿意真有所谓鬼魂，真有所谓地狱，那么，即使在孽风怒吼之中，我也将寻觅子君，当面说出我的悔恨和悲哀，祈求她的饶恕；否则，地狱的毒焰将围绕我，猛烈地烧尽我的悔恨和悲哀。

我将在孽风和毒焰中拥抱子君，乞她宽容，或者使她快意……

但是，这却更虚空于新的生路；现在所有的只是初春的夜，竟还是那么长。我活着，我总得向着新的生路跨出去，那第一步，——却不过是写下我的悔恨和悲哀，为子君，为自己。

我仍然只有唱歌一般的哭声，给子君送葬，葬在遗忘中。

我要遗忘；我为自己，并且要不再想到这用了遗忘给子君送葬。

我要向着新的生路跨进第一步去，我要将真实深深地藏在心的创伤中，默默地前行，用遗忘和说谎做我的前导……

一九二五年十月二十一日

［分析］

1. 关于什么是“爱情”，不同的人说法不一，文章中“盲目的爱”是爱情吗？涓生究竟有没有“爱”过子君？

2. 网络上有文章总结，下列三类人不适合结婚：一是太年轻的，因为这时通常人们考虑的是经济问题，想通过经济改变现状，因此大学刚毕业就结婚的离婚率远高于而立之年步入婚姻殿堂的。二是有审美情结的人，因为天天守着一个人，总会审美疲劳。三是喜欢独处的人，因为结婚意味着私人空间的部分要与人分享，一切陋习暴露无遗，倘若对方能够容忍尚好，若不能容忍，则对双方都是种折磨。分析涓生和子君婚姻失败的原因，并做出相应合理的解释。

3. 涓生理想的恋爱对象是什么样的？试根据涓生的个性特点展开联想。

小城三月

萧 红

简介 文中作者轻描淡写地记叙了自己与女主人公翠姨的生活。翠姨聪明随和，当刚明白“爱”是怎么回事时，就忧郁成疾，匆匆病逝。“春天的命运就是这么短”，在这个短促的春天里，许多美好和欢愉定格在这座小城里。

一

三月的原野已经绿了，像地衣那样绿，透出在这里、那里。郊原上的草，是必须转折了好几个弯儿才能钻出地面的，草儿头上还顶着那胀破了种粒的壳，发出一寸多高的芽子，欣幸地钻出了土皮。放牛的孩子，在掀起了墙脚下面的瓦片时，找到了一片草芽子，孩子们到家里告诉妈妈，说：“今天草芽出土了!”妈妈惊喜地说：“那一定是向阳的地方!”抢根菜的白色的圆石似的籽儿在地上滚着，野孩子一升一斗地在拾。蒲公英发芽了，羊咩咩地叫，乌鸦绕着杨树林子飞，天气一天暖似一天，日子一寸一寸的都有意思。杨花满天照地地飞，像棉花似的。人们出门都是用手捉着，杨花挂着他了。草和牛粪都横在道上，放散着强烈的气味，远远的有用石子打船的声音，“空空”……的大响传来。

河冰发了，冰块顶着冰块，苦闷地又奔放地向下流。乌鸦站在冰块上寻觅小鱼吃，或者是还在冬眠的青蛙。

天气突然地热起来，说是“二八月，小阳春”，自然冷天气还是要来的，但是这几天可热了。春天带着强烈的呼唤从这头走到那头……

小城里被杨花给装满了，在榆树还没变黄之前，大街小巷到处飞着，像纷纷落下的雪块……

春来了，人人像久久等待着一个大暴动，今天夜里就要举行，人人带着犯罪的心情，想参加到解放的尝试……春吹到每个人的心坎，带着呼唤，带着蛊惑……

我有一个姨，和我的堂哥哥大概是恋爱了。

姨母本来是很近的亲属，就是母亲的姊妹。但是我这个姨，她不是我的亲姨，她是我的继母的继母的女儿。那么她可算与我的继母有点血统的关系了，其实也是没有的。因为我这个外祖母已经做了寡妇之后才来到的外祖父家，翠姨就是这个外祖母的原来在另外的一家所生的女儿。

翠姨还有一个妹妹，她的妹妹小她两岁，大概是十七八岁，那么翠姨也就是十八九岁了。

翠姨生得并不是十分漂亮，但是她长得窈窕，走起路来沉静而且漂亮，讲起话来清楚地带着一种平静的感情。她伸手拿樱桃吃的时候，好像她的手指尖对那樱桃十分可怜的样子，她怕把它触坏了似的轻轻地捏着。

假若有人在她的背后招呼她一声，她若是正在走路，她就会停下，若是正在吃饭，就要把饭碗放下，而后把头向着自己的肩膀转过去，而全身并不大转，于是她自觉地闭合着嘴唇，像是有什么要说而一时说不出来似的……

而翠姨的妹妹，忘记了她叫什么名字，反正是一个大说大笑的，不十分修边幅，和她的姐姐完全不同。花的绿的，红的紫的，只要是市上流行的，她就不大加以选择，做起一件衣服来赶快就穿在身上。穿上了而后，到亲戚家去串门，人家恭维她的衣料怎样漂亮的时候，她总是说，和这完全一样的，还有一件，她给了她的姐姐了。

我到外祖父家去，外祖父家里没有像我一般大的女孩子陪着我玩，所以每当我去，外祖母总是把翠姨喊来陪我。

翠姨就住在外祖父的后院，隔着一道板墙，一招呼，听见就来了。

外祖父住的院子和翠姨住的院子，虽然只隔一道板墙，但是却没有门可通，所以还得绕到大街上去从正门进来。

因此有时翠姨先来到板墙这里，从板墙缝中和我打了招呼，而后回到屋去装饰了一番，才从大街上绕了个圈来到她母亲的家里。

翠姨很喜欢我，因为我在学堂里念书，而她没有，她想什么事我都比她明白。所以她总是有许多事务同我商量，看看我的意见如何。

到夜里，我住在外祖父家里了，她就陪着我也住下的。

每每从睡下了就谈，谈过了半夜，不知为什么总是谈不完……

开初谈的是衣服怎样穿，穿什么样的颜色的，穿什么样的料子。比如走路应该快或是应该慢，有时白天里她买了一个别针，到夜里她拿出来看看，问我这别针到底是好看或是不好看，那时候，大概是十五年前的时候，我们不知别处如何装扮一个女子，而在这个城里几乎个个都有一条宽大的绒绳结的披肩，蓝的、紫的，各色的也有，但最多多不过枣红色了。几乎在街上所见的都是枣红色的大披肩了。

哪怕红的绿的那么多，但总没有枣红色的最流行。

翠姨的妹妹有一条，翠姨有一条，我的所有的同学，几乎每人有一条。就连素不考究的外祖母的肩上也披着一条，只不过披的是蓝色的，没有敢用那最流行的枣红色的就是了。因为她总算年纪大了一点，对年轻人让了一步。

还有那时候都流行穿绒绳鞋，翠姨的妹妹就赶快地买了穿上。因为她那个人很粗心大意，好坏她不管，只是人家有她也有，别人是人穿衣裳，而翠姨的妹妹就好像被衣服所穿了似的，芜芜杂杂。但永远合乎着应有尽有的原则。

翠姨的妹妹的那绒绳鞋，买来了，穿上了。在地板上跑着，不大一会工夫，那每只鞋脸上系着的一只毛球，竟有一个毛球已经离开了鞋子，向上跳着，只还有一根绳连着，不然就要掉下来了。很好玩的，好像一颗大红枣被系到脚上去了。因为她的鞋子也是枣红色的。大家都在嘲笑她的鞋子一买回来就坏了。

翠姨，她没有买，她犹疑了好久，不管什么新样的东西到了，她总不是很快的就去买了来，也许她心里边早已经喜欢了，但是看上去她都像反对似的，好像她都不接受。

她必得等到许多人都开始采办了，这时候看样子，她才稍稍有些动心。

好比买绒绳鞋，夜里她和我谈话，问过我的意见，我也说是好看的，我有很多的同学，她们也都买了绒绳鞋。

第二天翠姨就要求我陪着她上街，先不告诉我去买什么，进了铺子选了半天别的，才问到我绒绳鞋。

走了几家铺子，都没有，都说是已经卖完了。我晓得店铺的人是这样瞎说的。表示他家店铺平常总是最丰富的，只恰巧你要的这件东西，他就没有了。我劝翠姨说咱们慢慢地走，别家一定会有的。

我们是坐马车从街梢上的外祖父家来到街中心的。

见了第一家铺子，我们就下了马车。不用说，马车我们已经是付过了车钱的。等我们买好了东西回来的时候，会另外叫一辆的。因为我们不知道要有多久。大概看见什么好，虽然不需要也要买点，或是东西已经买全了不必要再多流连，也要流连一会，或是买东西的目的，本来只在一双鞋，而结果鞋子没有买到，反而啰里啰唆地买回来许多用不着的东西。

这一天，我们辞退了马车，进了第一家店铺。

在别的大城市里没有这种情形，而在我家乡里往往是这样，坐了马车，虽然是付过了钱，让他自由去兜揽生意，但是他常常还仍旧等候在铺子的门外，等一出来，他仍旧请你坐他的车。

我们走进第一个铺子，一问没有。于是就看了些别的东西，从绸缎看到呢绒，从呢绒再看到绸缎，布匹是根本不看的，并不像母亲们进了店铺那样子，这个买去做被单，那个买去做棉袄的，因为我们管不了被单棉袄的事。母亲们一月不进店铺，一进店铺又是这个便宜应该买，那个不贵，也应该买。比方一块在夏天才用的花洋布，母亲们冬天里就买起来了，说是趁着便宜多买点，总是用得着的。而我们就不然了，我们是天天进店铺的，天天搜寻些个好看的，是贵的值钱的，平常时候绝对的用不到想不到的。

那一天我们就买了许多花边回来，钉着光片的，带着琉璃的。说不上要做什么样的衣服才配得着这种花边。也许根本没有想到做衣服，就贸然地把花边买下了。一边买着，一边说好，翠姨说好，我也说好。到了后来，回到家里，当众打开了让大家评判，这个一言，那个一语，让大家说得也有一点没有主意了，心里已经五六分空虚了。于是赶快地收拾了起来，或者从别人的手中夺过来，把它包起来，说她们不识货，不让她们看了。

勉强说着：

"我们要做一件红金丝绒的袍子，把这个黑琉璃边镶上。"

或是：

"这红的我们送人去……"

说虽仍旧如此说，心里已经八九分空虚了，大概是这些所心爱的，从此就不会再出头露面的了。

在这小城里，商店究竟没有多少，到后来又加上看不到绒绳鞋，心里着急，也许跑得更快些，不一会工夫，只剩了三两家了。而那三两家，又偏偏是不常去的，铺子小，货物少。想来它那里也是一定不会有的了。

我们走进一个小铺子里去，果然有三四双非小即大，而且颜色都不好看。

翠姨有意要买，我就觉得奇怪，原来就不十分喜欢，既然没有好的，又为什么要买呢？让我说着，没有买成回家去了。

过了两天，我把买鞋子这件事情早就忘了。

翠姨忽然又提议要去买。

从此我知道了她的秘密，她早就爱上了那绒绳鞋了，不过她没有说出来就是，她的恋爱的秘密就是这样子的，她似乎要把它带到坟墓里去，一直不要说出口，好像天底下没有一个人值得听她的告诉……

在外边飞着满天的大雪，我和翠姨坐着马车去买绒绳鞋。我们身上围着皮褥子，赶车的车夫高高地坐在车夫台上，摇晃着身子唱着沙哑的山歌："喝咧咧……"耳边的风呜呜地啸着，从天上倾下来的大雪迷乱了我们的眼睛，远远的天隐在云雾里，我默默地祝福翠姨快快买到可爱的绒绳鞋，我从心里愿意她得救……

市中心远远的朦朦胧胧地站着，行人很少，全街静悄无声。我们一家挨一家地问着，我比她更急切，我想赶快买到吧，我小心地盘问着那些店员们，我从来不放弃一个细微的机会，我鼓励翠姨，没有忘记一家。使她都有点儿诧异，我为什么忽然这样热心起来，但是我完全不管她的猜疑，我不顾一切地想在这小城里，找出一双绒绳鞋来。

只有我们的马车，因为载着翠姨的愿望，在街上奔驰得特别的清醒，又特别的快。雪下的更大了，街上什么人都没有了，只有我们两个人，催着车夫，跑来路去。一直到天都很晚了，鞋子没有买到。翠姨深深地看到我的眼里说："我的命，不会好的。"我很想装出大人的样子，来安慰她，但是没有等到找出什么适当的话来，泪便流出来了。

二

翠姨以后也常来我家住着，是我的继母把她接来的。

因为她的妹妹订婚了，怕是她一旦的结了婚，忽然会剩下她一个人来，使她难过。因为她的家里并没有多少人，只有她的一个六十多岁的老祖父，再就是一个也是寡妇的伯母，带一个女儿。

堂姊妹本该在一起玩耍解闷的，但是因为性格的相差太远，一向是水火不同炉地过着日子。

她的堂妹妹，我见过，永久是穿着深色的衣裳，黑黑的脸，一天到晚陪着母亲坐在屋子里，母亲洗衣裳，她也洗衣裳，母亲哭，她也哭。也许她帮着母亲哭她死去的父亲，也许哭的是她们的家穷。那别人就不晓得了。

本来是一家的女儿，翠姨她们两姊妹却像有钱的人家的小姐，而那个堂妹妹，看上去却像乡下丫头。这一点使她得到常常到我们家里来住的权利。

她的亲妹妹订婚了，再过一年就出嫁了。在这一年中，妹妹大大地阔气了起来，因为婆家那方面一订了婚就来了聘礼。

这个城里，从前不用大洋票，而用的是广信公司出的帖子，一百吊一千吊的论。她妹妹的聘礼大概是几万吊。所以她忽然不得了起来，今天买这样，明天买那样，花别针一个又一个的，丝头绳一团一团的，带穗的耳坠子，洋手表，样样都有了。每逢出街的时候，她和她的姐姐一道，现在总是她付车钱了，她的姐姐要付，她却百般的不肯，有时当着人面，姐姐一定要付，妹妹一定不肯，结果闹得很窘，姐姐无形中觉得一种权利被人剥夺了。

但是关于妹妹的订婚，翠姨一点也没有羡慕的心理。妹妹未来的丈夫，她是看过的，没有什么好看，很高，穿着蓝袍子黑马褂，好像商人，又像一个小土绅士。又加上翠姨太年轻了，想不到什么丈夫，什么结婚。

因此，虽然妹妹在她的旁边一天比一天的丰富起来，妹妹是有钱了，但是妹妹为什么有钱的，她没有考查过。

所以当妹妹尚未离开她之前，她绝对的没有重视“订婚”的事。

就是妹妹已经出嫁了，她也还是没有重视这“订婚”的事。

不过她常常的感到寂寞。她和妹妹出来进去的，因为家庭环境孤寂，竟好像一对双生子似的，而今去了一个。不但翠姨自己觉得单调，就是她的祖父也觉得她可怜。

所以自从她的妹妹嫁了，她就不大回家，总是住在她的母亲的家里，有时我的继母也把她接到我们家里。

翠姨非常聪明，她会弹大正琴，就是前些年所流行在中国的一种日本琴，她还会吹箫或是会吹笛子。不过弹那琴的时候却很多。住在我家里的时候，我家的伯父，每在晚饭之后必同我们玩这些乐器的。笛子、箫、日本琴、风琴、月琴，还有什么打琴。真正的西洋的乐器，可一样也没有。

在这种正玩得热闹的时候，翠姨也来参加了，翠姨弹了一个曲子，和我们大家立刻就配合上了。于是大家都觉得在我们那已经天天闹熟了的老调子之中，又多了一个新的花样。于是立刻我们就加倍的努力，正在吹笛子的把笛子吹得特别响，把笛膜振抖得似乎就要爆裂了似的滋滋地叫着。十岁的弟弟在吹口琴，他摇着头，好像要把那口琴吞下去似的，至于他吹的是什么调子，已经是没有人留意了。在大家忽然来了勇气的时候，似乎只需要这种胡闹。

而那按风琴的人，因为越按越快，到后来也许是已经找不到琴键了，只是那踏脚板越踏越快，踏的呜呜地响，好像有意要毁坏了那风琴，而想把风琴撕裂了一般的。

大概所奏的曲子是《梅花三弄》，也不知道接连地弹过了多少圈，看大家的意思都不想要停下来。不过到了后来，实在是气力没有了，找不着拍子的找不着拍子，跟不上调的跟不上调，于是在大笑之中，大家停下来了。

不知为什么，在这么快乐的调子里边，大家都有点伤心，也许是乐极生悲了，把我们都笑得一边流着眼泪，一边还笑。

正在这时候，我们往门窗处一看，我的最小的小弟弟，刚会走路，他也背着一个很大的破手风琴来参加了。

谁都知道，那手风琴从来也不会响的。把大家笑死了，在这回得到了快乐。

我的哥哥（伯父的儿子，钢琴弹得很好），吹箫吹得最好，这时候他放下了箫，对翠姨说：“你来吹吧！”翠姨却没有言语，站起身来，跑到自己的屋子去了，我的哥哥，好久好久地看住那帘子。

三

翠姨在我家，和我住一个屋子。月明之夜，屋子照得通亮，翠姨和我谈话，往往谈到鸡叫，觉得也不过刚刚半夜。

鸡叫了，才说：“快睡吧，天亮了。”

有的时候，一转身，她又问我：

“是不是一个人结婚太早不好，或许是女子结婚太早是不好的!”

我们以前谈了很多话，但没有谈到这些。

总是谈什么，衣服怎样穿，鞋子怎样买，颜色怎样配，买了毛线来，这毛线应该打个什么的花纹，买了帽子来，应该评判这帽子还微微有点缺点，这缺点究竟在什么地方！虽然说是不要紧，或者是一点关系也没有，但批评总是要批评的。

有时再谈得远一点，就是表姊表妹之类订了婆家，或是什么亲戚的女儿出嫁了。或是什么耳闻的，听说的，新娘子和新姑爷闹别扭之类。

那个时候，我们的县里，早就有了洋学堂了，小学好几个，大学没有。只有一个男子中学，往往成为谈论的目标，谈论这个，不单是翠姨，外祖母、姑姑、姐姐之类，都愿意讲究这当地中学的学生。因为他们一切洋化，穿着裤子，把裤腿卷起来一寸，一张口格得毛宁[1] 外国话，他们彼此一说话就答答答[2]，听说这是什么俄国话。而更奇怪的就是他们见了女人不怕羞。这一点，大家都批评说是不如从前了，从前的书生，一见了女人脸就红。

我家算是最开通的了，叔叔和哥哥他们都到北京和哈尔滨那些大地方去读书了，他们开了不少的眼界，回到家里来，大讲他们那里都是男孩子和女孩子同学。

这一题目，非常的新奇，开初都认为这是造了反。后来因为叔叔也常和女同学通信，因为叔叔在家庭里是有点地位的人。并且父亲从前也加入过国民党，革过命，所以这个家庭都“咸与维新”起来。

因此在我家里一切都是很随便的，逛公园，正月十五看花灯，都是不分男女，一齐去。

而且我家里设了网球场，一天到晚的打网球，亲戚家的男孩子来了，我们也一齐地打。

这都不谈，仍旧来谈翠姨。

翠姨听了很多的故事，关于男学生结婚事情，就是我们本县里，已经有几件事情不幸的了。有的结婚了，从此就不回家了，有的娶来了太太，把太太放在另一间屋子里住着，而且自己却永久住在书房里。

每逢讲到这些故事时，多半别人都是站在女的一面，说那男子都是念书念坏了，一看了那不识字的又不是女学生之类就生气。觉得处处都不如他。天天总说婚姻不自由，可是自古至今，都是爹许娘配的，偏偏到了今天，都要自由，看吧，这还没有自由呢，就先来了花头故事了，娶了太太的不回家，或是把太太放在另一个屋子里。这些都是念书念坏了的。

翠姨听了许多别人家的评论。大概她心里边也有些不平，她就问我不读书是不是很坏的，我自然说是很坏的。而且她看了我们家里男孩子、女孩子通通到学堂去念书的。而且我们亲戚家的孩子也都是读书的。

因此她对我很佩服，因为我是读书的。

但是不久，翠姨就订婚了。就是她妹妹出嫁不久的事情。

她的未来的丈夫，我见过，在外祖父的家里。人长得又低又小，穿一身蓝布棉袍子，黑马褂，头上戴一顶赶大车的人所戴的五耳帽子。

当时翠姨也在的，但她不知道那是她的什么人，她只当是哪里来了这样一位乡下的客人。外祖母偷着把我叫过去，特别告诉了我一番，这就是翠姨将来的丈夫。不久翠姨就很有钱，她的丈夫的家里，比她妹妹丈夫的家里还更有钱得多。婆婆也是个寡妇，守着个独生的儿子。儿子才十七岁，是在乡下的私学馆里读书。

翠姨的母亲常常替翠姨解说，人矮点不要紧，岁数还小呢，再长上两三年两个人就一般高了。劝翠姨不要难过，婆家有钱就好的。聘礼的钱十多万都交过来了，而且就由外祖母的手亲自交给了翠姨，而且还有别的条件保障着，那就是说，三年之内绝对不准娶亲，借着男的一方面年纪太小为辞，翠姨更愿意远远推着。

翠姨自从订婚之后，是很有钱的了，什么新样子的东西一到，虽说不是一定抢先去买了来，总是过不了多久，箱子里就要有的了。那时候夏天最流行银灰色市布大衫，而翠姨的穿起来最好，因为她有好几件，穿过两次不新鲜就不要了，就只在家里穿，而出门就又去做一件新的。

那时候正流行着一种长穗的耳坠子，翠姨就有两对，一对红宝石的，一对绿的，而我的母亲才能有两对，而我才有一对。可见翠姨是顶阔气的了。

还有那时候就已经开始流行高跟鞋了。可是在我们本街上却不大有人穿，只有我的继母早就开始穿，其余就算是翠姨。并不是一定因为我的母亲有钱，也不是因为高跟鞋一定贵，只是女人们没有那么摩登的行为，或者说她们不很容易接受新的思想。

翠姨第一天穿起高跟鞋来，走路还很不安定，但到第二天就比较的习惯了。到了第三天，就是说以后，她就是跑起来也是很平稳的。而且走路的姿态更加可爱了。

我们有时也去打网球玩玩，球撞到她脸上的时候，她才用球拍遮了一下，否则她半天也打不到一个球。因为她一上了场站在白线上就是白线上，站在格子里就是格子里，她根本不动。有的时候，她竟拿着网球拍子站着一边去看风景去了。尤其是大家打完了网球，吃东西的吃东西去了，洗脸的洗脸去了，唯有她一个人站在短篱前面，向着远远的哈尔滨市影痴望着。

有一次我同翠姨一同去做客。我继母的族中娶媳妇。她们是八旗人，也就是满人，满人才讲究场面呢，所有的族中的年轻的媳妇都必得到场，而个个打扮得如花似玉。似乎咱们中国的社会，是没这么繁华的社交的场面的，也许那时候，我是小孩子，把什么都看得特别繁华，就只说女人们的衣服吧，就个个都穿得和现在西洋女人在夜总会里边那么庄严。一律都穿着绣花大袄。而她们是八旗人，大袄的襟下一律的没有开口。而且很长。大袄的颜色枣红的居多，绛色的也有，玫瑰紫色的也有。而那上边绣的花色，有的荷花，有的玫瑰，有的松竹梅，一句话，特别的繁华。

她们的脸上，都擦着白粉，她们的嘴上都染得桃红。

每逢一个客人到了门前，她们是要列着队出来迎接的，她们都是我的舅母，一个一个的上前来问候了我和翠姨。

翠姨早就熟识她们的，有的叫表嫂子，有的叫四嫂子。而在我，她们就都是一样的，好像小孩子的时候，所玩的用花纸剪的纸人，这个和那个都是一样，完全没有分别。都是花缎的袍子，都是白白的脸，都是很红的嘴唇。

就是这一次，翠姨出了风头了，她进到屋里，靠着一张大镜子旁坐下了。女人们就忽然都上前来看她，也许她从来没有这么漂亮过；今天把别人都惊住了。以我看翠姨还没有她从前漂亮呢，不过她们说翠姨漂亮得像棵新开的蜡梅。翠姨从来不擦胭脂的，而那天又穿了一件为着将来做新娘子而准备的蓝色缎子满是金花的夹袍。

翠姨让她们围起看着，难为情了起来，站起来想要逃掉似的，迈着很勇敢的步子，茫然地往里边的房间里闪开了。

谁知那里边就是新房呢，于是许多的嫂嫂们，就哗然地叫着，说：

“翠姐姐不要急，明年就是个漂亮的新娘子，现在先试试去。”

当天吃饭饮酒的时候，许多客人从别的屋子来呆呆地望着翠姨。翠姨举着筷子，似乎是在思量着，保持着镇静的态度，用温和的眼光看着她们。仿佛她不晓得人们专门在看着她似的。但是别的女人们羡慕了翠姨半天了，脸上又都突然地冷落起来，觉得有什么话要说，又都没有说，然后彼此对望着，笑了一下，吃菜了。

四

有一年冬天，刚过了年，翠姨就来到了我家。

伯父的儿子——我的哥哥，就正在我家里。

我的哥哥，人很漂亮，很直的鼻子，很黑的眼睛，嘴也好看，头发也梳得好看，人很长，走路很爽快。大概在我们所有的家族中，没有这么漂亮的人物。

冬天，学校放了寒假，所以来我们家里休息。大概不久，学校开学就要上学去了。哥哥是在哈尔滨读书。

我们的音乐会，自然要为这新来的角色而开了。翠姨也参加的。

于是非常的热闹，比方我的母亲，她一点也不懂这行，但是她也列了席，她坐在旁边观看，连家里的厨子、女工，都停下了工作来望着我们，似乎他们不是听什么乐器，而是在看人。我们聚满了一客厅。这些乐器的声音，大概很远的邻居都可以听到。

第二天邻居来串门的，就说：

“昨天晚上，你们家又是给谁祝寿?”

我们就说，是欢迎我们的刚到的哥哥。因此我们家是很好玩的，很有趣的。不久就来到了正月十五看花灯的时节了。

我们家里自从父亲维新革命，总之在我们家里，兄弟姊妹，一律相待，有好玩的就一齐玩，有好看的就一齐去看。

伯父带着我们，哥哥、弟弟、姨……共八九个人，在大月亮地里往大街里跑去了。那路之滑，滑得不能站脚，而且高低不平。他们男孩子们跑在前面，而我们因为跑得慢就落了后。

于是那在前边的他们回头来嘲笑我们，说我们是小姐，说我们是娘娘。说我们走不动。

我们和翠姨早就连成一排向前冲去，但是，不是我倒，就是她倒。到后来还是哥哥他们一个一个地来扶着我们，说是扶着未免的太示弱了，也不过就是和他们连成一排向前进着。

不一会到了市里，满路花灯，人山人海。又加上狮子、旱船、龙灯、秧歌，闹得眼也花起来，一时也数不清多少玩意。哪里会来得及看，似乎只是在眼前一晃，就过去了，而一会别的又来了，又过去了。其实也不见得繁华得多么了不得了，不过觉得世界上是不会比这个再繁华的了。

商店的门前，点着那么大的火把，好像热带的大椰子树似的。一个比一个亮。

我们进了一家商店，那是父亲的朋友开的。他们很好的招待我们，茶、点心、橘子、元宵。我们哪里吃得下去，听到门外一打鼓，就心慌了。而外边鼓和喇叭又那么多，一阵来了，一阵还没有去远，一阵又来了。

因为城本来是不大的，有许多熟人也都是来看灯的，都遇到了。其中我们本城里的在哈尔滨念书的几个男学生，他们也来看灯了。哥哥都认识他们。我也认识他们，因为这时候我们到哈尔滨念书去了。所以一遇到了我们，他们就和我们在一起，他们出去看灯，看了一会，又回到我们的地方，和伯父谈话，和哥哥谈话。我晓得他们，因为我们家比较有势力，他们是很愿和我们讲话的。

所以回家的一路上，又多了两个男孩子。

不管人讨厌不讨厌，他们穿的衣服总算都市化了。个个都穿着西装，戴着呢帽，外套都是到膝盖的地方，脚下很利落清爽。比起我们城里的那种怪样子的外套，好像大棉袍子似的好看得多了。而且颈间又都束着一条围巾，那围巾自然也是全丝全线的花纹。似乎一束起那围巾来，人就更显得庄严、漂亮。

翠姨觉得他们个个都很好看。

哥哥也穿的西装，自然哥哥也很好看。因此在路上她直在看哥哥。

翠姨梳头梳得是很慢的，必定梳得一丝不乱，擦粉也要擦了洗掉，洗掉再擦，一直擦到认为满意为止。花灯节的第二天早晨，她就梳得更慢，一边梳头一边在思量。本来按规矩每天吃早饭，必得三请两请才能出席，今天必得请到四次，她才来了。

我的伯父当年也是一位英雄，骑马、打枪绝对的好。后来虽然已经五十岁了，但是风采犹存。我们都爱伯父的，伯父从小也就爱我们。诗、词、文章，都是伯父教我们的。翠姨住在我们家里，伯父也很喜欢翠姨。今天早饭已经开好了。

催了翠姨几次，翠姨总是不出来。

伯父说了一句：“林黛玉……”

于是我们全家的人都笑了起来。

翠姨出来了，看见我们这样的笑，就问我们笑什么。我们没有人肯告诉她。翠姨知道一定是笑的她，她就说：

“你们赶快的告诉我，若不告诉我，今天我就不吃饭了，你们读书识字，我不懂，你们欺侮我……”

闹嚷了很久，还是我的哥哥讲给她听了。伯父当着自己的儿子面前到底有些难为情，喝了好些酒，总算是躲过去了。

翠姨从此想到了念书的问题，但是她已经二十岁了，上哪里去念书？上小学没有她这样大的学生，上中学，她是一字不识，怎样可以。所以仍旧住在我们家里。

弹琴、吹箫、看纸牌，我们一天到晚地玩着。我们玩的时候，全体参加，我的伯父，我的哥哥，我的母亲。

翠姨对我的哥哥没有什么特别的好，我的哥哥对翠姨就像对我们，也是完全的一样。

不过哥哥讲故事的时候，翠姨总比我们留心听些，那是因为她的年龄稍稍比我们大些，当然在理解力上，比我们更接近一些哥哥的了。哥哥对翠姨比对我们稍稍的客气一点。他和翠姨说话的时候，总是“是的、是的”的，而和我们说话则“对啦、对啦”。这显然因为翠姨是客人的关系，而且在名分上比他大。

不过有一天晚饭之后，翠姨和哥哥都没有了。每天饭后大概总要开个音乐会的。这一天也许因为伯父不在家，没有人领导的缘故。大家吃过也就散了。客厅里一个人也没有。我想找弟弟和我下一盘棋，弟弟也不见了。于是我就一个人在客厅里按起风琴来，玩了一下也觉得没有趣。客厅是静得很的，在我关上了风琴盖子之后，我就听见了在后屋里，或者在我的房子里是有人的。

我想一定是翠姨在屋里。快去看看她，叫她出来张罗着看纸牌。

我跑进去一看，不单是翠姨，还有哥哥陪着她。

看见了我，翠姨就赶快地站起来说：

“我们去玩吧。”

哥哥也说：

“我们下棋去，下棋去。”

他们出来陪我来玩棋，这次哥哥总是输，从前是他回回赢我的，我觉得奇怪，但是心里高兴极了。

不久寒假终了，我就回到哈尔滨的学校念书去了。可是哥哥没有同来，因为他上半年生了点病，曾在医院里休养了一些时候，这次伯父主张他再请两个月的假，留在家里。

以后家里的事情，我就不大知道了。都是由哥哥或母亲讲给我听的。我走了以后，翠姨还住在家里。

后来母亲还告诉过，就是在翠姨还没有订婚之前，有过这样一件事情。我的族中有一个小叔叔，和哥哥一般大的年纪，说话口吃，没有风采，也是和哥哥在一个学校里读书。虽然他也到我们家里来过，但怕翠姨没有见过。那时外祖母就主张给翠姨提婚。那族中的祖母一听就拒绝了，说是寡妇的孩子，命不好，也怕没有家教，何况父亲死了，母亲又出嫁了，好女不嫁二夫郎，这种人家的女儿，祖母不要。但是我母亲说，辈分合，他家还有钱，翠姨过门是一品当朝的日子，不会受气的。

这件事情翠姨是晓得的，而今天又见了我的哥哥，她不能不想哥哥大概是那样看她的。她自觉地觉得自己的命运不会好的，现在翠姨自己已经订了婚，是一个人的未婚妻。二则她是出了嫁的寡妇的女儿，她自己一天把这个背了不知有多少遍，她记得清清楚楚。

五

翠姨订婚，转眼三年了，正这时，翠姨的婆家，通了消息来，张罗要娶。她的母亲来接她回去整理嫁妆。

翠姨一听就得病了。

但没有几天，她的母亲就带着她到哈尔滨采办嫁妆去了。偏偏那带着她采办嫁妆的向导又是哥哥给介绍来的他的同学。他们住在哈尔滨的秦家岗上，风景绝佳，是洋人最多的地方。那男学生们的宿舍里边，有暖气、洋床。翠姨带着哥哥的介绍信，像一个女同学似的被他们招待着。又加上已经学了俄国人的规矩，处处尊重女子，所以翠姨当然受了他们不少的尊敬，请她吃大菜，请她看电影。坐马车的时候，上车让她先上，下车的时候，人家扶她下来。她每一动别人都为她服务，外套一脱，就接过去了。她刚一表示要穿外套，就给她穿上了。

不用说，买嫁妆她是不痛快的，但那几天，她总算一生中最开心的时候。

她觉得到底是读大学的人好，不野蛮，不会对女人不客气，绝不能像她的妹夫常常打她的妹妹。

经这到哈尔滨去一买嫁妆，翠姨就更不愿意出嫁了。她一想那个又丑又小的男人，她就恐怖。

她回来的时候，母亲又接她来到我们家住着，说她的家里又黑，又冷，说她太孤单可怜。我们家是一团暖气的。

到了后来，她的母亲发现她对于出嫁太不热心，该剪裁的衣裳，她不去剪裁。有一些零碎还要去买的，她也不去买。做母亲的总是常常要加以督促，后来就要接她回去，接到她的身边，好随时提醒她。她的母亲以为年轻的人必定要随时提醒的，不然总是贪玩。而况出嫁的日子又不远了，或者就是二三月。

想不到外祖母来接她的时候，她从心里不肯回去，她竟很勇敢地提出来她要读书的要求。她说她要念书，她想不到出嫁。

开初外祖母不肯，到后来，她说若是不让她读书，她是不出嫁的，外祖母知道她的心情，而且想起了很多可怕的事情……

外祖母没有办法，依了她。给她在家里请了一位老先生，就在自己家院子的空房子里边摆上了书桌，还有几个邻居家的姑娘，一齐念书。

翠姨白天念书，晚上回到外祖母家。

念了书，不多日子，人就开始咳嗽，而且整天地闷闷不乐。她的母亲问她，有什么不如意？陪嫁的东西买得不顺心吗？或者是想到我们家去玩吗？什么事都问到了。

翠姨摇着头不说什么。

过了一些日子，我的母亲去看翠姨，带着我的哥哥，他们一看见她，第一个印象，就觉得她苍白了不少。而且母亲断言地说，她活不久了。

大家都说是念书累的，外祖母也说是念书累的，没有什么要紧的；要出嫁的女儿们，总是先前瘦的，嫁过去就要胖了。

而翠姨自己则点点头，笑笑，不承认，也不加以否认。还是念书，也不到我们家来了，母亲接了几次，也不来，回说没有工夫。

翠姨越来越瘦了，哥哥去到外祖母家看了她两次，也不过是吃饭、喝酒，应酬了一番。而且说是去看外祖母的。在这里年轻的男子，去拜访年轻的女子，是不可以的。哥哥回来也并不带回什么欢喜或是什么新的忧郁，还是一样和大家打牌下棋。

翠姨后来支持不了啦，躺下了，她的婆婆听说她病，就要娶她，因为花了钱，死了不是可惜了吗？这一种消息，翠姨听了病就更加严重。婆家一听她病重，立刻要娶她。因为在迷信中有这样一章，病新娘娶过来一冲，就冲好了。翠姨听了就只盼望赶快死，拼命地糟蹋自己的身体，想死得越快一点儿越好。

母亲记起了翠姨，叫哥哥去看翠姨。是我的母亲派哥哥去的，母亲拿了一些钱让哥哥给翠姨去，说是母亲送她在病中随便买点什么吃的。母亲晓得他们年轻人是很拘泥的，或者不好意思去看翠姨，也或者翠姨是很想看他的，他们好久不能看见了。同时翠姨不愿出嫁，母亲很久的就在心里边猜疑着他们了。

男子是不好去专访一位小姐的，这城里没有这样的风俗。母亲给了哥哥一件礼物，哥哥就可去了。

哥哥去的那天，她家里正没有人，只是她家的堂妹妹迎接着这从未见过的生疏的年轻的客人。

那堂妹妹还没问清客人的来由，就往外跑，说是去找她们的祖父去，请他等一等。大概她想是凡男客就是来会祖父的。

客人只说了自己的名字，那女孩子连听也没有听就跑出去了。

哥哥正想，翠姨在什么地方？或者在里屋吗？翠姨大概听出什么人来了，她就在里边说：

“请进来。”

哥哥进去了，坐在翠姨的枕边，他要去摸一摸翠姨的前额，是否发热，他说：

“好了点吗？”

他刚一伸出手去，翠姨就突然地拉了他的手，而且大声地哭起来了，好像一颗心也哭出来了似的。哥哥没有准备，就很害怕，不知道说什么做什么。他不知道现在应该是保护翠姨的地位，还是保护自己的地位。同时听得见外边已经有人来了，就要开门进来了。一定是翠姨的祖父。

翠姨平静地向他笑着，说：

“你来得很好，一定是姐姐告诉你来的，我心里永远纪念着她，她爱我一场，可惜我不能去看她了……我不能报答她了……不过我总会记起在她家里的日子的……她待我也许没有什么，但是我觉得已经太好了……我永远不会忘记的……我现在也不知道为什么，心里只想死得快一点就好，多活一天也是多余的……人家也许以为我是任性……其实是不对的，不知为什么，那家对我也是很好的，我要是过去，他们对我也会是很好的，但是我不愿意。我小时候，就不好，我的脾气总是，不从心的事，我不愿意……这个脾气把我折磨到今天了……可是我怎能从心呢……真是笑话……谢谢姐姐她还惦着我……请你告诉她，我并不像她想的那么苦呢，我也很快乐……”翠姨痛苦地笑了一笑，“我心里很安静，而且我求的我都得到了……”

哥哥茫然地不知道说什么，这时祖父进来了。看了翠姨的热度，又感谢了我的母亲，对我哥哥的降临，感到荣幸。他说请我母亲放心吧，翠姨的病马上就会好的，好了就嫁过去。

哥哥看了翠姨就退出去了，从此再没有看见她。

哥哥后来提起翠姨常常落泪，他不知翠姨为什么死，大家也都心中纳闷。

尾声

等我到春假回来，母亲还对我说：

“要是翠姨一定不愿意出嫁，那也是可以的，假如他们对我说。”

…………

翠姨坟头的草籽已经发芽了，一掀一掀地和土粘成了一片，坟头显出淡淡的青色，常常会有白色的山羊跑过。

这时城里的街巷，又装满了春天。

暖和的太阳，又转回来了。

街上有提着筐子卖蒲公英的了，也有卖小根蒜的了。更有些孩子们他们按着时节去折了那刚发芽的柳条，正好可以拧成哨子，就含在嘴里满街地吹。声音有高有低，因为那哨子有粗有细。

大街小巷，到处的呜呜呜，呜呜呜。好像春天是从他们的手里招待回来了似的。但是这为期甚短，一转眼，吹哨子的不见了。

接着杨花飞起来了，榆钱飘满了一地。

在我的家乡那里，春天是快的，五天不出屋，树发芽了，再过五天不看树，树长叶了，再过五天，这树就像绿得使人不认识它了。使人想，这棵树，就是前天的那棵树吗？自己回答自己，当然是的。春天就像跑的那么快。好像人能够看见似的，春天从老远的地方跑来了，跑到这个地方只向人的耳朵吹一句小小的声音："我来了呵"，而后很快的就跑过去了。

春，好像它不知多么忙迫，好像无论什么地方都在招呼它，假若它晚到一刻，阳光会变色的，大地会干成石头，尤其是树木，那真是好像再多一刻工夫也不能忍耐，假若春天稍稍在什么地方流连了一下，就会误了不少的生命。

春天为什么它不早一点来，来到我们这城里多住一些日子，而后再慢慢的到另外的一个城里去，在另外一个城里也多住一些日子。

但那是不能的了，春天的命运就是这么短。

年轻的姑娘们，她们三两成双，坐着马车，去选择衣料去了，因为就要换春装了。她们热心地弄着剪刀，打着衣样，想装成自己心中想得出的那么好，她们白天黑夜地忙着，不久春装换起来了，只是不见载着翠姨的马车来。

[注释]

1. 格得毛宁：英语 Good morning 的音译，意为早安。
2. 答答答：俄语 Da，Da，Da 的音译，意为是的，对的。

[分析]

1. "春天的命运就是这么短"暗示了翠姨的命运。试分析翠姨的死跟什么有关。
2. 你喜欢翠姨这个人物吗？她身上有哪些优点？

第七章　世情练达皆文章——话剧

雷雨（节选）

曹　禺

简介　《雷雨》是现代著名剧作家曹禺的四幕话剧。曹禺（1910—1996），原名万家宝，湖北潜江人。他自幼爱好文学、戏剧。大学时，他接触了西洋古典戏剧，广泛系统地阅读了《浮士德》等文学原著，为以后的创作奠定了基础。1933 年（23 岁）写出了处女作《雷雨》，震撼了当时的戏剧界；1935 年又写成了《日出》。这两个剧本在中国话剧史上大放异彩，也使他从此跨入了著名剧作家的行列。他的其他剧作还有《蜕变》《北京人》《原野》《明朗的天》《王昭君》等。其中《明朗的天》曾荣获全国第一届话剧观摩演出剧本一等奖。

《雷雨》是一部暴露大家庭罪恶的悲剧。地主兼官僚资本家周朴园，三十年前还是大少爷时，诱骗了侍女侍萍，生下两个儿子。后来因为要娶“有钱有门第的小姐”，周家把产后只有三天的侍萍撵出了门，逼得她抱着小儿子跳了河。周朴园以为侍萍已死，便故意做出许多怀念她的表示，居然把她作为“前妻”对待。他在家里摆出一副伪君子假道学的面孔，他的意见就是法律。但就在这个他自认为“最圆满，最有秩序”的家庭里，三年前他的长子周萍竟和比自己大六七岁的后母繁漪发生了暧昧关系。繁漪是个反对封建家长制，要求个性自由、民主的女性，希望在周萍身上找到出路。而周萍却像他父亲一样虚伪自私，他开始厌弃她，并力图摆脱她，不久又引诱了侍女鲁四凤。繁漪不甘忍受周家父子两代的欺侮，通知四凤的母亲鲁妈立即把女儿领回。

鲁妈就是三十年前的侍萍。她当年投河遇救，后来嫁给鲁贵。她来到周家，不但发现女儿四凤像她三十年前一样被周家大少爷所玩弄，而且发现那位大少爷就是她和周朴园的大儿子，她的儿子鲁大海（她和周朴园的二儿子）这时正作为罢工工人代表来找矿主谈判，受到周家父子的侮辱，父子、兄弟之间处于尖锐的阶级对立面。就在这个雷电交加的夜晚，周、鲁两家母子、兄妹之间的乱伦关系和隐情全部暴露，四凤羞愤出走时触电身亡；一向爱着四凤的二少爷周冲（繁漪所生）为了救她也触电而死，周萍也自杀了。侍萍和鲁大海满怀悲愤昂首走出了罪恶的周公馆。

人物

周朴园——某煤矿公司董事长，五十五岁。

繁漪——周朴园之妻，三十五岁。

周萍——其前妻所生之子，二十八岁。

周冲——繁漪所生之子，十七岁。

鲁贵——周宅仆人，四十八岁。

鲁侍萍——鲁贵之妻，某校女佣，四十七岁。

鲁大海——侍萍前夫之子，煤矿工人，二十七岁。

鲁四凤——鲁贵与侍萍之女，十七八岁，周宅侍女。

周宅仆人等：仆人甲，仆人乙……老仆。

第一幕

开幕时舞台全黑，隔十秒钟，渐明。

景——大致和序幕相同，但是全屋的气象是比较华丽的。这是十年前一个夏天的上午，在周宅的客厅里。

壁龛的帷幔还是深掩着，里面放着艳丽的盆花。中间的门开着，隔一层铁纱门，从纱门望出去，花园的树木绿荫荫地，并且听见蝉在叫。右边的衣服柜，铺上一张黄桌布，上面放着许多小巧的摆饰，最显明的是一张旧相片，很不调和地和这些精致东西放在一起。柜前面狭长的矮几，放着华贵的烟具同一些零碎物件。右边炉上有一个钟同鲜花盆，墙上，挂一幅油画。炉前有两把圈椅，背朝着墙。中间靠左的玻璃柜放满了古玩，前面的小矮桌有绿花的椅垫，左角的长沙发还不旧，上面放着三四个缎制的厚垫子。沙发前的矮几排置烟具等物，台中两个小沙发同圆桌都很华丽，圆桌上放着吕宋烟盒和扇子。

所有的帷幕都是崭新的，一切都是兴旺的气象，屋里家具非常洁净，有金属的地方都放着光彩。屋中很气闷，郁热逼人，空气低压着。外面没有阳光，天空灰暗，是将要落暴雨的神气。

［开幕时，四凤在靠中墙的长方桌旁，背着观众滤药，她不时地摇着一把蒲扇，一面在揩汗，鲁贵（她的父亲）在沙发旁擦着矮几上零碎的银家具，很吃力地；额上冒着汗珠。

［四凤约有十七八岁，脸上红润，是个健康的少女，她整个的身体都很发育，手很白很大，走起路来，过于发育的乳房很明显地在衣服底下颤动着。她穿一件旧的白纺绸上衣，粗山东绸的裤子，一双略旧的布鞋。她全身都非常整洁，举动虽然很活泼，因为经过两年在周家的训练，她说话很大方，很爽快，却很有分寸。她的一双大而有长睫毛的水灵灵的眼睛能够很灵敏地转动，也能敛一敛眉头，很庄严地注视着。她有大的嘴，嘴唇自然红艳艳的，很宽，很厚，当着她笑的时候，牙齿整齐地露出来，嘴旁也显着一对笑涡。然而她面部整个轮廓是很庄重地显露着诚恳。她的面色不十分白，天气热，鼻尖微微有点汗，她时时用手绢揩着。她很爱笑，她知道自己是好看的，但是她现在皱着眉头。

［她的父亲——鲁贵——约莫有四十多岁的样子，神气萎缩，最令人注目的是粗而乱的眉毛同肿眼皮。他的嘴唇，松弛地垂下来，和他眼下凹进去的黑圈，都表示着极端的肉欲放纵。他的身体较胖，面上的肌肉宽弛地不肯动，但是总能很卑贱地谄笑着，和许多大家的仆人一样。他很懂事，尤其是很懂礼节，他的背略有些伛偻，似乎永远欠着身子向他的主人答应着“是”。他的眼睛锐利，常常贪婪地窥视着，如一只狼。他很能计算的。虽然这样，他的胆量不算大；全部看去，他还是萎缩的。他穿得虽然华丽，但是不整齐的。现在他用一条抹布擦着东西，脚下是他刚擦好的黄皮鞋。时而，他用自己的衣襟揩脸上的油汗！

鲁贵：（喘着气）四凤！

鲁四凤：（只做听不见，依然滤她的汤药）

鲁贵：四凤！

鲁四凤：（看了她的父亲一眼）喝，真热。（走向右边的衣柜旁，寻一把芭蕉扇，又走回中间的茶几旁扇着）

鲁贵：（望着她，停下工作）四凤，你听见了没有？

鲁四凤：（烦厌地，冷冷地看着她的父亲）是！爸！干什么？

鲁贵：我问你听见我刚才说的话了么？

鲁四凤：都知道了。

鲁贵：（一向是这样被女儿看待的，只好是抗议似地）妈的，这孩子！

鲁四凤：（回过头来，脸正向观众）您少说闲话吧！（挥扇，嘘出一口气）呵！天气这样闷热，回头多半下雨。（忽然）老爷出门穿的皮鞋，您擦好了没有？（到鲁贵面前，拿起一只皮鞋不经意地笑着）这是您擦的！这么随随便便抹了两下，——老爷的脾气您可知道。

鲁贵：（一把抢过鞋来）我的事不用你管。（将鞋扔在地上）四凤，你听着，我再跟你说一遍，回头见着你妈，别忘了把新衣服都拿出来给她瞧瞧。

鲁四凤：（不耐烦地）听见了。

鲁贵：（自傲地）叫她想想，还是你爸爸混事有眼力，还是她有眼力。

鲁四凤：（轻蔑地笑）自然您有眼力啊！

鲁贵：你还别忘了告诉你妈，你在这儿周公馆吃得好，喝得好，就是白天侍候太太少爷，晚上还是听她的话，回家睡觉。

鲁四凤：那倒不用告诉，妈自然会问的。

鲁贵：（得意）还有啦，钱，（贪婪地笑着）你手下也有许多钱啦！

鲁四凤：钱！？

鲁贵：这两年的工钱，赏钱，还有（慢慢地）那零零碎碎的，他们……

鲁四凤：（赶紧接下去，不愿听他要说的话）那您不是一块两块都要走了么？喝了！赌了！

鲁贵：（笑，掩饰自己）你看，你看，你又那样。急，急，急什么？我不跟你要钱。喂，我说，我说的是——（低声）他——不是也不断地塞给你钱花么？

鲁四凤：（惊讶地）他？谁呀？

鲁贵：（索性说出来）大少爷。

鲁四凤：（红脸，声略高，走到鲁贵面前）谁说大少爷给我钱？爸爸，您别又穷疯了，胡说乱道的。

鲁贵：（鄙笑着）好，好，好，没有，没有。反正这两年你不是存点钱么？（鄙吝地）我不是跟你要钱，你放心。我说啊，你等你妈来，把这些钱也给她瞧瞧，叫她也开开眼。

鲁四凤：哼，妈不像您，见钱就忘了命。（回到中间茶桌滤药）

鲁贵：（坐在长沙发上）钱不钱，你没有你爸爸成么？你要不到这儿周家大公馆帮主儿，这两年尽听你妈妈的话，你能每天吃着喝着，这大热天还穿得上小纺绸么？

鲁四凤：（回过头）哼，妈是个本分人，念过书的，讲脸，舍不得把自己的女儿叫人家使唤。

鲁贵：什么脸不脸？又是你妈的那一套！你是谁家的小姐？——妈的，底下人的女儿，帮了人就失了身份啦。

鲁四凤：（气得只看父亲，忽然厌恶地）爸，您看您那一脸的油，——您把老爷的鞋再擦擦吧。

鲁贵：（汹汹地）讲脸呢，又学你妈的那点穷骨头，你看她，她要脸！跑他妈的八百里外，女学堂里当老妈子，为着一月八块钱，两年才回一趟家。这叫本分，还念过书呢；简直是没出息。

鲁四凤：（忍气）爸爸，您留几句回家说吧，这是人家周公馆！

鲁贵：咦，周公馆也挡不住我跟我的女儿谈家务啊！我跟你说，你的妈……

鲁四凤：（突然）我可忍了好半天了。我跟您先说下，妈可是好容易才回一趟家。这次，也是看哥哥跟我来的。您要是再给她一个不痛快，我就把您这两年做的事都告诉哥哥。

鲁贵：我，我，我做了什么事啦？（觉得在女儿面前失了身份）喝点，赌点，玩点，这三样，我快五十的人啦，还怕他么？

鲁四凤：他才懒得管您这些事呢！——可是他每月从矿上寄给妈用的钱，您偷偷地花了，他知道了，就不会答应您！

鲁贵：那他敢怎么样，（高声地）他妈嫁给我，我就是他爸爸。

鲁四凤：（羞愧）小声点！这有什么喊头。——太太在楼上养病呢。

鲁贵：哼！（滔滔地）我跟你说，我娶你妈，我还抱老大的委屈呢。你看我这么个机灵人，这周家上上下下几十口子，哪一个不说我鲁贵呱呱叫。来这里不到两个月，我的女儿就在这公馆找上事，就说你哥哥，没有我，能在周家的矿上当工人么？叫你妈说，她成么？——这样，你哥同你妈还是一个劲儿地不赞成我。这次回来，你妈要还是那副寡妇脸子，我就当你哥哥的面上不认她，说不定就离了她，别看她替我养个女儿，外带来你这个倒霉蛋的哥哥。

鲁四凤：（不愿听）哦，爸爸。

鲁贵：哼，（骂得高兴了）谁知道哪个王八蛋养的儿子。

鲁四凤：哥哥哪点对不起您，您这样骂他干什么？

鲁贵：他哪一点对得起我？当大兵，拉包月车，干机器匠，念书上学，哪一行他是好好地干过？好容易我荐他到了周家的矿上去，他又跟工头闹起来，把人家打啦。

鲁四凤：（小心地）我听说，不是我们老爷先叫矿上的警察开了枪，他才领着工人动的手么？

鲁贵：反正这孩子混蛋，吃人家的钱粮，就得听人家的话，好好地，要罢工，现在又得靠我这老面子跟老爷求情啦！

鲁四凤：您听错了吧，哥哥说他今天自己要见老爷，不是找您求情来的。

鲁贵：（得意）可是谁叫我是他的爸爸呢，我不能不管啦。

鲁四凤：（轻蔑地看着她的父亲，叹了一口气）好，您歇歇吧，我要上楼跟太太送药去了。（端起药碗向左边饭厅走）

鲁贵：你先停一停，我再说一句话。

鲁四凤：（打岔）开午饭了，老爷的普洱茶先泡好了没有？

鲁贵：那用不着我，他们小当差早伺候到了。

鲁四凤：（闪避地）哦，好极了，那我走了。

鲁贵：（拦住她）四凤，你别忙，我跟你商量点事。

鲁四凤：什么？

鲁贵：你听啊，昨天不是老爷的生日么？大少爷也赏给我四块钱。

鲁四凤：好极了，（口快地）我要是大少爷，我一个子也不给您。

鲁贵：（鄙笑）你这话对极了！四块钱，够干什么的，还了点账，就干了。

鲁四凤：（伶俐地笑着）那回头您跟哥哥要吧。

鲁贵：四凤，别——你爸爸什么时候借钱不还账？现在你手下方便，随便匀给我七块八块好么？

鲁四凤：我没有钱。（停一下放下药碗）您真是还账了么？

贵贵：（赌咒）我跟我的亲生女儿说瞎话是王八蛋！

鲁四凤：您别骗我，说了实在的，我也好替您想想法。

鲁贵：真的!？——说起来这不怪我。昨天那几个零钱，大账还不够，小账剩点零，所以我就耍了两把，也许赢了钱，不都还了么？谁知运气不好，连喝带赌，还倒欠了十来块。

鲁四凤：这是真的？

鲁贵：（真心地）这可一句瞎话也没有。

鲁四凤：（故意揶揄地）那我实实在在地告诉您，我也没有钱！（说毕就要拿起药碗）

鲁贵：（着急）凤儿，你这孩子是什么心事？你可是我的亲生孩子。

鲁四凤：（嘲笑地）亲生的女儿也没有法子把自己卖了，替您老人家还赌账啊？

鲁贵：（严重地）孩子，你可放明白点，你妈疼你，只在嘴上，我可是把你的什么要紧的事情，都处处替你想。

鲁四凤：（明白地，但是不知他闹的什么把戏）您心里又要说什么？

鲁贵：（停一停，四面望了一望，更近地逼着四凤，佯笑）我说，大少爷常跟我提过你，大少爷，他说——

鲁四凤：（管不住自己）大少爷！大少爷！您疯了！——我走了，太太就要叫我呢。

鲁贵：别走，我问你一句，前天！我看见大少爷买衣料，——

鲁四凤：（沉下脸）怎么样？（冷冷地看着鲁贵）

鲁贵：（打量四凤周身）嗯——（慢慢地拿起四凤的手）你这手上的戒指，（笑着）不也是他送给你的么？

鲁四凤：（厌恶地）您说话的神气真叫我心里想吐。

鲁贵：（有点气，痛快地）你不必这样假门假事，你是我的女儿。（忽然贪婪地笑着）一个当差的女儿，收人家点东西，用人家一点钱，没有什么说不过去的。这不要紧，我都明白。

鲁四凤：好吧，那么您说吧，究竟要多少钱用？

鲁贵：不多，三十块钱就成了。

鲁四凤：哦，（恶意地）那您就跟这位大少爷要去吧。我走了。

鲁贵：（恼羞）好孩子，你以为我真装糊涂，不知道你同这混账大少爷做的事么？

鲁四凤：（惹怒）您是父亲么？父亲有跟女儿这样说话的么？

鲁贵：（恶相地）我是你的爸爸，我就要管你。我问你，前天晚上——

鲁四凤：前天晚上？

鲁贵：我不在家，你半夜才回来，以前你干什么？

鲁四凤：（掩饰）我替太太找东西呢。

鲁贵：为什么那么晚才回家？

鲁四凤：（轻蔑地）您这样的父亲没有资格来问我。

鲁贵：好文明词！你就说不上你上哪儿去呢。

鲁四凤：那有什么说不上！

鲁贵：什么？说！

鲁四凤：那是太太听说老爷刚回来，又要我捡老爷的衣服。

鲁贵：哦，（低声，恐吓地）可是半夜送你回家的那位是谁？坐着汽车，醉醺醺，只对你说胡话的那位是谁呀？（得意地微笑）

鲁四凤：（惊吓）那，那——

鲁贵：（大笑）哦，你不用说了，那是我们鲁家的阔女婿！——哼，我们两间半破瓦房居然来了坐汽车的男朋友，找我这当差的女儿啦！（突然严厉）我问你，他是谁？你说。

鲁四凤：他，他是——

［鲁大海进——四凤的哥哥，鲁贵的半子——他身体魁伟，粗黑的眉毛几乎遮盖着他的锐利的眼，两颊微微地向内凹，显得颧骨异常突出，正同他的尖长的下巴一样地表现他的性格的倔强。他有一张大而薄的嘴唇，正和他的妹妹带着南方的热烈的、厚而红的嘴唇成强烈的对照。他说话微微有点口吃，但是在他的感情激昂的时候，他词锋是锐利的。现在他刚从六百里外的煤矿回来，矿里罢了工，他是煽动者之一，几月来的精神的紧张，使他现在露出有点疲乏的神色，胡须乱蓬蓬的，看去几乎老得像鲁贵的弟弟，只有逼近地观察他，才觉出他的眼神同声音，还正是和他的妹妹一样年轻，一样地热，都是火山的爆发，满蓄着精力的白热的人物。他穿了一件工人的蓝布褂子，油渍的草帽在手里，一双黑皮鞋，有一只鞋带早不知失在哪里。进门的时候，他略微有点不自在，把胸膛敞开一部分，笨拙地又扣上一两个扣子，他说话很简短，表面是冷冷的。

鲁大海：凤儿！

鲁四凤：哥哥！

鲁贵：（向四凤）你说呀，装什么哑巴。

鲁四凤：（看大海，有意义地开话头）哥哥！

鲁贵：（不顾地）你哥哥来也得说呀。

鲁大海：怎么回事？

鲁贵：（看一看大海，又回头）你先别管。

鲁四凤：哥哥，没什么要紧的事。（向鲁贵）好吧，爸，我们回头商量，好吧？

鲁贵：（了解地）回头商量？（肯定一下，再盯四凤一眼）那么，就这样办。（回头看大海，傲慢地）咦，你怎么随随便便跑进来啦？

鲁大海：（简单地）在门房等了半天，一个人也不理我，我就进来啦。

鲁贵：大海，你究竟是矿上打粗的工人，连一点大公馆的规矩也不懂。

鲁四凤：人家不是周家的底下人。

鲁贵：（很有理由地）他在矿上吃的也是周家的饭哪。

鲁大海：（冷冷地）他在哪儿？

鲁贵：（故意地）他，谁是他？

鲁大海：董事长。

鲁贵：（教训的样子）老爷就是老爷，什么董事长，上我们这儿就得叫老爷。

鲁大海：好，你跟我问他一声，说矿上有个工人代表要见见他。

鲁贵：我看，你先回家去。（有把握地）矿上的事有你爸爸在这儿替你张罗。回头跟你妈、妹妹聚两天，等你妈去，你回到矿上，事由还是有的。

鲁大海：你说我们一块儿在矿上罢完工，我一个人要你说情，自己再回去？

鲁贵：那也没有什么难看啊。

鲁大海：（没有办法）好，你先给我问他一声。我有点旁的事，要先跟他谈谈。

鲁四凤：（希望他走）爸，你看老爷的客走了没有，你再领着哥哥见老爷。

鲁贵：（摇头）哼，我怕他不会见你吧。

鲁大海：（理直气壮）他应当见我，我也是矿上工人的代表。前天，我们一块在这儿的公司见过他一次。

鲁贵：（犹疑地）那我先跟你问问去。

鲁四凤：你去吧。（鲁贵走到老爷书房门口）

鲁贵：（转过来）他要是见你，你可少说粗话，听见了没有？（鲁贵很老练地走着阔当差的步伐，进了书房）

鲁大海：（目送鲁贵进了书房）哼，他忘了他还是个人。

鲁四凤：哥哥，你别这样说，（略顿，嗟叹地）无论如何，他总是我们的父亲。

鲁大海：（望着四凤）他是你的，我并不认识他。

鲁四凤：（胆怯地望着哥哥，忽然想起，跑到书房门口，望了一望）你说话顶好声音小点，老爷就在里面旁边的屋子里呢！

鲁大海：（轻蔑地望着四凤）好。妈也快回来了，我看你把周家的事辞了，好好回家去。

鲁四凤：（惊讶）为什么？

鲁大海：（简短地）这不是你住的地方。

鲁四凤：为什么？

鲁大海：我——恨他们。

鲁四凤：哦！

鲁大海：（刻毒地）周家的人多半不是好东西，这两年我在矿上看见了他们所做的事。（略顿，缓缓地）我恨他们。

鲁四凤：你看见什么？

鲁大海：凤儿，你不要看这样威武的房子，阴沉沉地都是矿上埋死的苦工人给换来的！

鲁四凤：你别胡说，这屋子听说直闹鬼呢。

鲁大海：（忽然）刚才我看见一个年轻人，在花园里躺着，脸色发白，闭着眼睛，像是要死的样子，听说这就是周家的大少爷，我们董事长的儿子。啊，报应，报应。

鲁四凤：（气）你，——（忽然）他待人顶好，你知道么？

鲁大海：他父亲做尽了坏人弄钱，他自然可以行善。

鲁四凤：（看大海）两年我不见你，你变了。

鲁大海：我在矿上干了两年，我没有变，我看你变了。

鲁四凤：你的话我有点不懂，你好像——有点像二少爷说话似的。

鲁大海：你是要骂我么？“少爷”？哼，在世界上没有这两个字！

（鲁贵由左边书房进）

鲁贵：（向大海）好容易老爷的客刚走，我正要说话，接着又来一个。我看，我们先下去坐坐吧。

鲁大海：那我还是自己进去。

鲁贵：（拦住他）干什么？

鲁四凤：不，不。

鲁大海：也好，不要叫他看见我们工人不懂礼节。

鲁贵：你看你这点穷骨头。老爷说不见就不见，在下房再等一等，算什么？我跟你走，这么大院子，你别胡闯乱闯走错了。（走向中门，回头）四凤，你先别走，我就回来，你听见没有？

鲁四凤：你去吧。

[鲁贵、大海同下。

鲁四凤：（厌倦地摸着前额，自语）哦，妈呀！

[外面花园里听见一个年轻的轻快的声音，唤着“四凤”！疾步中夹杂着跳跃，渐渐移近中间门口。

鲁四凤：（有点惊慌）哦，二少爷。

[门口的声音。

[声：四凤！四凤！你在哪儿？

[四凤慌忙躲在沙发背后。

[声：四凤，你在这屋子里么？

[周冲进。他身体很小，却有着大人的心，也有着一切孩子似的空想。他年青，才十七岁，他已经幻想过许多许多不可能的事实，他是在美的梦里活着的。现在他的眼睛欣喜地闪动着，脸色通红，冒着汗，他在笑。左腋下挟着一只球拍，右手正用白毛巾擦汗，他穿着打球的白衣服。他低声地唤着四凤。

周冲：四凤！四凤！（四周望一望）。咦，她上哪儿去了？（蹑足走向右边的饭厅，开开门，低声）四凤你出来，四凤，我告诉你一件事。四凤，一件喜事。（他又轻轻地走到书房门口，更低声）四凤。

[里面的声音：（严峻地）是冲儿么？

周冲：（胆怯地）是我，爸爸。

[里面的声音：你在干什么？

周冲：嗯，我叫四凤呢。

[里面的声音：（命令地）快去，她不在这儿。

[周冲把头由门口缩回来，做了一个鬼脸。

周冲：噢，奇怪。

[他失望地向右边的饭厅走去，一路低低唤着四凤。

鲁四凤：（看见周冲已走，呼出一口气）他走了！（焦灼地望着通花园的门）

[鲁贵由中门进。

鲁贵：（向四凤）刚才是谁在喊你？

鲁四凤：二少爷。

鲁贵：他叫你干什么？

鲁四凤：谁知道。

鲁贵：（责备地）你为什么不理他？

鲁四凤：噢，我（擦眼泪）——不是您叫我等着么？

鲁贵：（安慰地）怎么，你哭了么？

鲁四凤：我没哭。

鲁贵：孩子，哭什么，这有什么难过？（仿佛在做戏）谁叫我们穷呢？穷人没有什么讲究。没法子，什么事都忍着点，谁都知道我的孩子是个好孩子。

鲁四凤：（抬起头）得了，您痛痛快快说话好不好。

鲁贵：（不好意思）你看，刚才我走到下房，这些王八蛋就跑到公馆跟我要账，当着上上下下的人，我看没有二十块钱，简直圆不下这个脸。

鲁四凤：（拿出钱来）我的都在这儿。这是我回头预备给妈买衣服的，现在您先拿去用吧。

鲁贵：（佯辞）那你不是没有花的了么？

鲁四凤：得了，您别这样客气啦。

鲁贵：（笑着接下钱，数）只十二块？

鲁四凤：（坦白地）现钱我只有这么一点。

鲁贵：那么，这堵着周公馆跟我要账的，怎么打发呢？

鲁四凤：（忍着气）您叫他们晚上到我们家里要吧。回头，见着妈，再想别的法子，这钱，您留着自己用吧。

鲁贵：（高兴地）这给我啦，那我只当你这是孝顺父亲的。——哦，好孩子，我早知道你是个孝顺孩子。

鲁四凤：（没有办法）这样，您让我上楼去吧。

鲁贵：你看，谁管过你啦，去吧，跟太太说一声，说鲁贵直惦记太太的病。

鲁四凤：知道，忘不了。（拿药走）

鲁贵：（得意）对了，四凤，我还告诉你一件事。

鲁四凤：您留着以后再说吧，我可得跟太太送药去了。

鲁贵：（暗示着）你看，这是你自己的事。（假笑）

鲁四凤：（沉下脸）我又有什么事？（放下药碗）好，我们今天都算清楚再走。

鲁贵：你瞧瞧，又急了。真快成小姐了，耍脾气倒是呱呱叫啊。

鲁四凤：我沉得住气，您尽管说吧。

鲁贵：孩子，你别这样，（正经地）我劝你小心点。

鲁四凤：（嘲弄地）我现在钱也没有了，还用得着小心干什么？

鲁贵：我跟你说，太太这两天的神气有点不大对。

鲁四凤：太太的神气不对有我的什么？

鲁贵：我怕太太看见你才有点不痛快。

鲁四凤：为什么？

鲁贵：为什么？我先提你个醒。老爷比太太岁数大得多，太太跟老爷不好。大少爷不是这位太太生的，他比太太的岁数差得也有限。

鲁四凤：这我都知道。

鲁贵：可是太太疼大少爷比疼自己的孩子还热，还好。

鲁四凤：当后娘只好这样。

鲁贵：你知道这屋子为什么晚上没有人来，老爷在矿上的时候，就是白天也是一个人也没有么？

鲁四凤：不是半夜里闹鬼么？

鲁贵：你知道这鬼是什么样儿么？

鲁四凤：我只听说到从前这屋子里常听见叹息的声音，有时哭，有时笑的，听说这屋子死过人，屈死鬼。

鲁贵：鬼！一点也不错，——我可偷偷地看见啦。

鲁四凤：什么，您看见，您看见什么？鬼？

鲁贵：（自负地）那是你爸爸的造化。

鲁四凤：您说。

鲁贵：那时你还没有来，老爷在矿上，那么大，阴森森的院子，只有太太，二少爷，大少爷在。那时这屋子就闹鬼，二少爷小孩，胆小，叫我在他门口睡，那时是秋天，半夜里二少爷忽然把我叫起来，说客厅又闹鬼，叫我一个去看看。二少爷的脸发青，我也直发毛。可是我刚来的底下人，少爷说了，我怎么好不去呢？

鲁四凤：您去了没有？

鲁贵：我喝了两口烧酒，穿过荷花池，就偷偷地钻到这门外的走廊旁边，就听见这屋子里啾啾地像一个女鬼在哭。哭得惨！心里越怕，越想看。我就硬着头皮从这窗缝里，向里一望。

鲁四凤：（喘气）您瞧见什么？

鲁贵：就在这张桌上点着一支要灭不灭的洋蜡烛，我恍恍惚惚地看见两个穿着黑衣裳的鬼，并排地坐着，像是一男一女，背朝着我，那个女鬼像是靠着男鬼的身边哭，那个男鬼低着头直叹气。

鲁四凤：哦，这屋子有鬼是真的。

鲁贵：可不是？我就是乘着酒劲儿，朝着窗户缝，轻轻地咳嗽一声。就看这两个鬼嗖一下子分开了，都向我这边望：这一下子他们的脸清清楚楚地正对着我，这我可真见了鬼了。

鲁四凤：鬼么？什么样？（停一下，鲁贵四面望一望）谁？

鲁贵：我这才看见那个女鬼呀，（回头低声）——是我们的太太。

鲁四凤：太太？——那个男的呢？

鲁贵：那个男鬼，你别怕，——就是大少爷。

鲁四凤：他？

鲁贵：就是他，他同他的后娘就在这屋子里闹鬼呢。

鲁四凤：我不信，您看错了吧？

鲁贵：你别骗自己。所以孩子，你看开点，别糊涂，周家的人就是那么一回事。

鲁四凤：（摇头）不，不对，他不会那样。

鲁贵：你忘了，大少爷比太太只小六七岁。

鲁四凤：我不信，不，不像。

鲁贵：好，信不信都在你，反正我先告诉你，太太的脾气现在对你不大对，就是因为你，因为你同——

鲁四凤：（不愿意他说出真有这件事）太太知道您在门口，一定不会饶您的。

鲁贵：是啊，我吓了一身汗，我没等他们出来，我就跑了。

鲁四凤：那么，二少爷以后就不问您？

鲁贵：他问我，我说我没有看见什么就算了。

鲁四凤：哼，太太那么一个人不会算了吧。

鲁贵：她当然厉害，拿话套了我十几回，我一句话也没有漏出来，这两年过去，说不定他们以为那晚上真是鬼在咳嗽呢。

鲁四凤：（自语）不，不，我不信——就是有了这样的事，他也会告诉我的。

鲁贵：你说大少爷会告诉你。你想想，你是谁？他是谁？你没有个好爸爸，跟人家当底下人，人家当真心地待你？你又做你的小姐梦啦。你，就凭你……

鲁四凤：（突然闷气地喊了一声）您别说了！（忽然站起来）妈今天回家，您看我太快活是么？您说这些瞎话——这些瞎话！哦，您一边去吧。

鲁贵：你看你，告诉你真话，叫你聪明点。你反而生气了，唉，你呀！（很不经意地扫四凤一眼，他傲然地，好像满意自己这段话的效果，觉得自己是比一切人都聪明似的。他走到茶几旁，从烟筒里，抽出一支烟，预备点上，忽然想起这是周公馆，于是改了主张，很熟练地偷了几支烟卷同雪茄，放在自己的旧得露出黄铜底镀银的烟盒里。）

鲁四凤：（厌恶地望着鲁贵做完他的偷窃的勾当，轻蔑地）哦，就这么一点事么？那么，我知道了。

［四凤拿起药碗就走。

鲁贵：你别走，我的话没说完。

鲁四凤：没说完？

鲁贵：这刚到正题。

鲁四：对不起您老人家，我不愿意听了。（反身就走）

鲁贵：（拉住她的手）你得听！

鲁四凤：放开我！（急）——我喊啦。

鲁贵：我告诉你这一句话，你再闹。（对着四凤的耳朵）回头你妈就到这儿来找你。（放手）

鲁四凤：（变色）什么？

鲁贵：你妈一下火车，就到这儿公馆来。

鲁四凤：妈不愿意我在公馆里帮人，您为什么叫她到这儿来找我？我每天晚上，回家的时候自然会看见她，您叫她到这儿来干什么？

鲁贵：不是我，四凤小姐，是太太要我找她来的。

鲁四凤：太太要她来？

鲁贵：嗯，（神秘地）奇怪不是，没亲没故。你看太太偏要请她来谈一谈。

鲁四凤：哦，天！您别吞吞吐吐地好么？

鲁贵：你知道太太为什么一个人在楼上，做诗写字，装着病不下来？

鲁四凤：老爷一回家，太太向来是这样。

鲁贵：这次不对吧？

鲁四凤：那么，您快说出来。

鲁贵：你一点不觉得？——大少爷没提过什么？

鲁四凤：我知道这半年多，他跟太太不常说话的。

鲁贵：真的么？——那么太太对你呢？

鲁四凤：这几天比往日特别地好。

鲁贵：那就对了！——我告诉你，太太知道我不愿意你离开这儿。这次，她自己要对你妈说，叫她带着你卷铺盖，滚蛋！

鲁四凤：（低声）她要我走——可是——为什么？

鲁贵：哼！那你自己明白吧。——还有——

鲁四凤：（低声）要妈来干什么？

鲁贵：对了，她要告诉你妈一件很要紧的事。

鲁四凤：（突然明白）哦，爸爸，无论如何，我在这儿的事，不能让妈知道的。（惧悔交集，大恸）哦，爸爸，您想，妈前年离开我的时候，她嘱咐过您，好好地看着我，不许您送我到公馆帮人。您不听，您要我来。妈不知道这些事，妈疼我，妈爱我，我是妈的好孩子，我死也不能叫妈知道这儿这些事情的。（扑在桌上）我的妈呀！

鲁贵：孩子！（他知道他的戏到什么情形应当怎么做，他轻轻地抚摸着四凤）你看现在才是爸爸好了吧，爸疼你，不要怕！不要怕！她不敢怎么样，她不会辞你的。

鲁四凤：她为什么不？她恨我，她恨我。

鲁贵：她恨你。可是，哼，她不会不知道这儿有一个叫她怕的。

鲁四凤：她会怕谁？

鲁贵：哼，她怕你的爸爸！你忘了我告诉你那两个鬼哪。你爸爸会抓鬼。昨天晚上我替你告假，她说你妈来的时候，要我叫你妈来。我看她那两天的神气，我就猜了一半，我顺便就把那天半夜的事提了两句，她是机灵人，不会不懂的。——哼，她要是跟我装蒜，现在老爷在家，我们就是个麻烦；我知道她是个厉害人，可是谁欺负了我的女儿，我就跟谁拼了。

鲁四凤：爸爸，（抬起头）您可不要胡来！

鲁贵：这家除了老头，我谁也看不上眼，别着急，有你爸爸。再说，也许是我瞎猜，她原来就没有这意思。她外面倒是跟我说，因为听说你妈会读书写字，总想见见谈谈。

鲁四凤：（忽然谛听）爸，别说话，我听见好像有人在饭厅（指左边）咳嗽似的。

鲁贵：（听一下）别是太太吧？（走到通饭厅的门前，由锁眼窥视，忙回来）可不是她，奇怪，她下楼来了。

鲁四凤：（擦眼泪）爸爸，擦干了么？

鲁贵：别慌，别露相，什么话也别提。我走了。

鲁四凤：嗯，妈来了，您先告诉我一声。

鲁贵：对了，见着你妈，就当什么都不知道，听见了没有？（走到中门，又回头）别忘了，跟太太说鲁贵惦记着太太的病。

［鲁贵慌忙由中门下。四凤端着药碗向饭厅门，至门前，繁漪进。她一望就知道是个果敢阴鸷的女人，她的脸色苍白，只有嘴唇微红，她的大而灰暗的眼睛同高鼻梁令人觉得有些可怕。但是眉目间看出来她是忧郁的，在那静静的长的睫毛的下面。有时为心中的郁积的火燃烧着，她的眼光会充满了一个年轻妇人失望后的痛苦与怨望，她的嘴角向后略弯，显出一个受抑制的女人在管制着自己。她那雪白细长的手，时常在她轻轻咳嗽的时候，按着自己瘦弱的胸。直等自己喘出一口气来，她才摸摸自己涨得红红的面颊，喘出一口气。她是一个中国旧式女人，有她的文弱，她的哀静，她的明慧，——她对诗文的爱好，但是她也有更原始的一点野性：在她的心，她的胆量，她的狂热的思想，在她莫明其妙的决断时忽然来的力量。整个地来看她，她似乎是一个水晶，只能给男人精神的安慰，她的明亮的前额表现出深沉的理解，像只是可以供清谈的；但是当她陷于情感的冥想中，忽然愉快地笑着；当她见着她所爱的，红晕的颜色为快乐散布在脸上，两颊的笑涡也显露出来的时节，你才觉得出她是能被人爱的，应当被人爱的，你才知道她到底是一个女人，跟一切年轻的女人一样。她会爱你如一只饿了三天的狗咬着它最喜欢的骨头，她恨起你来也会像只恶狗狺狺地，不，多不声不响地恨恨地吃了你的。然而她的外形是沉静的，忧郁的，她会如秋天傍晚的树叶轻轻落在你的身旁，她觉得自己的夏天已经过去，西天的晚霞早暗下来了。

［她通身是黑色。旗袍镶着银灰色的花边。她拿着一把团扇，挂在手指下，走进来。她的眼眶略微有点塌进，很自然地望着四凤。

鲁四凤：（奇怪地）太太！怎样您下楼来啦？我正预备给您送药去呢！

繁漪：（咳）老爷在书房里么？

鲁四凤：老爷在书房里会客呢。

繁漪：谁来？

鲁四凤：刚才是盖新房子的工程师，现在不知道是谁。您预备见他。

繁漪：不。——老妈子告诉我说，这房子已经卖给一个教堂做医院，是么？

鲁四凤：是的，老爷叫把小东西都收一收，大家具有些已经搬到新房子里去了。

繁漪：谁说要搬房子？

鲁四凤：老爷回来就催着要搬。

繁漪：（停一下，忽然）怎么不告诉我一声？

鲁四凤：老爷说太太不舒服，怕您听着嫌麻烦。

繁漪：（又停一下，看看四面）两礼拜没下来，这屋子改了样子了。

鲁四凤：是的，老爷说原来的样子不好看，又把您添的新家具搬了几件走。这是老爷自己摆的。

繁漪：（看看右面的衣柜）这是他顶喜欢的衣柜，又拿来了。（叹气）什么事自然要依着他，他是什么都不肯将就的。（咳，坐下）

鲁四凤：太太，您脸上像是发烧，您还是到楼上歇着吧。

繁漪：不，楼上太热。（咳）

鲁四凤：老爷说太太的病很重，嘱咐过请您好好地在楼上躺着。

繁漪：我不愿意躺在床上。——喂，我忘了，老爷哪一天从矿上回来的？

鲁四凤：前天晚上，老爷见着您发烧很厉害，叫我们别惊醒您，就一个人在楼下睡的。

繁漪：白天我像是没见过老爷来。

鲁四凤：嗯，这两天老爷天天忙着跟矿上的董事们开会，到晚上才上楼看您。可是您又把门锁上了。

繁漪：（不经意的）哦，哦，——怎么，楼下也这么闷热。

鲁四凤：对了，闷得很。一早晨黑云就遮满了天，也许今儿个会下一场大雨。

繁漪：你换一把大点的团扇，我简直有点喘不过气来。

［四凤拿一把团扇给她，她望着四凤，又故意地转过头去。

繁漪：怎么这两天没见着大少爷？

鲁四凤：大概是很忙。

繁漪：听说他也要到矿上去是么？

鲁四凤：我不知道。

繁漪：你没有听见说么？

鲁四凤：倒是伺候大少爷的下人这两天尽忙着跟他捡衣裳。

繁漪：你父亲干什么呢？

鲁四凤：大概跟老爷买檀香去啦。——他说，他问太太的病。

繁漪：他倒是惦记着我。（停一下忽然）他现在还没起来么？

鲁四凤：谁？

繁漪：（没有想到四凤这样问，忙收敛一下）嗯，——自然是大少爷。

鲁四凤：我不知道。

繁漪：（看了她一眼）嗯？

鲁四凤：这一早晨我没有见着他。

繁漪：他昨天晚上什么时候回来的？

鲁四凤：（红脸）您想，我每天晚上总是回家睡觉，我怎么知道。

繁漪：（不自主地，尖酸）哦，你每天晚上回家睡！（觉得失言）老爷回家，家里没有人会伺候他，你怎么天天要回家呢？

鲁四凤：太太，不是您吩咐过，叫我回去睡么？

繁漪：那时是老爷不在家。

鲁四凤：我怕老爷念经吃素，不喜欢我们伺候他，听说老爷一向是讨厌女人家的。

繁漪：哦，（看四凤，想着自己的经历）嗯，（低语）难说的很。（忽而抬起头来，眼睛张开）这么说，他在这几天就走，究竟到什么地方去呢？

鲁四凤：（胆怯地）你说的是大少爷？

繁漪：（斜看着四凤）嗯！

鲁四凤：我没听见。（嗫嚅地）他，他总是两三点钟回家，我早晨像是听见我父亲叨叨说下半夜跟他开的门来着。

繁漪：他又喝醉了么？

鲁四凤：我不清楚。——（想找一个新题目）太太，您吃药吧。

繁漪：谁说我要吃药？

鲁四凤：老爷吩咐的。

繁漪：我并没请医生，哪里来的药？

鲁四凤：老爷说您犯的是肝郁，今天早上想起从前您吃的老方子，就叫抓一付，说太太一醒，就跟您煎上。

繁漪：煎好了没有？

鲁四凤：煎好，凉在这儿好半天啦。

［四凤端过药碗来。

鲁四凤：您喝吧。

繁漪：（喝一口）苦得很。谁煎的？

鲁四凤：我。

繁漪：太不好喝，倒了它吧！

鲁四凤：倒了它？

繁漪：嗯？好，（想起朴园严厉的面孔）要不，你先把它放在那儿。不，（厌恶）你还是倒了它。

鲁四凤：（犹豫）嗯。

繁漪：这些年喝这种苦药，我大概是喝够了。

鲁四凤：（拿着药碗）您忍一忍喝了吧。还是苦药能够治病。

繁漪：（心里忽然恨起她来）谁要你劝我？倒掉！（自己觉得失了身份）这次老爷回来，我听见老妈子说瘦了。

鲁四凤：嗯，瘦多了，也黑多了。听说矿上正在罢工，老爷很着急的。

繁漪：老爷很不高兴么？

鲁四凤：老爷还是那样。除了会客，念念经，打打坐，在家里一句话也不说。

繁漪：没有跟少爷们说话么？

鲁四凤：见了大少爷只点一点头，没说话，倒是问了二少爷学堂的事。——对了，二少爷今天早上还问您的病呢。

繁漪：我现在不怎样愿意说话，你告诉他我很好就是了。——回头叫账房拿四十块钱给二少爷，说这是给他买书的钱。

鲁四凤：二少爷总想见见您。

繁漪：那就叫他到楼上来见我。——（站起来，踱了两步）哦，这老房子永远是这样闷气，家具都发了霉，人们也都是鬼里鬼气的！

鲁四凤：（想想）太太，今天我想跟您告假。

繁漪：是你母亲从济南回来么？——嗯，你父亲说过来着。

［花园里，周冲又在喊：“四凤！四凤！”

繁漪：你去看看，二少爷在喊你。

[周冲在喊："四凤"。

鲁四凤：在这儿。

[周冲由中门进，穿一套白西装。

周冲：(进门只看见四凤）四凤，我找你一早晨。(看见繁漪）妈，怎么您下楼来了？

繁漪：冲儿，你的脸怎么这样红？

周冲：我刚同一个同学打网球。(亲热地）我正有许多话要跟您说。您好一点儿没有？(坐在繁漪身旁）这两天我到楼上看您，您怎么总把门关上？

繁漪：我想清静清静。你看我的气色怎么样？四凤，你给二少爷拿一瓶汽水。你看你的脸通红。

[四凤由饭厅门口下。

周冲：(高兴地）谢谢您。让我看看您。我看您很好，没有一点病，为什么他们总说您有病呢？您一个人躲在房里头，您看，父亲回家三天，您都没有见着他。

繁漪：(忧郁地看着冲）我心里不舒服。

周冲：哦，妈，不要这样。父亲对不起您，可是他老了，我是您的将来，我要娶一个顶好的人，妈，您跟我们一块住，那我们一定会叫您快活的。

繁漪：(脸上闪出一丝微笑的影子）快活？(忽然）冲儿，你是十七了吧？

周冲：(喜欢他的母亲有时这样奇突）妈，您看，您要再忘了我的岁数，我一定得跟您生气啦！

繁漪：妈不是个好母亲。有时候自己都忘了自己在哪儿。(沉思）——哦，十八年了，在这老房子里，你看，妈老了吧？

周冲：不，妈，您想什么？

繁漪：我不想什么。

周冲：妈，您知道我们要搬家么？新房子。父亲昨天对我说后天就搬过去。

繁漪：你知道父亲为什么要搬房子？

周冲：您想父亲哪一次做事先告诉过我们！——不过我想他老了，他说过以后要不做矿上的事，加上这旧房子不吉利。——哦，妈，您不知道这房子闹鬼么？前天秋天，半夜里，我像是听见什么似的。

繁漪：你不要再说了。

周冲：妈，您也信这些话么？

繁漪：我不相信，不过这老房子很怪，我很喜欢它，我总觉得这房子有点灵气，它拉着我，不让我走。

周冲：(忽然高兴地）妈。——

[四凤拿汽水上。

鲁四凤：二少爷。

周冲：(站起来）谢谢你。(四凤红脸)

[四凤倒汽水。

周冲：你给太太再拿一个杯子来，好么？(四凤下)

繁漪：(目不转睛地看着他们）冲儿，你们为什么这样客气？

周冲：（喝水）妈，我就想告诉您，那是因为，——（四凤进）——回头我告诉您。妈，您跟我画的扇面呢？

繁漪：你忘了我不是病了么？

周冲：对了，您原谅我。我，我——怎么这屋子这样热？

繁漪：大概是窗户没有开。

周冲：让我来开。

鲁四凤：老爷说过不叫开，说外面比屋里热。

繁漪：不，四凤，开开它。他在外头一去就是两年不回家，这屋子里的死气他是不知道的。（四凤拉开壁龛前的帐幔）

周冲：（见四凤很费力地移动窗前的花盆）四凤，你不要动，让我来。（走过去）

鲁四凤：我一个人成，二少爷。

周冲：（争执着）让我。（二人拿起花盆，放下时压了四凤的手，四凤轻轻叫了一声痛）怎么样，四凤？（拿着她的手）

鲁四凤：（抽出自己的手）没有什么，二少爷。

周冲：不要紧，我跟你拿点橡皮膏。

繁漪：冲儿，不用了。——（转头向四凤）你到厨房去看一看，问问跟老爷做的素菜都做完了没有？

[四凤由中门下，冲望着她下去。

繁漪：冲儿，（冲回来）坐下。你说吧。

周冲：（看着繁漪，带了希冀和快乐的神色）妈，我这两天很快活。

繁漪：在这家里，你能快活，自然是好现象。

周冲：妈，我一直什么都不肯瞒过您，您不是一个平常的母亲，您最大胆，最有想象，又，最同情我的思想的。

繁漪：那我很欢喜。

周冲：妈，我要告诉您一件事，——不，我要跟您商量一件事。

繁漪：你先说给我听听。

周冲：妈，（神秘地）您不说我么？

繁漪：我不说你，孩子，你说吧。

周冲：（高兴地）哦，妈——（又停下了，迟疑着）不，不，不，我不说了。

繁漪：（笑了）为什么？

周冲：我，我怕您生气。（停）我说了以后，您还是一样地喜欢我么？

繁漪：傻孩子，妈永远是喜欢你的。

周冲：（笑）我的好妈妈。真的，您还喜欢我？不生气？

繁漪：嗯，真的——你说吧。

周冲：妈，说完以后我还不许您笑话我。

繁漪：嗯，我不笑话你。

周冲：真的？

繁漪：真的！

周冲：妈，我现在喜欢一个人。

繁漪：哦！（证实了她的疑惧）哦！

周冲：（望着繁漪的凝视的眼睛）妈，您看，您的神气又好像说我不应该似的。

繁漪：不，不，你这句话叫我想起来，——叫我觉得我自己……——哦，不，不，不。你说吧。这个女孩子是谁？

周冲：她是世界上最——（看一看繁漪）不，妈，您看您又要笑话我。反正她是我认为最满意的女孩子。她心地单纯，她懂得活着的快乐，她知道同情，她明白劳动有意义。最好的，她不是小姐堆里娇生惯养出来的人。

繁漪：可是你不是喜欢受过教育的人么？她念过书么？

周冲：自然没念过书。这是她，也可说是她唯一的缺点，然而这并不怪她。

繁漪：哦。（眼睛暗下来，不得不问下一句，沉重地）冲儿，你说的不是——四凤？

周冲：是，妈妈。——妈，我知道旁人会笑话我，您不会不同情我的。

繁漪：（惊愕，停，自语）怎么，我自己的孩子也……

周冲：（焦灼）您不愿意么？您以为我做错了么？

繁漪：不，不，那倒不。我怕她这样的孩子不会给你幸福的。

周冲：不，她是个聪明有感情的人，并且她懂得我。

繁漪：你不怕父亲不满意你么？

周冲：这是我自己的事情。

繁漪：别人知道了说闲话呢？

周冲：那我更不放在心上。

繁漪：这倒像我自己的孩子。不过我怕你走错了。第一，她始终是个没受过教育的下等人。你要是喜欢她，她当然以为这是她的幸福。

周冲：妈，您以为她没有主张么？

繁漪：冲儿，你把什么人都看得太高了。

周冲：妈，我认为您这句话对她用是不合适的。她是最纯洁、最有主张的好孩子，昨天我跟她求婚——

繁漪：（更惊愕）什么？求婚？（这两个字叫她想笑）你跟她求婚？

周冲：（很正经地，不喜欢母亲这样的态度）不，妈，您不要笑！她拒绝我了。——可是我很高兴，这样我觉得她更高贵了。她说她不愿意嫁给我。

繁漪：哦，拒绝！（这两个字也觉得十分可笑）她还“拒绝”你。——哼，我明白她。

周冲：您以为她不答应我，是故意地虚伪么？不，不，她说，她心里另外有一个人。

繁漪：她没有说谁？

周冲：我没有问。总是她的邻居，常见的人吧。——不过真的爱情免不了波折，我爱她，她会渐渐地明白我，喜欢我的。

繁漪：我的儿子要娶也不能娶她。

周冲：妈妈，您为什么这样厌恶她！四凤是个好孩子，她背地总是很佩服您，敬重您的。

繁漪：你现在预备怎么样？

周冲：我预备把这个意思告诉父亲。

繁漪：你忘了你父亲是什么样一个人啦！

周冲：我一定要告诉他的。我将来并不一定跟她结婚。如果她不愿意我，我仍然是尊重她，帮助她的，但是我希望她现在受教育，我希望父亲允许我把我的教育费分给她一半上学。

繁漪：你真是个孩子。

周冲：（不高兴地）我不是孩子。我不是孩子。

繁漪：你父亲一句话就把你所有的梦打破了。

周冲：我不相信。——（有点沮丧）得了，妈，我们不谈这个吧。哦，昨天我见着哥哥，他说他这次可要到矿上去做事了，他明天就走，他说他太忙，他叫我告诉您一声，他不上楼见您了。您不会怪他吧？

繁漪：为什么？怪他？

周冲：我总觉得您同哥哥的感情不如以前那样似的。妈，您想，他自幼就没有母亲，性情自然容易古怪，我想他的母亲一定也感情很盛的，哥哥就是一个很有感情的人。

繁漪：你父亲回来了，你少说哥哥的母亲，免得你父亲又板起脸，叫一家子不高兴。

周冲：妈，可是哥哥现在真有点怪，他喝酒喝得很多，脾气很暴，有时他还到外国教堂去，不知干什么？

繁：他还怎么样？

周冲：前三天他喝得太醉了。他拉着我的手，跟我说，他恨他自己，说了许多我不大明白的话。

繁漪：哦！

周冲：最后他忽然说，他从前爱过一个他决不应该爱的女人！

繁漪：（自语）从前？

周冲：说完就大哭，当时就逼着我，要我离开他的屋子。

繁漪：他还说什么话来么？

周冲：没有，他很寂寞的样子，我替他很难过，他到现在为什么还不结婚呢？

繁漪：（喃喃地）谁知道呢？谁知道呢？

周冲：（听见门外脚步的声音，回头看）咦，哥哥进来了。

［中门大开，周萍进。他约莫有二十八九，脸色苍白，躯干比他的弟弟略微长些。他的面目清秀，甚至于可以说美，但不是一看就使女人醉心的那种男子。他有宽而黑的眉毛，有厚的耳垂，粗大的手掌，乍一看，有时会令人觉得他有些戆气的；不过，若是你再长久地同他坐一坐，会感到他的气味不是你所想的那么纯朴可喜，他是经过了雕琢的，虽然性格上那些粗涩的渣滓经过了教育的提炼，成为精细而优美了；但是一种可以炼钢熔铁，火炽的，不成形的原始人生活中所有的那种“蛮”力，也就因为郁闷，长久离开了空气的原因，成为怀疑的，怯弱的，莫明其妙的了。和他谈两三句话，便知道这也是一个美丽的空形，如生在田野的麦苗移植在暖室里，虽然也开花结实，但是空虚脆弱，经不起现实的风霜。在他灰暗的眼神里，你看见了不定，犹疑，怯弱同冲突。当他的眼神暗下来，瞳仁微微地在闪烁的时候，你知道他在审阅自己的内心过误，而又怕人窥探出他是这样无能，只讨生活于自己的内心的小圈子里。但是你以为他是做不出惊人的事情，没有男子的胆量么？不，在他感情的潮涌起来的时候，——哦，你单看他眼角间一条时时刻刻地变动的刺激人的圆线，极冲动而敏锐的红而厚的嘴唇，你便知道在这种时候，他会贸然地做出

自己终身诅咒的事，而他生活是不会有计划的。他的唇角松弛地垂下来。一点疲乏会使他眸子发呆，叫你觉得他不能克制自己，也不能有规律地终身做一件事。然而他明白自己的病，他在改，不，不如说在悔，永远地在悔恨自己过去由直觉铸成的错误；因为当着一个新的冲动来时，他的热情，他的欲望，整个如潮水似地冲上来，淹没了他。他一星星的理智，只是一段枯枝卷在漩涡里，他昏迷似地做出自己认为不应该做的事。这样很自然地一个大错跟着一个更大的错。所以他是有道德观念的，有情爱的，但同时又是渴望着生活，觉得自己是个有肉体的人。于是他痛苦了，他恨自己，他羡慕一切没有顾忌，敢做坏事的人，于是他会同情鲁贵。他又钦慕一切能抱着一件事业向前做，能依循着一般人所谓的“道德”生活下去，为“模范市民”，“模范家长”的人，于是他佩服他的父亲。他的父亲在他的见闻里，除了一点倔强冷酷，——但是这个也是他喜欢的，因为这两种性格他都没有，——是一个无瑕的男子。他觉得他在那一方面欺骗他的父亲是不对了，并不是因为他怎么爱他的父亲（固然他不能说不爱他），他觉得这样是卑鄙，像老鼠在狮子睡着的时候偷咬一口的行为，同时如一切好自省而又冲动的人，在他的直觉过去，理智冷回来的时候，他更刻毒地恨自己，更深地觉得这是反人性，一切的犯了罪的痛苦都牵到自己身上。他要把自己拯救起来，他需要新的力，无论是什么，只要能帮助他，把他由冲突的苦海中救出来，他愿意找。他见着四凤，当时就觉得她新鲜，她的“活”！他发现他最需要的那一点东西，是充满地流动着在四凤的身里。她有“青春”，有“美”，有充溢着的血，固然他也看到她是粗人，但是他直觉到这才是他要的，渐渐地他厌恶一切忧郁过分的女人，忧郁已经蚀尽了他的心；他也恨一切经过教育陶冶的女人，（因为她们会提醒他的缺点）同一切细微的情绪，他觉得腻！

［然而这种感情的波纹是在他心里隐约地流荡着，潜伏着；他自己只是顺着自己之情感的流在走，他不能用理智再冷酷地剖析自己，他怕，他有时是怕看自己内心的残疾的。现在他不得不爱四凤了，他要死心塌地地爱她，他想这样忘了自己。当然他也明白，他这次的爱不只是为求自己心灵的药，他还有一个地方是渴。但是在这一层他并不感觉得从前的冲突，他想好好地待她，心里觉得这样也说得过去了。经过她那有处女香的温热的气息后，豁然地他觉出心地的清朗，他看见了自己心内的太阳，他想“能拯救他的女人大概是她吧”！于是就把生命交给这个女孩子，然而昔日的记忆如巨大的铁掌抓住了他的心，不时地，尤其是在繁漪面前，他感觉一丝一丝刺心的疚痛；于是他要离开这个地方——这个能引起人的无边噩梦似的老房子，走到任何地方。而在未打开这个狭的笼之先，四凤不能了解也不能安慰他的疚伤的时候，便不由自主地纵于酒，于热烈地狂欢，于一切外面的刺激之中。于是他精神颓丧，永远成了不安定的神情。

［现在他穿一件藏青的绸袍，西服裤，漆皮鞋，没有修脸。整个是不整齐，他打着呵欠。

周冲：哥哥。

周萍：你在这儿。

繁漪：（觉得没有理她）萍！

周萍：哦？（低了头，又抬起）您——您也在这儿。

繁漪：我刚下楼来。

周萍：（转头问冲）父亲没有出去吧？

周冲：没有，你预备见他么？

周萍：我想在临走以前跟父亲谈一次。（一直走向书房）

周冲：你不要去。

周萍：他老人家干什么呢？

周冲：他大概跟一个人谈公事。我刚才见着他，他说他一会儿会到这儿来，叫我们在这儿等他。

周萍：那我先回到我屋子里写封信。（要走）

周冲：不，哥哥，母亲说好久不见你。你不愿意一齐坐一坐，谈谈么？

繁漪：你看，你让哥哥歇一歇，他愿意一个人坐着的。

周萍：（有些烦）那也不见得，我总怕父亲回来，您很忙，所以——

周冲：你不知道母亲病了么？

繁漪：你哥哥怎么会把我的病放在心上？

周冲：妈！

周萍：您好一点了么？

繁漪：谢谢你，我刚刚下楼。

周萍：对了，我预备明天离开家里到矿上去。

繁漪：哦，（停）好得很。——什么时候回来呢？

周萍：不一定，也许两年，也许三年。哦，这屋子怎么闷气得很。

周冲：窗户已经打开了。——我想，大概是大雨要来了。

繁漪：（停一停）你在矿上做什么呢？

周冲：妈，您忘了，哥哥是专门学矿科的。

繁漪：这是理由么，萍？

周萍：（拿起报纸看，遮掩自己）说不出来，像是家里住得太久了，烦得很。

繁漪：（笑）我怕你是胆小吧？

周萍：怎么讲？

繁漪：这屋子曾经闹过鬼，你忘了。

周萍：没有忘。但是这儿我住厌了。

繁漪：（笑）假若我是你，这周围的人我都会厌恶，我也离开这个死地方的。

周冲：妈，我不要您这样说话。

周萍：（忧郁地）哼，我自己对自己都恨不够，我还配说厌恶别人？——（叹一口气）弟弟，我想回屋去了。（起立）

［书房门开。

周冲：别走，这大概是爸爸来了。

里面的声音：（书房门开一半，周朴园进，向内露着半个身子说话）我的意思是这么办，没有问题了，很好，再见吧，不送。

［门大开，周朴园进，他约莫有五六十岁，鬓发已经斑白，戴着椭圆形的金边眼镜，一对沉鸷的眼在底下闪烁着。像一切起家立业的人物，他的威严在儿孙面前格外显得峻厉。他穿的衣服，还是二十年前的新装，一件团花的官纱大褂，底下是白纺绸的衬衫，长衫的领扣松散着，露着颈上的肉。他的衣服很舒服展贴在身上，整洁，没有一些尘垢。他

有些胖，背微微地伛偻，面色苍白，腮肉松弛地垂下来，眼眶略微下陷，眸子闪闪地放着光彩，时常也倦怠地闭着眼皮。他的脸带着多年的世故和劳碌，一种冷峭的目光和偶然在嘴角逼出的冷笑，看着他平日的专横、自以为是和倔强。年轻时一切的冒失、狂妄已经为脸上的皱纹深深避盖着，再也寻不着一点痕迹，只有他的半白的头发还保持昔日的丰采，很润泽地梳到后面。在阳光底下，他的脸呈着银白色，一般人说这就是贵人的特征。所以他才有这样大的矿产。他的下颏的胡须已经灰白，常用一只象牙的小梳梳理。他的大指套着一个扳指。

[他现在精神很饱满，沉重地走出来。

周萍：爸。

周冲：（同时）客走了？

周朴园：（点头，转向繁漪）你怎么今天下楼来了。完全好了么？

繁漪：病原来不很重——回来身体好么？

周朴园：还好。——你应当在到楼上去休息。冲儿，你看你母亲的气色比以前怎么样？

周冲：母亲原来就没有什么病。

周朴园：（不喜欢儿子们这样答复老人的话，沉重地，眼翻上来）谁告诉你的？我不在的时候，你常来问你母亲的病么？（坐在沙发上）

繁漪：（怕他又来教训）朴园，你的样子像有点瘦了似的。——矿上的罢工究竟怎么样？

周朴园：昨天早上已经复工，不会有什么问题。

周冲：爸爸，怎么鲁大海还在这儿等着要见您呢？

周朴园：谁是鲁大海？

周冲：鲁贵的儿子。前年荐进去，这次当代表的。

周朴园：这个人！我想这个人有背景，厂方已经把他开除了。

周冲：开除！爸爸，这个人脑筋很清楚，我方才跟这个人谈了一回。代表罢工的工人并不见得就该开除。

周朴园：哼，现在一般年轻人，跟工人谈谈，说两三句不关痛痒同情的话，像是一件很时髦的事情！

周冲：我以为这些人替自己的一群努力，我们应当同情的。并且我们这样享福，同他们争饭吃，是不对的。这不是时髦不时髦的事。

周朴园：（眼翻上来）你知道社会是什么？你读过几本关于社会经济的书？我记得我在德国念书的时候，对于这方面，我自命比你这种半瓶醋的社会思想要彻底得多！

周冲：（被压制下去，然而）爸，我听说矿上对于这次受伤的工人不给一点抚恤金。

周朴园：（头扬起来）我认为你这次说话说得太多了。（向繁漪）这两年他学得很像你了。（看钟）十分钟后我还有一个客来，嗯，你们关于自己有什么话说么？

周萍：爸，刚才我就想见您。

周朴园：哦，什么事？

周萍：我想明天就到矿上去。

周朴园：这边公司的事，你交代完了么？

周萍：差不多完了。我想请父亲给我点实在的事情做，我不想看看就完事。

周朴园：（停一下，看萍）苦的事你成么？要做就做到底。我不愿意我的儿子叫旁人说闲话的。

周萍：这两年在这儿做事不舒服，心里很想在内地乡下走走。

周朴园：让我想想。——（停）你可以明天起身，做哪一类事情，到了矿上我再打电报给你。

［四凤由饭厅门入，端了碗普洱茶。

周冲：（犹豫地）爸爸。

周朴园：（知道他又有新花样）嗯，你？

周冲：我现在想跟爸爸商量一件很重要的事。

周朴园：什么？

周冲：（低下头）我想把我的学费的一部分分出来。

周朴园：哦。

周冲：（鼓起勇气）把我的学费拿出一部分送给——

周朴园：（四凤端茶，放朴园前）四凤，——（向冲）你先等一等。（向四凤）叫你跟太太煎的药呢？

鲁四凤：煎好了。

周朴园：为什么不拿来？

鲁四凤：（看繁漪，不说话）

繁漪：（觉出四周的征兆有些恶相）她刚才跟我倒来了，我没有喝。

周朴园：为什么？（停，向四凤）药呢？

繁漪：（快说）倒了。我叫四凤倒了。

周朴园：（慢）倒了？哦？（更慢）倒了！——（向四凤）药还有么？

鲁四凤：药罐里还有一点。

周朴园：（低而缓地）倒了来。

繁漪：（反抗地）我不愿意喝这种苦东西。

周朴园：（向四凤，高声）倒了来。

［四凤走到左面倒药。

周冲：爸，妈不愿意，您何必这样强迫呢？

周朴园：你同你母亲都不知道自己的病在哪儿。（向繁漪低声）你喝了，就会完全好的。（见四凤犹豫，指药）送到太太那里去。

繁漪：（顺忍地）好，先放在这儿。

周朴园：（不高兴地）不。你最好现在喝了它吧。

繁漪：（忽然）四凤，你把它拿走。

周朴园：（忽然严厉地）喝了它，不要任性，当着这么大的孩子。

繁漪：（声颤）我不想喝。

周朴园：冲儿，你把药端到母亲面前去。

周冲：（反抗地）爸！

周朴园：（怒视）去！

［冲只好把药端到繁漪面前。

周朴园：说，请母亲喝。

周冲：（拿着药碗，手发颤，回头，高声）爸，您不要这样。

周朴园：（高声地）我要你说。

周萍：（低头，至冲前，低声）听父亲的话吧，父亲的脾气你是知道的。

周冲：（无法，含着泪，向着母亲）您喝吧，为我喝一点吧，要不然，父亲的气是不会消的。

繁漪：（恳求地）哦，留着我晚上喝不成么？

周朴园：（冷峻地）繁漪，当了母亲的人，处处应当替孩子着想，就是自己不保重身体，也应当替孩子做个服从的榜样。

繁漪：（四面看一看，望望朴园，又望望萍。拿起药，落下眼泪，忽而又放下）哦！不！我喝不下！

周朴园：萍儿，劝你母亲喝下去。

周萍：爸！我——

周朴园：去，走到母亲面前！跪下，劝你的母亲。

［萍走至繁漪前。

周萍：（求恕地）哦，爸爸！

周朴园：（高声）跪下！（萍望着繁漪和冲；繁漪泪痕满面，冲全身发抖）叫你跪下！（萍正向下跪）

繁漪：（望着萍，不等萍跪下，急促地）我喝，我现在喝！（拿碗，喝了两口，气得眼泪又涌出来，她望一望朴园的峻厉的眼和苦恼着的萍，咽下愤恨，一气喝下）哦……（哭着，由右边饭厅跑下）

［半晌。

周朴园：（看表）还有三分钟。（向冲）你刚才说的事呢？

周冲：（抬头，慢慢地）什么？

周朴园：你说把你的学费分出一部分？——嗯，是怎么样？

周冲：（低声）我现在没有什么事情啦。

周朴园：真没有什么新鲜的问题啦么？

周冲：（哭声）没有什么，没有什么，——妈的话是对的。（跑向饭厅）

周朴园：冲儿，上哪儿去？

周冲：到楼上去看看妈。

周朴园：就这么跑了么？

周冲：（抑制着自己，走回去）是，爸，我要走了，您有事吩咐么？

周朴园：去吧。（冲向饭厅走了两步）回来。

周冲：爸爸。

周朴园：你告诉你的母亲，说我已经请德国的克大夫来，跟她看病。

周冲：妈不是已经吃了您的药了么？

周朴园：我看你的母亲，精神有点失常，病像是不轻。（回头向萍）我看，你也是一样。

周萍：爸，我想下去，歇一回。

周朴园：不，你不要走。我有话跟你说。（向冲）你告诉她，说克大夫是个有名的脑病专家，我在德国认识的。来了，叫她一定看一看，听见了没有？

周冲：听见了。（走上两步）爸，没有事啦？

周朴园：上去吧。

［冲由饭厅下。

周朴园：（回头向四凤）四凤，我记得我告诉过你，这个房子你们没有事就得走的。

鲁四凤：是，老爷。（也由饭厅下）

［鲁贵由书房上。

鲁贵：（见着老爷，便不自主地好像说不出话来）老，老，老爷。客，客来了。

周朴园：哦，先请到大客厅里去。

鲁贵：是，老爷。（鲁贵下）

周朴园：怎么这窗户谁开开了。

周萍：弟弟跟我开的。

周朴园：关上，（擦眼镜）这屋子不要底下人随便进来，回头我预备一个人在这里休息的。

周萍：是。

周朴园：（擦着眼镜，看四周的家具）这屋子的家具多半是你生母顶喜欢的东西。我从南边移到北边，搬了多少次家，总是不肯丢下的。（戴上眼镜，咳嗽一声）这屋子排的样子，我愿意总是三十年前的老样子，这叫我的眼看着舒服一点。（踱到桌前，看桌上的相片）你的生母永远喜欢夏天把窗户关上的。

周萍：（强笑着）不过，爸爸，纪念母亲也不必——

周朴园：（突然抬起头来）我听人说你现在做了一件很对不起自己的事情。

周萍：（惊）什——什么？

周朴园：（低声走到萍的面前）你知道你现在做的事是对不起你的父亲么？并且——（停）——对不起你的母亲么？

周萍：（失措）爸爸。

周朴园：（仁慈地，拿着萍的手）你是我的长子，我不愿意当着人谈这件事。（停，喘一口气严厉地）我听说我在外边的时候，你这两年来在家里很不规矩。

周萍：（更惊恐）爸，没有的事，没有，没有。

周朴园：一个人敢做一件事就要当一件事。

周萍：（失色）爸！

周朴园：公司的人说你总是在跳舞场里鬼混，尤其是这两三个月，喝酒，赌钱，整夜地不回家。

周萍：哦，（喘出一口气）您说的是——

周朴园：这些事是真的么？（半晌）说实话！

周萍：真的，爸爸。（红了脸）

周朴园：将近三十的人应当懂得“自爱”！——你还记得你的名为什么叫萍吗？

周萍：记得。

周朴园：你自己说一遍。

周萍：那是因为母亲叫侍萍，母亲临死，自己替我起的名字。

周朴园：那我请你为你的生母，你把现在的行为完全改过来。

周萍：是，爸爸，那是我一时的荒唐。

[鲁贵由书房上。

鲁贵：老，老，老爷。客——等，等，等了好半天啦。

周朴园：知道。

[鲁贵退。

周朴园：我的家庭是我认为最圆满、最有秩序的家庭，我的儿子我也认为都还是健全的子弟，我教育出来的孩子，我绝对不愿叫任何人说他们一点闲话的。

周萍：是，爸爸。

周朴园：来人啦。（自语）哦，我有点累啦。（萍扶他至沙发坐）

[鲁贵上。

鲁贵：老爷。

周朴园：你请客到这边来坐。

鲁贵：是，老爷。

周萍：不，——爸，您歇一会吧。

周朴园：不，你不要管。（向鲁贵）去，请进来。

鲁贵：是，老爷。

[鲁贵下。朴园拿出一支雪茄，萍为他点上，朴园徐徐抽烟，端坐。

——落幕

[分析]

1. 请分角色表演《雷雨》这部话剧。
2. 《雷雨》所蕴含的思想对现代人有什么启发？

我怎样写《屈原》

郭沫若

简介　《屈原》不但是20世纪40年代革命历史剧最辉煌的代表作，而且在整个现代文学史上也是不可多得的艺术瑰宝。这部十天一气呵成的五幕历史剧，可谓话剧巨匠郭沫若历史剧当中成就最高、影响最大的集大成者，淋漓尽致地展现了郭氏的革命浪漫主义风格。日本、苏联、罗马尼亚、捷克等国上演《屈原》共达600余场，创中国话剧在国外上演最高纪录。

在《棠棣之花》第二次上演的时候，有好些朋友怂恿我写《屈原》，我便起了写的念头。但怎么写法，怎样才可以写得好，却苦恼着我。

第一，屈原的悲剧身世太长。在楚怀王时代做左徒时未满三十，在楚襄王二十一年郢都陷落而殉国时，年已六十有二。三十多年的悲剧历史，怎样可以使它被搬上舞台呢？我为这问题考虑了相当长的时间，因不易解决使我不能执笔者有三个星期之久。

其次是屈原在历史上的地位太崇高了，他的性格和他的作品都有充分的比重。要描写屈原，如力量不够，便会把这位伟大人物漫画化。这是很危险的。有好些朋友听说我要写《屈原》，他们对于我的期待似乎未免过高。在元旦的报章上就有人预言："今年将有《哈姆雷特》和《奥赛罗》型的史剧出现。"这种鼓励无宁是一种精神上的压迫。欧洲文学中并没有好几篇《哈姆雷特》和《奥赛罗》，莎士比亚的作品中也就算这两篇最为壮烈。现在要教人一跃而跻，实在是有点苦人所难。批评家是出于好意还是出于"看肖神"，令人有点不能摸捉。

然而我终竟赌了一口气，不管它怎样，我总要写。起初是想写成上下两部，上部写楚怀王时代，下部写楚襄王时代。这样的写法是有点像《浮士德》。我把这个意思同阳翰笙兄商量过，他也很赞成，觉得只有这样才是办法，分写成上下两部，每部写它个五六幕，而侧重在下部的结束，这是当初的企图。我现在还留有一张关于下部的分幕和人物表，不妨把它抄录在下边吧。

一、服丧——襄王、子兰、郑袖、屈原、女须、婵娟、群众。

二、屈服——襄王、子兰、郑袖、屈原。

三、流窜——襄王、子兰、郑袖、秦嬴、屈原、詹尹、女须、婵娟。

四、哀郢——襄王、子兰、郑袖、白起、秦兵、屈原、女须、婵娟、群众。

五、投江——屈原、渔父、群众、南公。

"服丧"是想写襄王三年，怀王囚死于秦归葬时候的事。当时楚国反秦空气极高，屈原得恢复其社会上的地位，凭着群情的共愤，使当时的执政者终于和秦国绝了交。

“屈服”是想写襄王六年时事，秦将白起战败韩国，斩首二十四万于伊阙。秦王借此余威，向楚压迫，要求决战。襄王慑服，向秦求和，并迎妇于秦为其半子。此时屈原理应反对最烈，然而于事无补。

“流窜”是接着“屈服”而来的，想写成两场，首因激怒当局而遭窜逐，继则偕其亲近者在窜逐生活中向郑詹尹卜居。

“哀郢”是想写襄王二十一年白起破郢都，襄王君臣出走时事。楚国险遭亡国的惨祸。屈原在这国破的情境当中还须失掉女须与婵娟，增加其绝望。

“投江”便是想写投汨罗时的最后情景。渔父出了场之外，我还想把南公也拉出场。南公见《史记·项羽本纪》，有楚南公曰：“楚虽三户，亡秦必楚”几句话。本来不知道他是什么时候的人，或许还会后于屈原，但我把他拉到这里来作为群众的领率，群众是在屈原死后来打捞他的尸首的。

约略这样的一个步骤，然而在认真开始执笔而且费了几天工夫把目前的《屈原》写出了时，却完全被打破了。目前的《屈原》真可以说是意想外的收获。各幕及各项情节差不多完全是在写作中逐渐涌出来的。不仅在写第一幕时还没有第二幕，就是第一幕如何结束，都没有完整的预念。实在也奇怪，自己的脑识就像水池开了闸一样，只是不断地涌出，涌到了平静为止。

我是二号开始写的，写到十一号的夜半完毕。综计共十天。但在这十天当中，我曾作过四次讲演，有一次（十号）还是远赴沙坪坝的中大。我每天照常会客，平均一天要会十个人，照常替别人看稿子，五号为看凌鹤的《山城夜曲》整个费了一天工夫，也照常在外面应酬，有一次（七号）是苏联大使馆的茶会，看影片到深夜。故而实际上的写作时间，每天平均怕不上四小时吧。写得这样快实在是出乎意外。

写第一幕的时间要费得多些。我的日记上写着：一月二号“晚间开始写《屈原》得五页。”一月三号“午前写《屈原》得十页左右。”一月四号“晚归续草《屈原》第一幕行将完成矣。”一月六号“写完《屈原》第一幕，续写第二幕。”

写第一幕时在预计之外我把宋玉拉上了场，在初并没有存心要把他写坏，但结果是对他不客气了。我又把子兰认为郑袖的儿子，屈原的学生，为增加其丑恶更写成了跛子，都是想当然的事，并不是有什么充分的根据的。《屈原传》称子兰为“稚子子兰”，把郑袖认为他的母亲，在情理上是可能的。屈原在怀王时有宠，能充当子兰的先生也是情理中的事，故而我就让他们发生了母子、师生的关系。

我在写第一幕的时候，除造出了一个婵娟之外，本来是想把女须拖上场的，但到快要写完一幕时，我率性把她抛弃了。旧时认女须为屈原之姐，唯一的根据就是贾侍中说“楚人谓姐为须”。但只这样，则“女须”犹言“女姐”，不能算是人名。郑玄以为妹，朱熹以为贱妾，是根据《易经》上的“归妹以须”。古时女子出嫁，每以同姓之妹或侄为媵，故“须”可解为妹，亦可解为妾。这样时，“女须”也不能算是人名。因此我率性把女须抛弃了。我别立了一种解释，便是把《离骚》上的“女须之婵媛”解释为陪嫁的姑娘，名叫婵娟。就是《湘君》中的“女婵媛兮，为余太息”，《哀郢》中的“心婵媛而伤怀兮，眇不知其所跖”，我都想把它解释成人名。虽然没有其他的根据，但和把“女须”释为姐或妹之没有其他的根据是一样的。又“女须”亦可解作天上的星宿“须女”，此解比较合理，但我在本剧中没有采用。第二幕以下的进行情形，让我还是抄写日记吧。

一月七日：“继续写《屈原》，进行颇为顺畅。某某等络绎来，写作为之中断。”

一月八日：“上午将《屈原》第二幕草完，甚为满意。……本打算写为上下部者，将第二幕写成之后，已到最高潮，下面颇有难以为继之感。吃中饭时全剧结构在脑中浮出，决写为四幕剧，第三幕仍写屈原之橘园，在此幕中刻画宋玉、子椒、婵娟等人物。第四幕写《天问》篇中之大雷电，以此四幕而完结。得此全像，脑识颇为轻松，甚感愉快。”

一月九日：“《屈原》须扩展成五幕或六幕，第四幕，写屈原出游与南后相遇，更展开南后与婵娟之斗争，但生了滞碍。创作以来第一次遇着难关，因情调难为继。”

一月十日：“第四幕困难得到解决，且颇满意。上午努力写作，竟将第四幕写成矣。……夜为第五幕复小生滞塞，只得早就寝。”

一月十一日：“夜将《屈原》完成，全体颇为满意，全出意想之外。此数日来头脑特别清明，亦无别种意外之障碍。提笔写去，即不觉妙思泉涌，奔赴笔下。此种现象为历来所未有。计算二日开始执笔至今，恰好十日，得原稿一二六页，……真是愉快。今日所写者为第五幕之全体，幕分两场，着想自亦惊奇，竟将婵娟让其死掉，实属天开异想。婵娟化为永远之光明，永远之月光，尤为初念所未及。……”

目前的《屈原》实在是一个意想外的收获，我把这些日记的断片摘录了出来，也就足以证明在写作过程中是怎样的并没有依据一定的步骤。让婵娟误服毒酒而死，实在是在第五幕第一场写完之后才想到的，因此便不得不把郑詹尹写成坏人。我使郑詹尹和郑袖发生了父女关系，不用说也是杜撰的。根据呢？只是他们同一以郑为氏而已。祭婵娟用了《橘颂》这个想法，还是全剧写成之后，在十二号的清早出现的。回想到第三幕中宋玉赠婵娟以《橘颂》尚未交代，便率性拿来做了祭文，实在再适合也没有。而且和第一幕生出了一个有机的叫应，俨然像是执笔之初的预定计划一样，这也纯全是出乎意外。

我把宋玉写成为一个没有骨气的文人，或许有人多少会生出异议吧。不过我这也并不是任意诬蔑。司马迁早就说过：“屈原既死之后，楚有宋玉、唐勒、景差之徒者，皆好辞而以赋见称。然皆祖屈原之从容辞令，终莫敢直谏。”

再拿传世的宋玉作品来说，如像《神女赋》《风赋》《登徒子好色赋》《大言赋》《小言赋》等，所表现的面貌，实在只是一位帮闲文人。《招魂》一篇依照《史记》，应该是屈原的作品，但我为行文之便，却依照王逸的说法划归了宋玉。考据与创作并不能完全一致，在这儿还须得附带声明一句。

南后郑袖这个性格是相当有趣的，我描写她多是根据《战国策》上的材料，如送贿给张仪及谗害魏美人的故事都是。（《韩非子》上也有，因手中无书，未及参证。）这个人是相当有点权变的，似乎不亚于吕雉与武则天。在我初期的计划中，是想把她的权势扩展到襄王一代，把襄王写成傀儡，把她写成西太后，前面所列的人物表中一直到最后，都有郑袖，便是这个意向的表示了。但就在本剧中，她的性格已经完成，我也感觉着没有再写的必要了。

依据《史记》，在怀王时谮屈原的是上官大夫靳尚，但我把主要的责任嫁到郑袖身上去了。这虽然也是想当然的揣测，但恐怕是最近乎事实的。《卜居》里面有“将促訾栗斯，喔咿儒儿，以事妇人乎？”的一问，所说的“妇人”应该就是指的郑袖。又《离骚》亦有“众女嫉余之蛾眉兮，谣诼谓余以善淫”的话，虽是象征的说法，但亦必含有事实。——

《离骚》这两句是写到此处时才偶然想到的，与剧中情节不无相合之处，也是意外。

关于令尹子椒的材料很少，《离骚》里面有“椒专佞以谄谩”一句，向来注家以为即是子椒。又楚襄王时是“以其弟子兰为令尹”的，因此我便把子椒作为怀王时的令尹而写成为了昏庸老朽的人。

写张仪多半是根据《史记·张仪列传》及《战国策》，把他写得相当坏，这是没有办法的。在本剧中他最吃亏，为了禋祀屈原，自不得不把他来做牺牲品。假使是站在史学家的立场来说话的时候，张仪对于中国的统一倒是有功劳的人。

第四幕中的钓者是得自《渔父辞》中的渔父的暗示，性格不用说是写得完全不同。第五幕中的卫士成为“仆夫”是因为《离骚》里面有“仆夫悲余马怀”的一个仆夫。这位仆夫要算是忠于屈原的唯一有据的人物，然而他的姓名无从考见。又这位仆夫我把他定成为了汉北的人，原因是《抽思》里有“有鸟自南兮来集汉北”的一句，足见屈原初放流时是在汉北，故《思美人》章又有“指嶓冢之西隈兮，与纁黄以为期”之语。流窜江南，当是襄王时代的事了。

第五幕中卫士处置更夫，我写出了个活杀自在法，在这儿是相当费了一点思索的，前面日记中所说：“夜为第五幕复小生滞塞”，也就是指的写这儿的情形。我起初本是想很干脆地便把更夫勒死，但想到为要救活一人便要杀一无辜者觉得于心不安。又曾想到率性把更夫写成坏人，譬如让更夫来毒杀婵娟，觉得也不近情理。于是便想到活杀自在法，这在日本的柔道家是有的，似乎是把人的会厌骨向下按，便可使人一时气绝，再将骨位复原，人又可以苏醒。日本救不会泅水的人也每用此法，以免手足纠缠。这个方法我相信是由中国传过去的，但我问了好些朋友都不知道，我自己并不懂这个法术，也无从实验，因此又不免有些踌躇。但我终竟还是那样写出了，为了在舞台上能安婵娟的心，我想也是必要的。

关于靳尚，在《战国策》里面有一段故事极富有戏剧价值，便是怀王要放张仪的时候，有点不放心，靳尚便自告奋勇去监送张仪。有一位楚小臣，和靳尚有仇，他对魏国的张旄献计，要他在路上暗杀靳尚，以离间秦楚。张旄照办了，靳尚便在路上遭了刺杀。于是楚王大怒，秦、楚构兵而争事魏。这个故事在初本也想写在剧本里面的，但结果是割爱了。假使戏剧还要发展的话，那位钓者，倒也可以作为楚小臣的。

就这样本打算写屈原一世的，结果只写了屈原一天——由清早到夜半过后。但这一天似乎已把屈原的一世概括了。究竟是不是《哈姆雷特》型或《奥赛罗》型不得而知，但至少没有把屈原漫画化，是可以差告无罪的。

1942年1月20日夜

[分析]

作者创作《屈原》的经历对我们从事创作有什么启发?

附 录 文学常识

科举

科举是通过考试选拔官吏的一种制度，始于隋代。由于采用分科取士的办法，所以叫科举。从隋代至明清，科举制实行了 1 300 多年。中学语文教材中的《诗话二则·推敲》“岛（贾岛）初赴举京师”，意思是说贾岛当初前去长安参加科举考试。到明朝，科举考试形成了完备的制度，共分四级：院试（即童试）、乡试、会试和殿试，考试内容基本是儒家经义，以“四书”文句为题，规定文章格式为八股文，解释必须以朱熹《四书集注》为准。

童试

童试也叫“童生试”，是明代由提学官主持、清代由各省学政主持的地方科举考试，包括县试、府试和院试三个阶段，院试合格后取得生员（秀才）资格，方能进入府、州、县学学习，所以又叫入学考试。应试者不分年龄大小都称童生。方苞《左忠毅公逸事》“及试，吏呼名至史公”中的“试”就是指童生试，在这次考试中左光斗录取史可法为生员（秀才），当时史可法二十岁。蒲松龄《聊斋志异·促织》中有“邑有成名者，操童子业”一句，“操童子业”是说正在准备参加童生试。

乡试

明清两代每三年在各省省城（包括京城）举行一次考试，因在秋八月举行，故又称秋闱（闱：考场）。主考官由皇帝委派。考后发布正、副榜，正榜所取的叫举人，第一名叫解元。

会试

明清两代每三年在京城举行一次考试，因在春季举行，故又称春闱。考试由礼部主持，皇帝任命正、副总考官，各省的举人及国子监监生皆可应考，录取三百名为贡士，第一名叫会元。

殿试

殿试是科举制最高级别的考试，皇帝在殿廷上对会试录取的贡士亲自策问，以定甲第。实际上皇帝有时委派大臣主持殿试，并不亲自策问。录取分为三甲：一甲三名，赐“进士及第”的称号，第一名称状元，第二名称榜眼，第三名称探花；二甲若干名，赐“进士出身”的称号；三甲若干名，赐“同进士出身”的称号。二甲第一名称传胪。

及第

及第指科举考试应试中选，应试未中的叫落第、下第。袁枚《祭妹文》中说：“逾三年，予披宫锦还家。”古时考中进士要披宫袍，这里“披宫锦”即指中进士。“大概说长安登科，函使报信迟早云尔”，“登科”是及第的别称，也就是考中进士。

交友称谓种种

竹马之交：幼年时的朋友。语出《世说新语·方正》：“卿故复忆竹马之好不？”

布衣之交：平等相处的普通百姓之交。语出《史记·廉颇蔺相如列传》：“臣以为布衣之交尚不相欺，况大国乎？”

忘形之交：不拘身份的知心朋友。语出《新唐书·孟郊传》：“小隐嵩山，性介，少谐合，愈一见为忘形交。”

贫贱之交：贫困潦倒时结交的朋友。语出《后汉书·宋弘传》：“（光武帝）谓弘曰：‘谚言贵易交，富易妻，人情乎？’弘曰：‘臣闻贫贱之知不可忘，糟糠之妻不下堂。’”

忘年之交：不以年龄而以才能、品德结交的朋友。语出《南史·何逊传》：“弱冠州举秀才，南乡范云见其对策，大相称赏，因结忘年交。”

莫逆之交：情投意合的朋友。语出《北史·黎景熙传》：“虽穷居独处，不以饥寒易操，与范阳卢道源为莫逆交。”

君子之交：重在道义而不在乎功利的朋友。

再世之交：与两代都结交的朋友。语出《宋史·邵伯温传》：“伯温入闻父教，出则事司马光等；而光等亦屈名位辈行，与伯温为再世交。”

中国文化史上的“四”经典

四书：《大学》《中庸》《论语》《孟子》。

楷书四大家：柳公权、颜真卿、欧阳询、赵孟頫。

明代四大传奇：《紫钗记》《牡丹亭》《邯郸记》《南柯记》。

元曲四大爱情剧：《墙头马上》《拜月亭》《西厢记》《倩女离魂》。

四大古典小说：《三国演义》《西游记》《水浒传》《红楼梦》。

“寿”的雅称

有寿：年满60岁的雅称。

喜寿：77岁的雅称。宋张即之的草书“喜”字（见《三希堂帖》）形似七十七，故名。

米寿：88岁的雅称。因“米”字拆开，其上下各是八，中间是十，可读作八十八，故名。

白寿：99岁的雅称。因“百”字去掉上边的“一”是“白”字，“百”数去一为九十九，故雅称99岁为“白寿”。

茶寿：108岁的雅称。“茶”字上头为一，下半部似八十八，相加得一百零八，故以“茶寿”代称108岁。

“百十”大寿：指寿的大草寿字，其上部为九十九，下部的“寸”为十一，相加为一百一十。此寿字象征人人能度“百十”岁。

古代任官授职的称谓

征：招聘授官，尤指朝廷直接招聘授官；

荐：下级向上级推荐授官；

点：指派，尤指皇帝指派；

进：升任，尤指高级官员的升任；

起：由民间征聘，或罢官后再授官职；

行：兼官，指比本职低的兼职；

署：代理空缺的职位，也称“署理”；

护：上级官员离职，由次一级官员守护印信代行职权；

赠：对官员的先世或已死的官员授予职称封衔；

拜：初任命官，或罢官后再授官职；

迁：由一官调任另一官；

转：同“迁”；

除：再任某官；

试：试任某官；

摄：兼理，也指暂兼；

判：中枢官兼任地方官；

知：同“判”；

辟：招聘授官；

选：量才授官；

举：选拔；

简：任命。

古代医生的称谓

疾医：周代医官名，相当于后世的内科医生。

医师：此称首见于春秋战国时期的典籍中。

太常：医官名，秦置奉常。公元2世纪中叶，汉景帝改称太常。至西汉时，设太常、少府官职，属于太常的为百官治病，属于少府的为宫廷治病。

药医师：我国唐代已设药医师（后称药师）负责采办药品。

太医令：东汉末时设置，隋唐改称太医署令。此系管理医疗的职官。

太医博士：北魏置太医博士以教子弟。

医生：此称呼始于唐代。

医士：始见于北宋。

郎中：始见于宋代，在我国南方各省较常用。

大夫：始见于宋代，今北方仍称医生为大夫。

院使：隋唐设有太医署，宋有医官院，金代始改称太医院。明清相沿，长官称为“院使”，下设御医、吏目、医士数十人，主要为宫廷、皇族服务。

御医：即皇帝内廷供奉的医生。

容易读错的姓氏

我国有56个民族，流传百家姓。平时如果把别人的姓氏读错了，难免尴尬，也会使人感到不快。以下的姓氏往往被人读错：

1. 区（ōu）；
2. 佟（tóng）；
3. 芮（ruì）；
4. 查（zhā）；
5. 任（rén）；
6. 解（xiè）；
7. 仇（qiú）；
8. 种（chóng）；
9. 华（huà）；
10. 盖（gě）；
11. 单（shàn）。

古代席次

古代宴会席次，尊卑很有讲究。一般筵席用的是八仙桌，桌朝大门，其位次如下图所示：位尊者居前，8是主人席位。如果客人多，可设两桌、三桌或更多，有上桌与散座的区别：上桌与单席的位次相同，散座则不分席次。

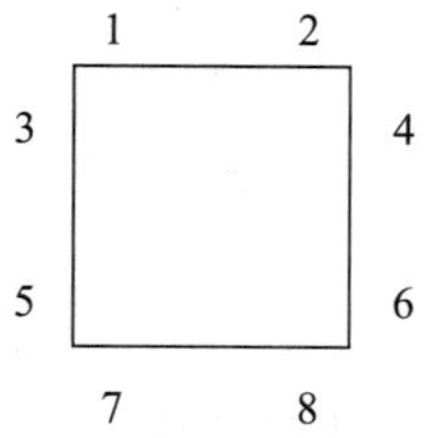

年龄雅称

不满周岁的儿童：襁褓；

2～3岁：孩提；

10岁以下：黄口；

12 岁（女）：金钗之年；
13 岁（女）：豆蔻年华；
16 岁（女）：碧玉年华；
20 岁（女）：桃李年华；
24 岁（女）：花信年华；
30 岁（女）：半老徐娘；
20 岁（男）：弱冠；
30 岁（男）：而立之年；
40 岁（男）：不惑之年、强壮之年；
50 岁：知非之年、知命之年、大衍之年；
60 岁：花甲之年、平头甲子、耳顺之年、杖乡之年、还乡之年、还年之年、还历之年；
70 岁：古稀之年、杖国之年、悬车之年；
80 岁：杖朝之年；
80 至 90 岁：耄耋之年；
90 岁：鲐背之年：
100 岁：期颐之年；
120 岁：花甲重开。

古人的名、字、号

古人的名字要比现代人的名字复杂，一个人往往会有好几个称谓，有称名的、有称字的、有称号的、有称官职的、有称爵位的、有称地望（出生地或住地）的，还有称斋名的、称谥号的等。搞清这些称号之间的关系有助于阅读古代文献。

古代婴儿出生满三个月时由父亲取名。字是女子在 15 岁行笄礼时取的，男子的字是在 20 岁举行冠礼时由乡党中有威望的尊长者取的。古人的名和字在命意上是相关的，字是名的补充说明，即所谓“名以正体，字以表德”。如岳飞字鹏举、杜甫字子美。古人的名与字有意义上相同的，如曹操字孟德；也有意义上相反的，如晏殊字同叔、韩愈字退之。名和字连着说的时候，上古是先字后名，汉代以后是先名后字。

号有多种，有自号、别号、绰号，士大夫官员大多有谥号，封建帝王还有庙号、尊号、徽号、年号等。自号是自己取的，一般与名字有意义联系。号多是文人墨客用来寄情托兴的。文人常自取或由他人取一个室名，然后以之为号，如蒲松龄书斋名为聊斋，便被称为聊斋先生。别号是另外有号或是别人取的，有时与名字意义联系不明显。绰号是根据人的外貌性格特点而取的别名。对人称字称号是表示尊敬，一般不直接称名，只有在尊对卑、上对下或表示鄙视时才直接称人的名。自称往往称名。古人自称名一般出现于书信中。

参考书目

1. （晋）郭象注，（唐）成玄英疏．南华真经注疏．曹础基，黄兰发点校．北京：中华书局，1998.

2. 战国策．北京：中华书局，1974.

3. 刘桂秋. 汉诗选译．成都：巴蜀书社，1990.

4. 韩盼山. 李白诗歌精选．石家庄：花山文艺出版社，1996.

5. 萧红．永久的憧憬和追求——萧红自述．沈阳：万卷出版公司，2014.

6. 张洁．张洁文集：第 9 卷．北京：人民文学出版社，2012.

7. 艾莉森·塞缪尔斯. 米歇尔·奥巴马——一位真实的美国第一夫人．昆明雨，陈玉娟，译．北京：新华出版社，2013.

8. 普鲁斯特. 追忆似水年华．刘方，陆秉慧，译. 南京：译林出版社，1991.

9. 夏目漱石．我是猫．于雷，译. 南京：译林出版社，1993.

10. 天人. 中国历代名人家书．呼和浩特：内蒙古人民出版社，2003.

11. 刘金增．《沉思录》导读．天津：天津人民出版社，2009.

12. 康德．纯粹理性批判．蓝公武，译. 北京：商务印书馆，1960.

13. 尼采．查拉图斯特拉如是说．余鸿荣，译. 哈尔滨：北方文艺出版社，1988.

14. 曾健戎，王大明．《屈原》研究．重庆：重庆地方史资料组，1985.

15. 曹禺. 曹禺戏剧名篇．长春：时代文艺出版社，2010.

16. 美国《读者文摘》．说话演讲的艺术．裘果芬，等，译. 上海：上海翻译出版公司，1989.

17. 沈祖棻. 唐人七绝诗浅释．北京：中华书局，2008.

18. 李晓虹，温文认. 三十年散文观止．广州：花城出版社，2009.